班主任"一"字妙招

郭凤/著

长江出版传媒　长江文艺出版社

图书在版编目（CIP）数据

班主任"一"字妙招 / 郭凤著. -- 武汉 : 长江文艺出版社, 2025.7. -- （大教育书系）. -- ISBN 978-7-5702-4073-9

Ⅰ．G635.16

中国国家版本馆 CIP 数据核字第 2025BT7893 号

班主任"一"字妙招

BANZHUREN YI ZI MIAOZHAO

| 责任编辑：马 蓓 | 责任校对：程华清 |
| 封面设计：璞茜设计 | 责任印制：邱 莉 王光兴 |

出版： 长江出版传媒 长江文艺出版社

地址：武汉市雄楚大街 268 号　　　邮编：430070

发行：长江文艺出版社

http://www.cjlap.com

印刷：武汉新鸿业印务有限公司

开本：720 毫米×970 毫米　　1/16　　印张：21.25

版次：2025 年 7 月第 1 版　　　　2025 年 7 月第 1 次印刷

字数：287 千字

定价：52.00 元

版权所有，盗版必究（举报电话：027—87679308　　87679310）

（图书出现印装问题，本社负责调换）

序

"只要认认真真坚持写公众号三年,你就可以成为明师(即明白之师,明智之师,明日之师),要是成不了,可以找我索赔十万元。"这是我在一次直播中激励学员的话,没想到郭凤老师却用行动印证了这句话。

作为谷里书院优秀学员,郭凤老师坚持微信公众号写作不到三年,竟写出了属于自己的一本班主任专著。出版社邀我为其写序,我很欣慰。

郭凤老师的文章兼具"扎实"与"灵动"两大特质:一方面内容干货满满,实操性强,深受一线教师欢迎;另一方面又充满创意与灵气,多篇关于班主任工作的文章被《人民教育》《中国教师报》《光明社教育家》《星教师》等国内知名教育媒体转载,其中不乏10万+阅读量的爆款文章。三年间,她在有影响力的专业报刊上发表了20余篇文章,得到广大读者和业内行家的积极反馈。

这些有影响力的文章系统梳理而成的书稿,此刻放在我的书桌前,300多面,掂着沉甸甸的。

细读书稿,更能感受到郭凤老师"用心育人"的教育理念。她将这份用心体现在班级管理的方方面面:关注教育细节、创新管理方法、理解学生需求、重视家校沟通。正是这种全方位的用心,让我看到了美好班级的三种样态:

第一,美好班级是一个生命拔节成长的"能量场"。

德国教育家第斯多惠曾说:"教学的艺术不在于传授本领,而在于激励、唤醒和鼓舞。"这句话恰如其分地诠释了美好班级作为生命成长"能量场"的本质。在郭凤老师的教育实践中,这种理念被具象化为师生共同体构建过程中的每一个鲜活细节。

本书第一章"接手新班,稳步开局"——系统呈现了郭凤老师构建师生信任关系的专业路径:通过第一次调研了解学情,精心设计第一次亮相树立形象,开好第一次家长会建立家校联系。这些"第一次"的实践智慧,为班级共同体的构建奠定了坚实基础。

第二章"创意见面,顺利开学"——进一步展示了教育创新的具体方法:撰写致学生和家长的第一封信,传递教育理念;设计富有仪式感的迎新活动,打造难忘的开学第一课;通过编织梦想,激发全体学生的成长动力……这些实践,生动诠释了"向着明亮那方"的教育追求。

凡此种种,都让班级成为美好的"能量场"。这种"能量场",之所以能够在日后的班级经营中产生积极的作用,关键在于四个"共同":共同的愿景指引方向,共同的梦想提供动力,共同学习的姿态促进成长,共同研究的方式深化实践。正是这些要素的有机结合,让班级成为师生相互成就的美好空间,让教育过程成为生命拔节成长的温暖旅程。

第二,美好班级是一个教育智慧的"炼丹炉"。

高尔基说:"爱孩子这是母鸡也会做的事"。教育路上,光有爱是不够的,尤其是班主任,更需要智慧的爱。当下的学生,他们的经历、视野、个性已经和以往年代完全不同了,我们不能以一张"旧船票",邀请孩子登上日新月异的"教育新程"。班级管理如何与时俱进?这对班主任提出了全新的挑战。

也因此,作为班主任,我们要善于发现问题,捕捉契机,把各种问题转化成教育资源。郭凤老师在本书第四章"遇到问题,智慧解决"里,提到很多实用的妙招,这就是应对挑战的大智慧:

比如,面对课堂"死气沉沉":分贝软件助阵早读——它不仅是一个检测工具,更是孩子们热情与活力的见证者。分贝软件上的小球跳动得越欢,孩子们就越投入，读书的声音也越发洪亮。在这样的氛围中，学习成了一种享受，课堂也因此焕发出勃勃生机；点名器增添课堂氛围——课堂上，有时会遇到孩子们启而不发的情况。这时，用课堂点名器随机抽答。每次点名器的转动都伴随着孩子们紧张又期待的目光，不知道下一个幸运儿会是谁。这种不确定性不仅让孩子们更加集中注意力，也让课堂变得更加有趣和充满活力。

再如，面对"显眼包"学生：郭凤老师制作各种花式课件给"显眼包"一个展示的舞台，让教育变得既有效又有趣！她采用趣味抽签桶、趣味九宫格、趣味转盘和趣味盲盒等有"小挑战"的方式代替"惩罚"。每当"显眼包"扰乱班级纪律时，他们会在这些有趣的课件中随机选择一个"小挑战"任务，如，模仿秀（模仿一个搞笑段子、模仿鸭子走路等）、才艺秀（跳一段网红舞蹈、念绕口令等）、花样"罚"（给大家讲个笑话、擦黑板一天、做五个搞怪表情等），这些"挑战"内容既有一定的教育意义，又充满了趣味性，让学生在接受教育的同时也能感受到班级活动的乐趣。

为什么有的教师遇到教育中的真问题，一筹莫展？而有经验的教师，能把一个个真实的问题，当做课题来研究？关键在于教师自己。打造美好班级，老师要成为一个持续研究者，把班级里出现的一个又一个真问题，当做自己必须去挑战的真课题。我常说："教室即研究室，问题即课题，成长即成果"。郭凤老师这本书，就是把解决问题的全过程，当做班主任"炼丹"的过程。也因此，美好班级，就成了教育智慧的"炼丹炉"。

真正高明的班主任，敢于直面问题、善于研究问题、巧于解决问题，在解决一个又一个棘手问题的过程中，最终成为"炼丹高手"。

第三，美好班级是一个诗意栖居的"心灵港湾"。

德国诗人荷尔德林说："人，诗意地栖居在大地上"。我想说，教育是一段师生共同诗意栖居的旅程，这段旅程中，班级更是一个温馨栖居的心灵港湾。但是，我们也遗憾地看到，一旦班主任无能，班级不但不会成为"心灵港湾"，反而会成为"刮风下雨"的地方。真正考验人的，是班主任如何化"暴风骤雨"为"和风细雨"，如何让"惊涛骇浪"成为"活水微澜"。这样的"化育"之功，才是一个智慧班主任最应该修炼的。这种智慧，从哪里来？从实践中来，也从学习中来。班主任"好好学习"，孩子们才能"天天向上"。

郭凤老师在本书第六章"用心用情，打造'星'班"给我们展示的"一"字妙招，让我看到了教师拥有教育的诗意梦想和高明策略，才会让班级成为诗意的港湾。郭老师提出：在育"星"班时，我们要转变一种思维，以"理"为先；修炼一项"武功"，以"心"育人；写好每一份"评语"，以"情"相待……这样的班级管理，才是春风化雨、润物无声；这样的班级经营，才是以文化人、铸就班魂；这样的班级育人，才是向着明亮、向着远方。

读完书稿，我领略到郭凤老师独具匠心的带班智慧和独具匠心的管理技巧。书中不仅呈现了38个创新实用的带班妙招，每个妙招都令人耳目一新；还精心设计了90多张图文并茂的操作图表，让班级管理变得生动有趣、有章可循。

在书中，郭凤老师确认了班主任的三种重要身份：班主任要成为造梦师，让每一个儿童都拥有美好的梦想；班主任要成为设计师，和学生一起设计成长的路径；班主任要成为建筑师，和学生一起建筑美好的人生。这三重身份的确认，让当下的班主任工作更有价值和意义。

同时，郭凤老师也实现了班主任的七个转型：成为合作者，而不是指挥者；成为学习者，而不是教授者；成为发现者，而不是指路者；成为观察者，而不是指点者；成为协调者，而不是问题解决者；成为支持者，而不是给予者；成为促进者，而不是评判员。这些"转型"都不是空喊口号，而是有案例、有策略、有方法，一线教师可以灵活运用、立竿见影。

难能可贵的是，在这本书中郭凤老师现身说法，很好地梳理了年轻班主任的成长路径，就藏在"八个学会"中：学会坚守，坚守该坚守的；学会选择，选择值得做的；学会规划，用心地去规划教育教学活动；学会统筹，协调各方关系；学会调适，让自己每天阳光灿烂；学会反思，直面自己的内心，直面自己的教育教学生命；学会研究，研究有可能出现的问题和已经出现的问题；学会表达，把自己的教育经验写下来说出来。

  当代著名教育专家成尚荣说，"教师是上天派往人间的天使"。我想说，班主任更应是兼具智慧与爱心的"教育天使"。我们的教育百花园，唯有涌现更多像郭凤老师这样有智慧有爱心的"天使"，我们的教育才可能变得更加美好。

  我诚挚地建议每一位老师，尤其是班主任老师，都能够读一读郭凤老师的《班主任"一"字妙招》。这不仅是一本实用的班级管理指南，更是一首充满智慧与情感的教育诗篇。

  是为序。

张祖庆（特级教师 谷里书院创办人）
2025 年 5 月 28 日

目录

第一章 接手新班，稳步开局："一"字妙招摸班情 001

三步走做好第一次调研 003

三种形式打造第一次亮相 013

五个策略组建一个高效班级群 022

开好第一次家长会 030

第二章 创意见面，顺利开学："一"字妙招巧亮相 047

写好给学生和家长的第一封信 049

做好第一次迎新 058

上好开学第一课 064

编织好第一次梦想 079

第三章 抓好常规，步入正轨："一"字妙招搭基石 085

细致周到地规划一套教室环境布局 087

制订一系列班级常规管理表格 100

借助班币确立一个评价体系 119

建好一支班干部队伍 130

井井有条地安排一个学期的班级工作 138

第四章　遇到问题，智慧解决："一"字妙招破难题　147

一招激活早读声　149

一针见血抓早操　155

一份护眼方略消除"眼保健操"抵触　161

一组提问机制撬动"课堂互动"　168

一剂课堂唤醒术打败"死气沉沉"　172

一个作业追踪机制解决"无名氏"难题　177

一项"手机管理"契约定乾坤　181

一场经典名著PK赛扭转"网络小说"风向　185

一套文明养成计划告别"脏话"　195

一套冲突调解工具箱处理学生打架　202

一链三阶调教术转变学生爱当"显眼包"　208

一次姓名文化主题班会论"外号"　214

一本青春成长手册应对学生"早熟"　221

第五章　招招出新，做出特色："一"字妙招铸品牌　227

一种值日提速法，让打扫效率"快"起来了　229

一个废纸回收箱，使班级垃圾"少"起来了　234

一份"夸夸"秘籍，促学生"乐"起来了　239

一个微团队，引发学习氛围"浓"起来了　243

一套五步写作法，助学生写作"飞"起来了　254

一些评价小妙招，令班级管理"活"起来了　263

一系列期末复习法，催学生"学"起来了　275

第六章 用心用情,打造"星"班:"一"字妙招育"星"班　289

转变一种思维——以"理"为先　291

修炼一项"武功"——以"心"育人　297

明晰一份责任,以"责"立身　301

写好每一份"评语"——以"情"相待　309

办好每一次班级活动,以"趣"引航　316

后记　班级蓬勃生长的密码:把期待投射到行动上　322

第一章

接手新班，稳步开局：
"一"字妙招摸班情

接手新班，就像迎接清晨的第一缕阳光，一切都充满了希望和活力！古人云："大鹏一日同风起，扶摇直上九万里。"此刻，我们站在新的起点，心中怀揣着梦想与希望，誓以满腔热血，铸就辉煌篇章。新班新气象，让我们以稳健的步伐，开启一段非凡的教育旅程，携手学生，共赴星辰大海，成就无限可能吧！

三步走做好第一次调研

每个班主任的职业生涯中都会经历很多次接班的情况，无论是接起始班还是中途接班，对第一次接班的老师来说，会有焦虑不安，因为要重新面对一群新学生和家长。如何准备才能让自己稳稳地开展新学期的工作呢？

接手新班，首先要做好第一次调研。调研的目的是了解班情，心中有数。我们可以从以下三方面展开调研。

一、全面规划调研内容

如果是接手一年级新生，我们调研的主要内容包括：学生基本信息（姓名、年龄、家庭背景）、学前教育经历与适应性、特殊需求与外来务工子女情况、家长意愿与期望，以及学生的基本身心状况。这些信息有助于全面了解学生，为后续教育教学提供支持。

如果是中途接班，我建议从三方资源展开调研。

第一，找老师了解。

向前任班主任和科任老师了解班级整体情况、特别需要注意的孩子、班级各科学习情况，做到心中有数。见面时特别关照老师们口中的那些特殊孩子，切记：多用表扬，发现学生的闪光点，让他们爱上你，跟你做朋友。

第二，找家委了解。

比较简单的方式就是召开家委会议。在会议上，我们可以向家委介绍自己的教育理念、工作计划和期望等，并听取家委的意见和建议，这有助于增进彼此之间的了解和信任。

如，我在中途接班时就认真准备了一封长达2000多字的信。简单介绍自己后，我把信打印出来交到了家委们手中，让他们读信。信是以一个故事《少年派的奇幻漂流》为原型来告诉家长：我们现在是一条船上的人，接下来我们要携手作战才能一起战胜困境，获得重生，用故事委婉说出我的希望！

接下来，我们要重点从家委处了解以下信息。

班级整体情况：了解班级的文化氛围、学生之间的关系、班级活动的组织情况等。

家长意见和反馈：询问家长群体对学校、班级及前任班主任的满意度、意见和建议。这有助于我们了解家长的需求和期望，为后续的工作提供指导。

家校合作现状：了解前任班主任与家委的合作模式、沟通渠道及效果，以及家长对家校合作的期望和建议。这有助于我们建立更加有效的家校合作机制。

第三，找学生了解。

我们可以和班级不同层次的孩子聊天，倾听他们的内心世界。他们心中的班级是怎样的？他们眼中的同学是怎样的？他们希望的老师是怎样的？我们适当做一些记录，根据谈话尽量向他们希望的靠拢。

多角度了解班级，让我们做到心中有数，在假期可以看看书或思考规划一些有利于班级发展的准备工作。

二、灵活融合调研形式

调研形式主要有线上问卷调查和线下家访两种。线上调研便捷、高效、覆盖面广，能够迅速收集大量数据；线下调研更深入、互动性强，能够更直观地了解学生和家长的真实想法和感受。

我建议老师将两种形式结合起来,形成优势互补。例如,在进行家访前,可以先通过线上问卷了解学生的基本信息和学习情况,以便在家访时有针对性地与家长进行沟通;在进行线上问卷调查后,针对部分重点问题或需要进一步了解的情况,再进行线下家访深入调研。

1. 线上问卷调查奠基础

线上问卷使用的调查工具可以选择问卷星或共享文档,如果用共享文档,则需要注意设置信息保密。

针对一年级的问卷调查,我们可以这样设计:

一年级 X 班基本信息调查表

姓名	性格	特长	主要监护人	上下学接送	独立书房	拼音/阅读/计算/跳绳情况	家庭主要成员
父亲姓名	工作单位	联系电话	母亲姓名	工作单位	联系电话	备注(需要特别注意)	

中途接班,大家在设计问卷内容时可以兼顾几个方面,一是家庭基本信息,二是了解家庭教育现状,三是了解学生的现状,四是展望未来。

如下所示:

XX 班学生调查问卷

亲爱的同学们:

在这个充满新希望与新挑战的学习旅程中,我非常荣幸能作为你们的领航者，与你们并肩同行。作为XX班的新班主任，我怀揣着满腔的热情与期待，渴望走进每一位同学的内心世界，成为你们成长路上的坚实后盾。

我郑重承诺，此问卷的所有内容都严格保密，它仅作为我更好地了解你们、贴近你们、支持你们成长的参考。我坚信，通过这份问卷，我们能够更加清晰地看见彼此眼中的光芒，更加深刻地了解彼此心中的梦想与困惑。

亲爱的同学们，请勇敢地迈出这第一步吧！用你的真诚与坦率，回应我这份诚挚的邀请。未来的日子里，无论风雨兼程还是阳光明媚，我都将陪伴在侧，与你们携手共进。

期待你们的真诚回应，让我们从这一刻开始，携手绘制属于我们的美好未来。

——满怀期待的小凤老师

家庭基本信息（表一）

学生姓名		性别		兴趣爱好/特长	
父亲姓名		工作单位		联系电话	
母亲姓名		工作单位		联系电话	
家庭住址				路队选择（正门、西门）	
上学或放学方式	1.走路 2.家长接送 3.公交车 4.其他				
以前或者现在患过的疾病，需要老师特别关注的点					

家庭教育现状（表二）

家长的教育方式	1.严格 2.时宽时严 3.宽松 4.其他
你犯错时家长的做法	1.打 2.骂 3.批评 4.讲道理 5.不管你 6.其他
家长对你学习的帮助	1.请家教 2.补习班 3.家长辅导 4.报网课或者买书自学 5.不管你 6.其他
你在家里的学习条件	1.很好 2.较好 3.一般 4.较差 5.不好的地方是：
你对家人的感觉	1.喜欢 2.没感觉 3.孤单 4.心烦 5.讨厌 6.其他
你在家做的家务	1.做饭 2.洗碗 3.洗衣服 4.拖地 5.其他
你如何评价父亲	
你如何评价母亲	

了解现在（表三）	
你的性格	1. 开朗乐观 2. 消极悲观 3. 沉着冷静 4. 其他
你认为自己有哪些优点	
你认为自己有哪些缺点	
你最喜欢的三本书	
你最喜欢的一句话	
你最信任的人	
你最崇拜的人	
你在学习方面能够做到	1. 独立完成作业 2. 上课积极发言 3. 专心听讲 4. 经常问问题或讨论 5. 制订学习计划 6. 其他
你感觉现在有什么困惑	1. 和父母的关系 2. 和同学朋友的关系 3. 青春期问题 4. 身体状况不佳 5. 学习压力大，知识难 6. 其他
你应对面临的压力或者烦心事时会怎么做	1. 跟朋友倾诉 2. 运动 3. 娱乐（玩游戏、玩手机）4. 和家长沟通 5. 寻求老师帮助 6. 憋在心里不说 7. 其他

展望未来（表四）	
你期待自己的成绩进步吗？	1. 非常期待 2. 有点期待 3. 随缘 4. 不期待 5. 其他
你希望通过哪种方式进步？	1. 认真听讲 2. 勤学苦练 3. 大胆提问 4. 寻找目标 5. 改进方法 6. 其他
你对新班主任有什么期待？	
你理想的班级是什么样的？	
你愿意为班级做点什么？	1. 非常愿意 2. 有点愿意 3. 随缘 4. 不愿意 5. 其他
你的理想是什么？	
你对新班主任有什么悄悄话可说，欢迎留言：	

线上问卷调查的目的是了解学生家庭情况、亲子关系、居家学习生活、家长的教育理念及方式等方面的情况，以便接下来线下家访围绕重点问题，和家长一起找到帮助学生改进的教育方法等。

2. 线下家访重落实

有了线上调研信息作为基础，我们在进行线下家访时，也有几点需要注意的地方。

第一，家访前提前沟通。

提前 2—3 天与家长进行来访预约，让家长心中有数，做好时间安排；提前告知学生，让学生了解"家访小任务"，有事可做。我们可以发一张家访预约卡给学生，告诉他们收到家访预约卡后需要根据自己的努力完成清单上的任务。家访预约卡可以这样写：

家访预约卡

亲爱的同学们：

在这个充满温暖与成长的季节里，小凤老师带着满满的喜悦与期待，即将踏上一次特别的家访之旅。此次家访，老师期待你们以最真挚的态度，展现最棒的自己。请仔细阅读下面的"家访小任务"，让我们共同期待那温馨而美好的相聚吧！

热情迎接：当听到门铃声时，请主动出门迎接老师，展现你的礼貌和热情。

准备茶水：为老师准备一杯温热的茶水，表达你的敬爱之情。

认真倾听：在家长与老师的交谈中，做一个认真的倾听者，不随便插嘴。

礼貌告别：家访结束时，请送老师到小区门口，并大方地与老师告别。

准备好了吗？让我们一起享受这次特别的家访之旅吧！

——小凤老师

通过这样的设计，家访预约卡不仅具有视觉上的吸引力，还清晰地传达了家访的目的、流程以及对学生的期望，有助于促进家校之间的良好沟通和合作。

第二，家访前做好规划。

可按学生住址分区域规划家访路线，并根据家访家庭间的距离统筹时间。

第三，家访时注意仔细观察。

- 观察学生居家环境，如是否有自己的独立空间、是否干净整洁等。
- 观察家庭成员的相处方式，如对话时的态度、语气、表情等。
- 观察学生和家长的谈吐、举止、修养等。

这样有助于我们对学生的行为表现做归因分析，以及预测家庭状况给学生发展带来的可能影响。

第四，家访时注意有效沟通。

- 可就学校办学思路、班级管理措施、学生在校表现等进行交流反馈，以赢得家长的理解和支持，形成育人合力。
- 了解学生居家学习生活的情况、家长对学校和教师的建议等，以便学校和老师为学生与家庭提供更有效的帮助。
- 了解家长的期许，倾听家长的困惑，并给予一定的专业指导。
- 收集家长在家庭教育过程中的有效做法和成功经验，以便于积极推广。

家访以表扬鼓励为主，对于学生的不足之处，可以委婉地提出针对性的改进建议，切忌指责家长和孩子，避免"告状式"家访、"惩罚式"家访。如我在家访时，为每个孩子量身定制了一张"成长亮点夸夸卡"，正面激励孩子。卡片依据孩子的独特亮点定制表扬语，融合"眼里有光，心中有爱，向阳生长"的班训精神。孩子们收到后，脸上洋溢着难以置信的喜悦，优秀生更加自信，中等生备受鼓舞，调皮生也羞涩地笑了。家长深受触动，纷纷感谢老师的用心，并表示将更多关注孩子的优点，共同促进孩子健康成长。

如下图所示：

爱的夸夸卡

给亲爱的_____ 追光少年

HAPPY

眼里有光！心中有爱！向阳生长！
做更好的自己！

点赞人：

第五，家访时注意展现专业。

家访前，我们要根据之前的调研表格，查看每个孩子遇到的问题，自己事先内心预演该怎么解决和回答。家访时，要给出专业的回答，使家长肯定自己的专业性，赢得家长对自身的专业认同，使家长感受到教师对学生的真诚爱护和关怀，这样才能赢得家长的信任与支持。

三、重视调研后续工作

有了前面的调研，我们要重视调研的后续工作：归类总结、协调反馈、重点回访。

1. 开学前一周：归类总结——做好成长记录档案

我们要把之前调查的三方资料（问卷、家访、部分特殊学生）进行整理，汇总成册，形成个人档案初稿。这里建议班委给每个孩子购买一个成长手册文件夹，方便班主任及时把孩子的信息以及学习成长的点滴及时归档留存。

如下图所示：

2. 开学两周后：协调反馈——进一步跟进调整

开学一个月都是孩子的习惯养成或者习惯严抓期，这时我们需要根据每日观察、学生反馈、家长反馈、老师反馈，同时对家访中答应家长或学生的事进行落实反馈，及时更新学生档案。发现问题及时整改，思考解决方案，列好提纲，和家长确定沟通时间，直奔主题说明来意，沟通协调方案，一起携手助力，确定各自管理主阵地。

3. 开学一个月：重点回访——针对性巩固加强

都说好习惯的养成是 21 天，三周后，我们可以再次把孩子的成长档案拿出来，进行对照和总结。看看孩子们之前需要注意的问题是否在开学一个月后得到了很好的改善。对于改变明显的孩子及时给予表扬和反馈；对于改变不明显的孩子，持续跟进，与家长沟通；对有特殊问题的学生，一定做到回访反馈，以便巩固和加强调研效果。

接手新班，调研先行，如同园丁初识苗圃，须细心勘探每一寸土壤。它不仅是信息的搜集，更是心灵的触碰，是教育旅程的起点。调研让我们在混沌中见清晰，在陌生中寻共鸣。

三种形式打造第一次亮相

接手新班，我们做了调研，摸清了班情；建了班级群，强调了班规。作为一名新任班主任，如何在短时间内让学生与家长感受到自己的专业与热情，建立起信任与尊重的桥梁，是至关重要的一步。

"首因效应"告诉我们：班主任与学生、家长的第一次"见面"给他们留下的印象直接影响着今后的交往。因此，我们一定要斟酌再斟酌，设计好自己的第一次亮相。

这里想跟大家分享三种亮相形式：

一、班级群内，个人简历展风采

在接手新班级之初，为了能够迅速拉近我和家长、学生的距离，为即将开启的校园生活奠定一个积极、开放的基调。我会在班级群内以个人简历（PPT）的形式进行首次亮相。这一亮相方式旨在通过直观、全面的自我展示，让家长和学生提前了解我的专业背景、教学经验及教育理念，有效促进彼此之间的初步认识与理解。具体操作如下。

准备阶段：首先，我们需要整理个人的教育背景、教学经历、获奖情况等基本信息，并深入思考如何将这些内容以生动、有趣的方式呈现出来。同时，我们需要撰写一段个人教育理念，强调"以学生为中心，注重个性发展，倡导和谐师生关系"的教学理念。

设计简历：选好与简历内容符合的 PPT 模板，将个人信息、教育理念、教学特色等分条缕析进行介绍。简历中穿插与之前教学相关的图片、图表，以及以前学生的评价或家长感谢信的截图，以增加真实感和可信度。

发布与互动：在开学前一周，我会将个人简历以 PDF 或 PPT 格式发送到班级企业微信群，并附上一段简短的开场白，表达对新班级的期待与祝福，并鼓励家长和学生阅读简历后，在群内分享自己的简短感受或提问，我则及时回复，进行互动交流。如：

亲爱的家长们、可爱的同学们：

大家好！

在这满怀希望的开学前夕，我非常荣幸能够加入我们这个充满活力与梦想的大家庭。作为即将与大家共同学习、成长的一员，我精心准备了一份个人简历，它不仅记录了我过往的教学经历与成长足迹，更承载了我对未来学习生活的憧憬与规划。现在，我将这份简历分享到我们的班级企业微信群中，期待与大家正式见面之前，能有一个温馨而又富有意义的初步交流。

我深知，每一次相聚都是缘分使然，我们即将携手踏上的这段旅程，将会充满挑战与机遇。我期待着在新班级里，与每一位同学并肩作战，共同探索知识的海洋，相互激励，共同成长。我也期待着与家长们建立起紧密的沟通桥梁，携手为孩子们的成长撑起一片天空。

愿我们的新班级成为一片充满爱与智慧的沃土，让每一颗种子都能生根发芽，茁壮成长。愿我们共同度过的每一天都充满阳光与欢笑，即使面对困难与挑战，也能携手并进，勇往直前。

最后，真诚地希望大家在阅读完简历后，能在群内分享您的感受或提出宝贵的问题，我非常乐意与大家进行深入的交流与探讨。期待与您的每一次互动，都能为我们的新学期增添一抹亮丽的色彩！

设计意图

建立专业形象：通过展示个人的教育背景和教学经历，让家长和学生感受到我的专业素养和教学能力。

传递教育理念：阐述个人教育理念，让学生和家长了解我的教育观和教学方法，为后续的班级管理工作奠定基础。

促进家校沟通：利用班级群进行简历发布和互动交流，可以打破时空限制，让家长和学生提前了解我，为家校合作创造良好氛围。

班级群内个人简历的亮相，我收到了意想不到的积极反响。家长们纷纷表示，通过这份精心设计的简历，他们不仅对我的专业能力有了充分的信心，更被我的教育理念深深吸引。学生们也在家长的引导下，开始对我这位新班主任产生了浓厚的兴趣与期待，不少学生还主动在群内提问，表达了对未来学习生活的憧憬。

二、藏头诗里，情深意长寄学生

为了在新班级中给学生留下深刻而温馨的第一印象，我选择在开学前为每位学生撰写藏头诗。这不仅仅是一种文字游戏，更是我作为新任班主任，对每位学生独特个性与未来潜力的深情寄语。通过藏头诗，我希望能够直接触达学生的心灵，让他们感受到来自老师的关怀与期待。具体操作如下：

信息收集：在开学前，我会通过查阅学生个人调研档案（如中途接班则与前任班主任交流）等方式，尽可能多地了解学生的名字、性格特点、兴趣爱好等信息。

创作藏头诗：根据学生的特点，我逐一为他们创作藏头诗。每首诗都力求押韵工整、意境优美，同时融入对学生的鼓励与祝福。如，"李晨光"同学，我给他赠诗："李树花开春意浓，晨曦微露映天红。光阴似箭勤为桨，学海无涯志在胸。"

当然，藏头诗也不是一成不变的，我会根据学生姓名特点，用不同的方法给他们作诗，如：

"张伟"同学，我用直接嵌入法作诗："张帆远航梦起航，伟志凌云展雄风"。

"陈静"同学，我用同音字替换法作诗："陈年往事如明镜，镜中人生自分明"。

"林涛"同学，我用意象联想法作诗："林深叶茂听涛声，涛声依旧岁月长"。

"陆飞扬"同学，我用典故引用法作诗："陆机文赋传千古，飞扬文采耀九州"。

"吴星辰"同学，我创新词汇组合作诗："吴山楚水皆星辰，辰光照耀梦前行"。

总之，无论采用哪种方法创作藏头诗，我们都需要在创作过程中反复推敲和修改，使每句诗都能紧密围绕学生的名字和个性特点展开，同时保持整首诗的完整性和美感。只有这样，才能让学生真正感受到来自老师的关怀与期待。

呈现方式：在开学第一节课上，我会用PPT逐一呈现这些藏头诗，并让学生猜诗里写的是谁。请被猜中的学生进行简短的自我介绍，让老师认识他。随后，我会将打印好的诗稿赠送给对应的学生。同时，我也会将诗稿电子版分享到班级群，供家长和学生收藏。

设计意图：

个性化关怀： 通过为每位学生量身定制藏头诗，让学生感受到来自老师的特别关怀和尊重，增强他们的归属感和自信心。

激发学习兴趣： 藏头诗作为一种独特的文学形式，能够激发学生的学习兴趣和创造力，引导他们关注语言之美、文化之韵。

增进师生情感： 在猜诗和赠送藏头诗的过程中，我与学生建立了初步的情感联系，为后续的教学工作打下了良好的情感基础。

我深深记得我将藏头诗逐一呈现时，学生们脸上洋溢出的真挚笑容，那是一种被看见、被理解的喜悦。家长们在班级群中的反馈也如同潮水般涌来，字里行间充满了对这份创意与用心的赞赏。

三、创意介绍，互动中加深了解

正如马克·吐温所言："幽默是生活的调味剂，创意则是教育的灵魂。"接手新班，我深谙创意的力量，它不仅是破冰的利器，更是搭建心灵桥梁的砖石。因此，我会精心策划一场别开生面的创意介绍活动，旨在以新颖独特的方式，让每一位学生都能在和老师的初次邂逅中感受到教育的温度与活力。

1. 教师从自身做文章进行创意介绍

与学生的初次见面，我的自我介绍 PPT 不是单调的文字堆砌，而是需要学生通过观察、思考和讨论来猜测答案，让他们在轻松愉快的氛围中逐渐揭开我的神秘面纱。

在名字上下功夫：

我采用猜测的形式让学生猜我的全名。

我与大英雄郭靖、大文学家郭沫若同姓，所以我姓？

同学们异口同声回答：郭。

我跟《红楼梦》里的王熙凤有一个字相同，与我国的吉祥物凤凰有一个字相同，所以我的名是？

同学们也能够找相同：凤。

就这样，简单互动而又不尴尬地呈现自己的姓名。

在家乡上下功夫：

我的家乡是一座边城，那里有吊脚楼，有搭石，有著名作家沈从文、黄永玉，还有一部流传甚广的小说《边城》，请问我的家乡是？

这个问题我可以检测一下孩子们的阅读范围以及是否有经常外出旅游的习惯？我在几个班级做过自我介绍，基本每个班级都能有同学答出来：凤凰。

在习俗上下功夫：

这个可以选取自己最有特色的习俗介绍，如我在介绍的时候，先从我的民族苗族开始介绍，接着给他们用图文并茂或者视频的形式呈现苗族人的习俗，上刀山下火海、银饰等，同学们听得津津有味，下课后还不停追着我问很多问题。

教育之始，在于启迪心智，不单传授知识。我以创意为笔，自我为墨，让学生在探索与发现中，不仅知晓了我的姓名与故乡，更在轻松愉悦间领略了文化的深邃与民族的多彩。此过程，非单向告知，乃双向共鸣，让自我介绍成为心灵触碰的桥梁，激发学生的求知之火，共赴智慧之旅。

2. 学生从"晒晒我的朋友圈"进行创意介绍

如何让学生的自我介绍有话可说？我提前设计了一条"朋友圈"，通过电子版发给学生，让其在家自行打印完成，开学第一天带来班级分享。同学们可以站上讲台也可以站在自己的位置上展示自己图文并茂的"朋友圈"，最后，老师集中收集并展示在教室的班级文化展示区供学生在"朋友圈"下面互动交流。

如下图所示：

晒晒我的假期朋友圈

❤ 点赞：＿＿＿＿＿＿＿＿＿＿＿＿＿＿＿＿＿＿
💬 评论：＿＿＿＿＿＿＿＿＿＿＿＿＿＿＿＿＿＿

　　此"朋友圈"由三部分组成。第一部分留简短的地方给他们配文案；第二部分留出"九宫格"给学生画画；第三部分为学生留言点赞、评论交流区。

　　"朋友圈"的内容可以展示自己的兴趣爱好、家人、同学，也可以展示假期的风景或趣事，内容不限。

　　为了让学生的"朋友圈"既丰富多彩又充满创意，我们可以提前给他们一些指导策略，以激发他们的表达欲望和创造力。

在文案撰写时：鼓励学生从个人感受出发，用一两句话描述所展示内容的情感色彩或背后的故事。比如："在这片星空下，我找到了内心的宁静。"或"与家人共度的每一个瞬间，都是我最宝贵的记忆。"或者引导学生使用比喻、拟人等修辞手法，让文字更加生动有趣。例如："我的画笔，是我与世界的对话者，每一笔都藏着我的心声。"还可以在文案末尾提出一个小问题或留下悬念，吸引他人留言互动，如："你们有过哪些难忘的星空记忆呢？欢迎分享！"

在九宫格绘画时：鼓励学生不仅限于手绘，也可以是摄影作品、拼贴画，甚至是数字艺术作品。重要的是展现个人特色和创造力。九个格子还可以围绕一个中心主题展开，如"我的家人""我的快乐假期"等，通过画面丰满自我介绍。

在留言点赞、评论交流时：请学生用正面鼓励、幽默调侃、深入提问等方式交流；也可以小组内互相浏览"朋友圈"，进行点赞和评论；还可以设置匿名评论的机会，让学生说出平时可能不敢当面说的话，促进更深入的交流。

通过以上方式，不仅能让学生的自我介绍变得有话可说且生动有趣，还能促进他们之间的交流与理解，培养创新思维和社交能力。

设计意图

促进师生互动：通过 PPT 自我介绍和学生"朋友圈"展示两个环节，我与学生之间建立了良好的互动关系，增进了彼此的了解和信任。

展现学生个性："晒晒我的朋友圈"活动为学生提供了一个展示自我、表达个性的平台，有助于培养他们的自信心和创造力。

增强班级凝聚力：在互动与交流的过程中，班级之间形成了更加紧密的联系和友谊，增强了班级的凝聚力和向心力。

正如史蒂夫·乔布斯所说:"创新就是把事物联系起来的能力。"通过这场创意介绍,我与学生不仅加深了对彼此的了解,更在心灵深处种下了一颗颗信任与尊重的种子。

在教育旅程的起点,每一次用心的亮相,为我和学生及家长共同编织了一段段温馨而深刻的初遇,它让教育的道路更加宽广,也让心灵的花园更加绚烂多彩。

五个策略组建一个高效班级群

面对班级群中"收到"泛滥、点赞狂潮以及潜在矛盾的悄然滋生,加之家长因错过关键信息而引发的焦虑与不便,如何巧妙地驾驭这一数字交流平台,使之成为班级管理与家校沟通的得力助手,而非负担之源?

通过以下五步策略,我将和家长携手并进,共同打造一个高效运转、和谐共融的班级社群。

一、甄选平台,奠定基石

选择一个合适的班级社群平台,是打造高效班级社群的第一步,也是至关重要的一步。它将为后续的班级管理与家校沟通奠定坚实的基础,助力我们共同迈向更加美好的教育未来。

这里我重点推荐两个平台:班级 QQ 群、企业微信。

班级 QQ 群:一般用来储存资料。我一般共享学习资料、作业文件等,因为它支持大文件传输,便于学生获取学习资料以及储存孩子们的成长记录。QQ 群的相册功能很好用,每个学期我会建一个相册,把这个学期孩子们的学习和活动照片,命名后上传 QQ 群保存。这样,当孩子们毕业后,可以查看自己小学的成长痕迹,而且就算中途换老师,照片和资料也不会丢失。

班级 QQ 群注意事项:我会把各科老师设为管理员,家长们禁言。这样减少老师管理群的负担，也减轻家长查看信息的负担。

当然，QQ 群的功用还很多，我只是根据自己班级平时所用来记录和分享。

企业微信班级群：相对于普通微信群，企业微信功能更强大、更安全。个人觉得有以下优势：

• 可以对进群的家长进行管理和限制，只有加入家校通讯录的家长才有权限进群；

• 老师可使用班级群通知，可知家长已读还是未读，家长可以在线签字。

• 群内有快捷使用的校园模板，便于快速收集信息。

• 可以设置敏感词屏蔽来保证班级群的安全和防诈骗。

通常用到的功能如下。

发放通知：可以一键打包下载收集的图片和文件，家长可直接在手机上进行电子签名确认，无须在纸质通知书上进行签名，实现无纸化办公。发布通知后，系统会自动提醒家长查看并自动统计家长阅读和回执情况，家长的已读未读明细一目了然，另外还提供了多种通知模板给老师们选择，一键快速启用即可。

收集信息：可以直接用 Excel 表格形式呈现，系统自动控制家长只能填写和查看自己孩子的信息，保护学生隐私，还能一键导出结果文件。另外提供了多种班级信息采集场景的模板，便于一键编辑。

当然，家校沟通的平台很多，我们可以依据学校要求以及自己的喜好进行选择。

二、家校携手，共建班级群

在教育的征途中，家校合作需双桨齐划，方能破浪前行。班级群，作为这艘共育之舟的舵手台，其建设不仅关乎信息的流通，更是智慧与情感的交汇点。它要求我们定好位，以开放包容的心态，家校携手，开启孩子智慧之门，共创美好未来。

首先，邀请家长作为班级群管理合伙人。

第一，发出邀请信。 在建群初期，我会通过一封正式而温馨的邀请信，向全体家长介绍班级群的目的、意义及期望家长扮演的角色。信中强调家长是教育孩子的"第一责任人"，也是班级管理的重要合作伙伴。

第二，家长志愿者招募。 在邀请信中，我会明确提出招募家长志愿者的需求，包括协助管理班级群、组织班级活动、分享教育资源等，并说明这些角色将如何促进家校共育。

第三，一对一沟通。 对于积极响应或表现出有潜在管理能力的家长，我们可以进行一对一沟通，进一步解释班级群管理合伙人的职责及可能面临的挑战，鼓励其加入班级群管理。

其次，奉行班级群家长参与管理原则。 班级群仅靠班主任和科任老师管理是不够的，我们要充分发挥家长的力量，共同管理。如建立轮值制度：设立家长轮值管理员，每周或每月轮换，负责监督群内发言质量，及时回应家长疑问（特别是老师无法及时回复时），确保信息流通顺畅。又如，进行育儿心得分享日：定期在群内设立"育儿心得分享日"，鼓励家长分享育儿经验、推荐好书、分享亲子活动照片等，增进家长间的互动。家长群邀请函示例：

邀请函

尊敬的家长：

您好！

新学期的钟声缓缓响起，为了进一步加强家校沟通，促进孩子们健康、快乐地成长，我们特此建立"xx班级群"。本群旨在搭建一个高效、便捷的信息交流平台，让家长们能够及时了解学校动态、班级活动、孩子学习及生活情况，同时也为家长们提供一个相互学习、分享育儿经验的温馨空间。

【群目的】

信息传达：及时发布学校通知、班级活动安排、作业布置等重要信息。

家校互动：促进家长与老师之间的沟通交流，共同关注孩子成长。

资源共享：分享教育资源、学习资料、育儿心得等，助力孩子全面发展。

情感交流：增进家长间的友谊，共同营造和谐、积极的班级氛围。

【入群须知】

请各位家长使用真实姓名（孩子姓名＋家长称谓＋手机号码）作为群昵称，以便识别。

群内言论请文明礼貌，尊重每位成员，避免发布广告、谣言等不当信息。

对于孩子的隐私信息，请保持谨慎，不在群内公开讨论。

鼓励积极发言，但请避免"刷屏"，确保信息流通顺畅。

【邀请方式】

我们将通过班级通讯录邀请您加入本群。若您未收到邀请，或希望主动加入，请直接联系班主任，我们将尽快为您处理。

【家长招募】

现本群需要招募两位家长作为管理员，请愿意为班级付出的家长积极参与并向我报名哦！

我们坚信，通过大家的共同努力，"xx班级群"将成为我们携手共育孩子美好未来的重要桥梁。期待每一位家长的积极参与和支持，让我们共同为孩子们的健康成长保驾护航！

最后，祝愿孩子们在新的学期里，学业进步，快乐成长！期待您的加入！

——小凤老师

三、立规明矩，清风正气

无规矩不成方圆，班级群规就像一艘船的舵与帆，它不仅是秩序的守护者，更是智慧与和谐的引领者。班级群里，每一条规则都凝聚着对教育的尊重、对成长的期待，以及对每位成员的关怀与责任。首先，要给班级群取一个温暖的名字，如爱的XX班或者XX班教育合伙人交流群等，其次，务必立好群规，如：

1. 成员身份与入群规范

班级群所有成员需使用真实姓名入群，确保信息透明。主要负责孩子教育的家长务必加入，共同参与孩子成长过程。所有群成员统一将昵称改成"孩子姓名+家长称谓+电话号码"便于我们快速识别每一位家长。

2. 联系时间与通知回应

联系时间：老师上课期间不使用手机，请在合适的时间联系老师，晚上十点前，早上七点后，中午两点后。

通知回应：群内老师发布的通知，家长看到后无需一一回应，以防"刷屏"，导致其他家长看不到。有特殊要求的，老师会另外说明。

3. 理解老师回复延迟

请理解老师的延迟回复，为了保障教学安全，上课期间老师不使用手机。

4. 任务完成

请家长们及时完成群内发布的接龙、小程序、填表格等任务。

5. "四不四要"群内行为准则

四不：

（1）**不散播无关信息**：禁止在群内散布谣言、虚假信息，不发布募捐、广告、红包、小程序等与学习无关的内容。

（2）**不打扰重要通知**：不发送与学生无关的投票，不随意聊天或发送无关信息，以免淹没老师发布的重要通知。

（3）不"刷屏"干扰：家长在接收到班主任和任课老师的通知时，应避免连续回复或刷屏，保持群内信息清晰。

（4）不沟通隐私问题：尊重个人隐私，不在群内公开讨论敏感话题，遇到隐私问题应私下与老师沟通。

四要：

（1）要及时沟通反馈：遇到问题或疑问，应及时与老师沟通，确保信息畅通无阻。

（2）要尊重隐私界限：隐私事项应单独与老师私聊，重要事务优先考虑电话联系，展现理解与尊重。

（3）要分享美好成长：学生美好的成长过程、学习成果及进步，老师应与家长在群里共同分享，增进家校互动与理解。

（4）要快速响应紧急信息：如遇紧急情况，老师在消息前加"闪电"小图标，请家长迅速关注并采取相应措施，确保信息传达高效无误。

班级的和谐与进步需要我们共同努力。让我们携手合作，将班级打造成一个温馨、友爱、团结的集体。

四、细分社群，精准服务

细分社群，不仅是对教育个性化追求的响应，更是家校共育高效互动的桥梁。它不仅简化了沟通流程，更促进了理解的深度与合作的广度。

除了家校沟通的班级群外，我们还可以依据需要建立以下群。

家委交流群：协同治理，共谋发展

家委会成员汇聚于此，成为班级管理的智囊团与行动者。从活动策划到资源筹集，从问题解决到氛围营造，家委们在此群集思广益，共同为班级的成长与发展贡献力量。此群不仅是沟通的平台，更是家校合作的孵化器，推动着班级治理向更加民主、高效的方向迈进。

学科老师交流群：知识桥梁，深度对话

各学科老师在这里相遇，汇聚各学科智慧，促进跨学科交流，协同解决教学难题。群内分享学习进展、难点突破策略、教学方法创新与教学资源，助力教学质量提升。同时，增进教师间情感联系，构建和谐团队。

小组群：分层施教，精准帮扶

根据学生的学业情况，细分为上、中、下三个层次的小组群。这种精细化管理模式，便于老师针对不同层次的学生制订个性化的教学计划，同时也为家长提供了交流育儿经验、相互鼓励的平台。群内定期分享学习资源、解题技巧，家校共同努力，解决学生面临的共性问题，实现班级整体教学质量的提升。

微团队群：特色发展，潜力挖掘

为挖掘学生的潜能与特长，特别设立微团队群。如科技创新、文艺表演、体育竞技等特色小组，根据学生的兴趣与特长进行划分。群内组织专业培训、项目研讨、成果展示等活动，为学生提供一个展示自我、挑战自我的舞台。家校合力，助力孩子在全面发展的道路上越走越远，绽放独特光彩。

五、匠心经营，温暖每一颗心

在教育的旅途中，班级群不仅是信息的桥梁，更是情感的港湾。它需要我们以匠心独运之姿，细心呵护，方能使之成为家校共育的温馨之地。用心经营班级群，就是在编织一张爱的网络，让每一份关怀与理解都能准确无误地传递，温暖彼此的心田。

1. 多彩展示，共筑沟通桥梁

设立多样化栏目，如"校园风采""学习之星""生活点滴"，以图文、视频等形式展现孩子在校的全面发展，搭建家校沟通的坚实桥梁。

定期展示优秀作业，表彰先进，激励后进，同时分享学习方法，促进家校共育的深入。

及时发现并表扬班级中的正能量，通过班级群传递，增强班级凝聚力，激发更多家长和学生的参与热情。

2. "夸夸群"文化，营造和谐氛围

确立"夸夸群"文化，鼓励正面评价，减少直接批评，保护学生与家长的自尊心，营造积极向上的班级氛围。

对于个别需要特别关注的学生，采用私聊的方式，确保沟通的有效性和隐私的保护。

3. 肯定家长，共筑荣誉殿堂

成立家长小组，选拔表现积极的家长担任组长，分担班级事务，形成家校合作的良好机制。

对表现突出的家长进行公开表彰，不仅在群内表彰，更在学生面前表彰，以此增强学生的荣誉感，激励家长持续投入，形成良性循环。

4. 发扬群主智慧，引领和谐风气

作为群主，教师应以开放包容的心态，多表扬家长和学生的优点，多与家长商量班级事务，共同决策。

如此匠心经营，班级群必将成为家校共育的坚实阵地，温暖每一颗渴望成长的心。

开好第一次家长会

无论是初登讲台的新教师（渴望与家长建立信任的桥梁），还是中途接班的老师（期待与家长们共绘孩子成长的新篇章），抑或是迎接新学期的每一位班主任，我们都深知：一场精心策划的家长会对于凝聚家校力量、促进孩子全面发展的重要性。

作为教师，我们只有认真组织并艺术性地召开家长会，才能发挥其"立体教育"的作用，让家校形成教育合力，助力班级的各项工作，培养孩子们的良好习惯。

一、开成"主题规划会"

家长会切忌眉毛胡子一把抓，开成大杂烩。以前开家长会，我喜欢讲行为习惯、学习成绩、学生特点、家校沟通等，一个PPT做了七八十页，一个多小时讲完，看似面面俱到，家长听了，如过耳之风，什么也没记住。我们可以把家长会开成"主题规划会"，让家长听后清清楚楚。

家长会只有主题明确了，效果才会更加明显。如："如何学会赏识孩子""如何培养孩子的学习习惯""如何创造和谐的家庭教育环境""打造有温度的班集体"等。这些鲜明的主题，好比给家长会串上了一条红线，使家长会一气呵成，浑然一体，效果翻倍。

"主题规划会"如何开展呢？可以从几个层面出发。

1. 基于学情，系统规划

家长会的效率与效果，很大程度上取决于其是否具备针对性。因此，在筹备家长会时，班主任需深入剖析班级现状，结合学生的独特需求与面临的挑战，精心策划会议主题。这些主题应当紧扣学生学情，直指家长关心的核心问题。

一年级：携手共育，筑基习惯

在一年级初期，我们强调家校携手，利用孩子从幼儿园到小学的过渡关键期，共同培育良好习惯。重点围绕学习习惯（如专心听讲、认真书写）与生活习惯（如自我整理、规律作息）展开，即便无书面作业，也需重视口头作业，培养独立学习能力。

二年级：爱的力量，陪伴成长

随着二年级的到来，班级差异显现，我呼吁"再忙也要陪伴孩子"。因为父母的陪伴、沟通与关注，是任何外界教育都无法替代的宝贵资源。我们一起在家长会上共读《做父母的有效期，不该偷懒那十年》的文章，提醒家长珍惜与孩子共度的"有效期"，即在孩子最依赖父母的十年里，给予孩子充分的关爱与教育，鼓励家长珍惜与孩子共度的每一刻。

三年级：书香家庭，助力成长

针对三年级学习压力增加的现状，我们以"共筑书香家庭"为主题。我在家长会上倡导家长与孩子共同阅读，营造家庭阅读氛围，成为孩子学习路上的坚强后盾。通过书香家庭的创建，助力孩子跨越学习挑战，开启智慧人生。

四年级：积极运动，强健体魄

四年级起，老师要强调运动的重要性，倡导家长鼓励孩子参与运动，认识其六大益处：促进生长发育、增强心肺功能、预防疾病、促进智力发展、塑造良好性格及塑造健美体态。呼吁家长为孩子腾出运动时间，共同培养运动习惯。

五年级：自主学习，独立成长

面对家长过度溺爱孩子的现状，五年级家长会我们聚焦于"学习是孩子自己的事情"，强调家长应放手让孩子自我管理，培养孩子自主学习的能力和责任感。引导家长理解教育的真谛在于自我教育，家庭成员间需统一教育理念，支持孩子独立成长。

六年级：静心学习，顺利毕业

六年级是关键时期，须防班风浮躁。我们的家长会主题定为"静心学习，顺利毕业"，提醒家长关注孩子的心理状态。我们邀请初中教师分享小初衔接经验，营造专注学习氛围，助力学生顺利过渡到初中，为小学生活画上圆满句号。

2. 根据班情，精准施策

我曾经接手一个班级，家长向我反馈班级各方面关系紧张，为了重点解决同学、亲子和师生之间的关系问题，我便决定召开主题为"班级微团队，孩子生命成长共同体"的家长会。为了让家长清清楚楚知道怎样划分微团队和微团队如何运转。我从以下几个方面跟家长介绍。

（1）怎样划分微团队

根据每组人数（6—8人为宜），将班级划分为若干微团队。

划分原则：平时表现＋距离远近＋男女比例。

第一，平时表现。 每组微团队要平均分配学习能力强、有领导力的同学，同时又要跟能力弱一点的同学进行搭配，这样能力强的同学在学习和活动中都能够在队里发挥引领作用。

第二，距离远近。 微团队作为学习共同体，以后的学习中，经常有一些学习活动是通过微团队完成，各成员之间的距离不宜太远，这样集中起来不方便。

第三，男女比例。 每组男女人数尽量均衡。

（2）如何建设微团队

建立各微团队文化（队名＋口号＋队歌＋目标＋吉祥物）。

队名：每个微团队取一个响亮、上进、正能量、能激励团队向上的队名。

口号：每个微团队集体商量一句与队名匹配的口号。

队歌：低年级可以网上找、高年级同学可以自行改编创作。

目标：长期目标+短期目标。如在班级微团队里排名第几，各科平均分达多少。短期内帮助谁成绩提高多少分？或者集体挑战一个项目坚持多少天集体打卡，如背单词、朗读等。

吉祥物：每个微团队选一个自己喜欢的吉祥物或者自行设计网上定制。作为一种精神的寄托，也可以作为团队活动时的奖励。

职位：组长+副组长（组长：选学习力强和管理能力强的人担任。副组长：初期建议也选能力强的。一段时间稳定后，副组长可以轮流担任，让每个同学都有参与感！）

（3）微团队如何操作运转

微团队除了是学习共同体外，还是生命成长共同体。具体如何组织活动？

时间上：每个微团队一个月至少一次。

负责人：每次两位家长辅导员负责微团队的统筹规划。

活动主题：可以交流所共读的书籍，也可以进行生活体验课。如微团队探索"行走深圳课程"包括游览深圳博物馆、南澳之约、相约人才公园、宝安图书馆、端午包粽子等。

地点：根据活动决定，家里、小区、公园、图书馆等均可。

任务分工：可根据活动需要，设置宣传委员、摄影师、新闻发布员、后勤委员等。

总结呈现：学生写活动流程和感想，通过班级微信公众号发布。

3. 关注热点，适时召开

在快速变化的社会背景下，每一个热点话题都蕴含着深刻的教育意义，它们不仅是外界环境的缩影，也直接影响着家庭教育的方向与深度。我们可以利用社会热点，让它成为我们连接家庭与社会、促进家校共育的重要桥梁。

以"智能时代，共育未来"主题为例，我们从以下四个环节展开。

第一环节：智能生活，爱的传递。我们邀请了一位 AI 专家，通过视频连线，向家长们展示了 AI 如何在日常生活中帮助人们表达爱意，如智能音箱播放家人留言、AI 助手定制专属生日惊喜等。

第二环节：智慧之光，启迪童心。我们展示了一系列利用 AI 技术设计的教育应用和游戏。

第三环节：亲子共创，智慧启蒙。现场，我们准备了材料，鼓励家长与孩子一起动手，利用简单的编程工具制作家庭智能小项目——智能灯光控制。

第四环节：展望未来，共话教育。家长会的最后，我们组织了一场圆桌讨论，邀请教育专家、家长代表和学生代表共同探讨在智能时代如何更好地进行家庭教育。大家畅所欲言，分享见解。

这样的家长会，能够将社会热点融入教育，让家长们能够及时了解并思考这些话题对孩子成长的影响。

二、开成"家校关系表彰会"

在教育的广阔天地里，家校如同双翼，共筑孩子梦想。李希贵校长之言犹在耳畔："教育学首先是关系学"，这提醒我们，唯有以心交心，方能共绘孩子成长的斑斓画卷。新学期如何在家长会中构建好关系，把"批评会"开成"家校关系表彰会"，让关系升温呢？我们不妨这样做。

1. 准备温馨邀请函，预热家校和谐情

家长会前，我们可以设计精美且充满温情的邀请函，打印出来，交到孩子手中，让他们 DIY 后，交给家长，提前营造家校合作的良好氛围，让家长感受到被尊重与期待，为家长会的关系升温打下良好基础。

邀请函可以根据家长会的流程进行设计，如果只在班级召开，可写上召开

目的和温馨提示，如下图所示：

Invitation
邀请函

尊敬的　　　家长：

您好！

时光荏苒！转眼间新学期已经开始。为了您孩子学习的更好发展与进步，真诚地邀请您在百忙之中抽出时间来参加我们的家长会。

温馨提示：

1. 本次家长会如家长有事不能出席的，请向班主任请假，班主任做好备注。

2. 由于参会人员较多，建议家长尽量绿色出行来校参会，往返途中请注意安全。

3. 班级禁止吸烟，禁止乱扔垃圾。

4. 会议期间，请家长将手机设置成静音状态，会场内请勿接打电话，保持会场安静。

5. 家长带上纸笔，将重要内容记录下来，会后与老师认真交流。

6. 时间：　年　月　日

7. 地点：追光少年506班

期待您的莅临！

如有两个场地，则邀请函上要写清楚地点和流程，如下图所示：

邀请函
Invitation

亲爱的家长朋友：

　　非常感谢您对学校一直以来的支持和信任！

　　每个孩子都承载着家长的殷切希望和美好憧憬，学校一切成绩的取得都离不开你们的关注与付出。为了进一步加强学校与家长的沟通，使家长进一步了解学校的教育理念和教育孩子的方式，真正达到家校携手共同培养孩子的目标，xx 学校将召开 2023—2024 学年第二学期五年级家长会，诚邀您在百忙之中抽出时间莅临学校参加会议。

★时间：xx 年 xx 月 xx 日 19:30（19:00 开始签到）

★地点：学校报告厅及各班教室

★流程：

①到报告厅聆听讲座；

②到各班课室听取语、数、英老师汇报孩子学习情况。

温馨提示：

1. 本次家长会如家长有事不能出席的，请向班主任请假，班主任做好备注。

2. 由于参会人员较多，建议家长尽量绿色出行来校参会，往返途中请注意安全。

3. 校园内禁止吸烟、禁止乱扔垃圾。

4. 会议期间，请家长将手机设置成静音状态，会场内请勿接打电话，保持会场安静。

5. 家长带上纸笔，将重要内容记录下来，会后与老师认真交流。

期待您的莅临！

xx 学校
x 年 x 月 x 日

2. 共填亲子互动问卷，深化情感纽带

家长会上，我们还可以设计一份旨在促进亲子沟通的问卷，让家长与孩子共同完成，家长会上，父母填完后再把孩子的问卷发放给家长，以此为契机增进彼此了解，加强亲子间的情感联系，让亲子关系在互动中升温。

亲子问卷上可以设计互相夸赞、悄悄话、愿望等，如下图：

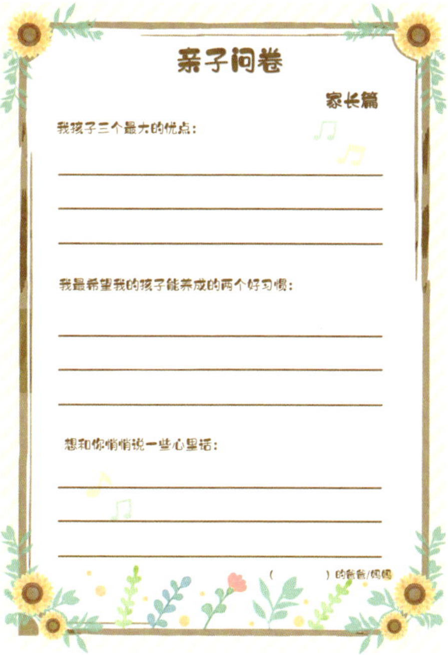

亲子问卷 家长篇	亲子问卷 孩子篇
我孩子三个最大的优点：	我爸爸/妈妈三个最大的优点：
我最希望我的孩子能养成的两个好习惯：	我最希望爸爸/妈妈能养成的两个好习惯：
想和你悄悄说一些心里话：	想和你悄悄说一些心里话：
（　　）的爸爸/妈妈	你的宝贝

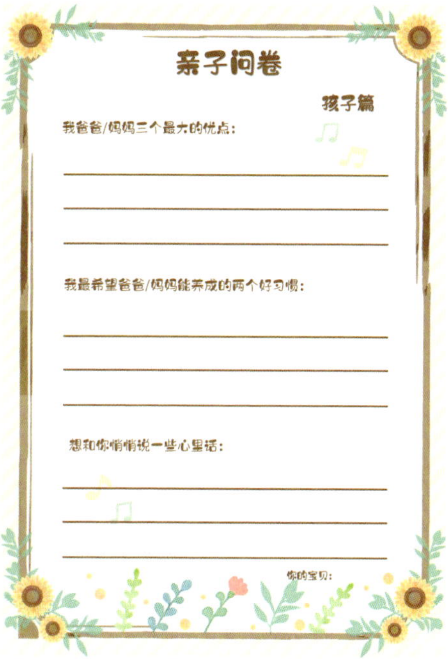

我们也可以设计"真心话不冒险",还是分为家长篇和亲子篇,如下图所示:

真心话不冒险开心问卷(孩子篇)

一、选择题

1.下列三项中哪一项更符合你现在的状态?(　　　)

A.对现在的自己很满意　　B.正在努力让自己变得更好　　C.没有方向和目标

2.在学校遇到开心或不开心的事,你会选择和谁分享倾诉?(　　　)

A.爸爸妈妈　　　B.老师　　　C.同学　　　D.朋友

3.对于周末或家庭作业,你希望爸爸妈妈怎样做?(　　　)

A.适当提醒我完成　　　B.在我身边陪伴我完成　　　C.让我自己独立完成

二、问答题

1.如果满分是100分,你会分别给爸爸妈妈打多少分?为什么?

我会给妈妈打_____分,因为_____

我会给爸爸打_____分,因为_____

2. 你认为爸爸妈妈身上有哪些优点?

_____

3. 爸爸妈妈说的哪些话会让你开心?

_____

4. 爸爸妈妈做的哪些事会让你感到心情愉悦?

_____

5. 爸爸妈妈说的哪些话会让你感到不舒服?

_____

6. 你认为爸爸妈妈身上有哪些地方需要改正?

_____

7. 你最期待的周末或假期,希望爸爸妈妈陪你如何度过?

_____

_____

_____

真心话不冒险开心问卷(家长篇)

班级(　　　)　　姓名(　　　　)

父母是孩子的第一任老师，家庭是孩子的第一所学校，孩子们的成长需要父母的陪伴和引导。但您真的了解孩子的学习生活吗?我们一起来看一看。

1. 我在班里有哪些好朋友?
_____

2. 我在学校最喜欢上的课是什么?
_____

3. 我在本次春季运动会上参加了哪些项目?
_____

4. 目前我最大的烦恼是什么?
_____

5. 在您眼中我有哪些优点?
_____

6. 如果满分是 100 分，您会给我打多少分?为什么?
_____

7. 您对我做过哪些令您后悔的事情?
_____

8. 开完家长会后，您会试着做哪些改变?
_____

知人者智、自知者明，做一个理智、周全的父母。掌握孩子的成长规律，找到适合孩子的成长路径，使用适合孩子的学习方法，相信孩子一定不会有问题。

3. 颁发优秀家长荣誉证书，强化家校正面联系

在家长会上，我们还可以公开表彰并颁发优秀家长奖状或者感谢信，肯定家长们的积极贡献，增强他们的归属感和荣誉感，同时激励其他家长，进一步巩固和强化家校之间的正面联系。我们可以自行设计感谢信内容，如下图所示：

荣誉证书

Dear _____ 家长：

感谢您默默支持，配合我们的日常工作，

恭喜您被我校评为：

优秀家长

从孩子优秀的表现里我们除了表示对您最诚挚的感谢外，更加坚定了对这份职业的热爱！希望在今后的日子里面我们仍旧一如既往地不断学习和提升自己，让我们的每一个孩子都能更进一步地享受我们共同给予的阳光和雨露，健康快乐地成长！对您一直以来的帮助与支持再一次表示感谢！

学校名称：_____

老师签名：_____

4. 重温星光表彰瞬间，共鉴家校成长足迹

曾有家长说："学习差的学生家长最怕参加家长会，因为有的班主任常常把家长当成了出气筒，家长会成了煎熬会。"

一味批评显然是不可取的，赞扬能使学生和家长共同成长。如我在五年级

下学期召开的"家校合力，打造有温度的班集体"家长会，通过星光熠熠的表彰会，从"那些温暖的人和事""那些有温度的教育""那些有温度的家校教育"三方面出发，挖掘班级、家长、同学所做的一些有温度的事，进行表扬，让每一位参与者都能感受到自己在家校共育过程中的价值与贡献。

在回顾"那些温暖的人和事"时，从班级、老师、孩子、家长四个角度来呈现。"那些温暖的人和事——班级篇"，我展示了班级课前准备得井井有条的视频。"那些温暖的人和事——老师篇"，我展示了英语老师每天在班级引领孩子早读的照片，数学老师每天中午在班级进行辅导的照片，班主任每天放学后在班级整顿班风的照片。"那些温暖的人和事——家长篇"，我展示了积极参加和组织策划班级各项活动的家委们，默默付出的微团队队长们，群里积极回应老师的家长们。"那些温暖的人和事——孩子篇"，我让孩子给前来参加家长会的父母或亲人颁奖，展示孩子们所回忆的美好：给母女互道晚安的妈妈颁"无限爱意奖"，给生病了还为孩子做早餐的妈妈颁"最佳勤劳奖"，给女儿晕车时把她搂在怀里的妈妈颁"温柔女神奖"，给不是妈妈胜似妈妈的姑姑颁"不辞劳苦奖"……

家长会上，我设置了这样一个温暖的环节，配上温情的背景音乐，让他们静静地感受属于他们独有的温馨。

当然，星光熠熠表彰会，不是单纯地表扬。我采用"抓典型，树榜样；先表扬，后要求"的原则进行。

在表扬后，我会提出一些要求：
- 教育就是我的活动有您的积极配合和参与。
- 教育就是事事有回应，件件有着落。
- 教育就是拥有好关系。
- 教育就是积极沟通，相互配合，彼此尊重。
- 教育就是主动联系，持续关注。

- 教育就是长期陪伴，鼓励为主。
- 教育就是相互配合，亲其师，信其道。
- 教育就是我的心里有你。

……

每个要求背后，我会以班级中某些家长的真实案例呈现，让要求更具有说服力。家长会后，我委婉提出的要求，家长们都记住了。可见正面激励的力量远胜于指责与批评，它能够激发无限潜能，促进共同成长。

三、开成"学生成长展示会"

很多老师在家长会上总盯着学生的成绩和后进生，把家长会开成了"告状会"，造成"教师会上向家长告状，家长会后找学生算账"的不良效果。

我们要挖掘学生的"闪光点"，让家长看到自家孩子在学校的进步，把家长会从"告状会"变成"学生成长展示会"，让家长有内容可看。家长会上，我们可以进行以下展示：

1. 教学成果展

教育的价值在于激发潜能，而非仅仅关注结果。家长会上，我们可以通过数据图表，直观地展示班级及每位学生的成绩变化趋势，但这仅仅是开始。更重要的是，我们要结合学生的获奖证书、发表的作品、阅读统计等进行多元化评价，讲述这些数据背后的故事。

比如，一位学生虽然数学成绩进步缓慢，但在科技创新项目中却展现出了非凡的创造力和团队协作能力。这样的展示，让家长看到孩子的全面发展，理解每个孩子都有其独特的成长节奏。

此外，我们还可以展示各科作业本和小测卷，让家长了解孩子的学习状态。教师可以借此机会，与家长一对一交流，共同探讨孩子的学习策略与改进方向。

2. 学生活动影集

家长会前,我们可以精心剪辑学生的活动影集视频,循环播放。从主题班会的欢声笑语,到学习剪影中的专注神情;从社会实践的勇敢探索,到体育比赛的奋力拼搏……每一个镜头都是孩子成长的见证。再配以温馨的音乐和简短的旁白,让家长仿佛穿越时空,与孩子一同经历那些难忘的瞬间。

这样的展示,不仅让家长看到了孩子的变化,更感受到了学校教育的温度与深度。

3. 优秀作品"长廊"

在教室的每一个角落,我们都可以为孩子们搭建起展示自我、绽放个性的舞台。手抄报、创意书签、手工小发明……这些看似微不足道的作品,却蕴含着孩子们无尽的创意与努力。将它们精心布置在教室的文化墙上,形成一道亮丽的风景线。家长在观赏中,不仅能够感受到孩子的独特魅力,更能深刻体会到教育的意义在于培养全面发展的人,而非仅仅追求分数的高低。

4. 教室环境布置

一个整洁、明亮、温馨的教室环境,不仅能够提升学生的学习效率,更能体现教师的用心与智慧。

家长会前,我们一定要带领学生一起动手,对教室进行彻底的清洁与装饰。窗明几净的教室、整齐划一的桌椅、温馨动人的欢迎语、生机勃勃的绿植……每一个细节都透露出教师的用心与期待。

这样的环境布置,不仅让家长感受到了学校对教育的重视与投入,更在无形中拉近了家校之间的距离。

5. 情感交流"客厅"

在家长会上,我们可以安排一个特别的情感交流环节——书信传情与颁奖仪式。事先让学生给自己的父母写一封信,内容可以是感恩的话语、成长的建议、学习的汇报,或是那些平时难以启齿的心声。当家长在会上读到孩子的信时，那份感动与欣慰将难以言表。

同时，设置颁奖环节，让学生回忆与父母最温情的瞬间，并亲手为父母颁发一个特制的奖项。这个奖项或许没有华丽的包装，但它所承载的情感与意义却是无价的。通过这样的活动，亲子间的温情得以升华，家校之间的信任与理解也进一步加深。如下图所示：

这样的"学生成长展示会"，不仅是一场视觉与情感的盛宴，更是家校携手共筑成长梦想的起点。在这里，每一个孩子都是主角，每一份努力都值得被看见。这样的家长会不仅点亮了心灯，也照亮了彼此的前行路。

四、开成"智慧共鸣的交流会"

很多老师把家长会开成了老师的"吐槽会"，开成了"批斗会"……其实这样效果并不好。在我看来，作为教育工作者，我们应该把家长会开成"智慧共鸣的交流会"，让家长感受到我们的专业。家长对我们表示认可后，才会放心把孩子交到我们手里。

家长会上，如何体现老师的专业性呢？

1. 介绍班级文化

班级文化，是班级的灵魂与气质，它如同细雨润物，无声地滋养着每一位学生的心田。班主任可以向家长介绍班名、班训、班风、班级誓言及背后的来源，还可以介绍班级特色、培养目标等班级育人理念。

班级文化的介绍，不仅能让家长深入了解班级的精神风貌和教育理念，更能增强家长对班级的信任感和认同感。

2. 展示班级规划

一个优秀的班主任在班级管理中一定要有自己的顶层设计。除了有班级文化加持外，班级的发展规划也是必不可少的。我们带孩子一年，就要想到他今后的很多年。因此，家长会上，我们可以跟家长说一说我们的班级规划，包括规划背景、指导思想、发展目标、具体规划与措施等。

细致入微的班级规划，不仅是孩子成长的指南针，也是家长信任与支持的基石。它让每位家长看到，我们不仅在教育孩子的一年里用心耕耘，更在为他们未来的许多年铺设坚实的道路。

3. 亮出专业能力

教师的专业能力是职业素养的核心，直接关系到教学质量和学生的成长。在家长会上展示你的专业能力，是赢得家长认可和支持的关键。

第一，展示教学成果。我们可以把从教生涯中个人获得的荣誉一一呈现给家长看，这是个人专业能力的体现；也可以把班级的学习成果展示出来，这是管理能力的体现；还可以把学生的优秀作品呈现出来，这是教学能力的体现。

第二，展示个人才华。记得刚接手新班时，为了让家长全面认识自己，我用了38页的PPT图文并茂地为家长呈现立体的自己。如：教学中的我、同事眼中的我、学生眼中的我、家长眼中的我、生活中的我等多方面呈现自己的优秀。

第三，分享教育心得。为了倡导家校合力，让家长成为教育的同盟军，我通过书信的形式分享自己的教育理念和教学方法。信的大致内容可以包括孩子的成长与进步、老师的榜样作用、家长的合力作用以及我对家长们的期待四个部分。

4. 推荐专业书籍

持续学习和阅读是提升教师专业素养的重要途径。阅读能够激发教师的教育热情和创造力，为教育教学工作注入新的活力和动力。因此，在家长会上推荐专业书籍，不仅是对家长的一种帮助和支持，也是对教师自身专业素养的一种提升和展示。推荐书籍需要注意几点。

首先，推荐的书籍必须是自己阅读过并受益的，这样才能在分享时充满热情和说服力，让家长感受到书籍的价值。

其次，优先选择经过时间考验、广受好评的经典书籍。这些书籍往往蕴含着深厚的教育理念和实用的方法，能够为家长提供持久的帮助。

最后，针对学生阶段特性精准推荐。如根据年龄与心理发展特点、实际需求、阅读渠道等选择不同书籍进行推荐。

在家长会的舞台上，我们不仅是知识的传递者，更是孩子成长的引路人。让我们和家长携手并肩，以专业和爱心为灯塔，照亮孩子们前行的道路，共同迎接他们绚烂多彩的未来。

第二章

创意见面,顺利开学:"一"字妙招巧亮相

创意见面，如春风拂面，启新学程之序章。古人云："千里之行，始于足下；万事之成，基于初心。"写好第一封信，乃心灵之桥，沟通你我；上好开学第一课，犹灯塔引航，照亮求知之路；布置第一次板报，绘梦想蓝图，共筑精神家园；编制第一次梦想，播种希望，静待花开；展示第一次风采，勇立潮头，尽显真我本色。此间种种，皆为顺利开学之基石，创意引领，共赴未来之约。

写好给学生和家长的第一封信

接手新班,班主任要写好给家长与学生的第一封信。这封信,不仅是沟通的桥梁,更是情感的纽带,它连接着过去与未来,引领着班级向着共同的愿景迈进。如何让第一封信与众不同呢?

一、版式设计上,与众不同

在信息技术时代,我们可以设计一封精美的电子信给学生和家长,提升信件的吸引力,让学生和家长有良好的阅读体验。

图文并茂。用 Word 文档编辑好文字,找一张素雅的图片作为背景或者把学校的标志性建筑放大后置于最底层。同时,可以用图标代替部分文字,如用书本图标表示学习,用爱心图标表示关怀,增加信件的趣味性和易读性。

模块化布局。将信件内容划分为几个模块,如"教师寄语""学生风采""家校共育"等,每个模块用不同的边框或分隔线进行区分。这样的布局既清晰又有条理,方便家长和学生快速找到感兴趣的内容。

二、内容撰写上,与众不同

给学生的第一封信可以这样写:

1. 姓名藏文展风采，"夸夸大法"绽光芒

当我在准备这封信时，心里便在盘算，如何以最特别的方式与他们进行初次"见面"呢？于是，我决定采用一种既传统又创新的方法，将每位学生的名字巧妙融入字里行间，赋予其独特的赞美与期待。这一做法，不仅是一次简单的文字游戏，更是教育理念的一次实践。

如我在三年级接手新班时，和前任班主任及老师们了解了学生后，把全班学生的姓名写进了信里，表达我们的相遇。

亲爱的同学们：

在这金秋送爽、充满希望的新学期之初，郭老师带着满心的喜悦与期待，通过这封信与你们相遇。这个秋天，注定是我们共同书写新篇章的开始，作为你们学习旅途中的同行者，我感到无比荣幸。

站在新的起点上，我们每个人都怀揣着新的梦想与憧憬。或许，此刻的你正在好奇：郭老师会是怎样的呢？你会不会喜欢这位老师？而老师想说的是，比起单纯的喜欢，我更渴望得到你们的欣赏与共鸣。在接班前，我从你们前任班主任和老师们口中了解到，我们的班级如此优秀，如同繁星点点汇聚成璀璨的银河，每一颗星星都闪耀着独特的光芒。

胡语墨同学的细腻情感，如同灵动的画笔，勾勒出班级和谐的画卷；张奕梵同学的睿智思考，引领我们在知识的海洋中遨游，寻找真理的灯塔。吴量同学的宽广胸怀，让我们学会了包容与理解；黄铮同学的坚韧不拔，则是我们面对困难时最坚实的后盾。

王劭文同学的文雅举止，颜千惠同学的温婉笑容，如同春风化雨，滋润着我们的心田。罗维铭同学的勇敢探索，郑小可同学的纯真无邪，为班级带来了无尽的活力与希望。李文博同学的博学多才，更是激发了我们对知识的渴望与追求。

林佳桐同学的坚韧不拔，吴颖嬉同学的灵动活泼，汪慧萱同学的温婉可人，她们用各自的方式，为班级增添了多彩的风景线。唐慈同学的慈悲为怀，教会我们关爱他人；温庆洲同学的沉稳内敛，让我们学会了冷静与理性。高梓曦同学的希望之光，照亮了我们的前行之路；张歆琳同学的灵动聪慧，则是我们班级智慧与美丽的化身。

　　唐博鑫同学的博学多才，与杨凯胜同学的英勇无畏相互辉映，展现了班级的文武双全。齐浩辰同学的浩渺星空梦想，李炫烈同学的热烈追求，让我们相信只要勇敢追梦，终能触及那片属于自己的星空。洪梦蒽同学的梦幻想象，唐诗婷同学的诗意人生，让我们在忙碌的学习之余，也能拥有一片属于自己的精神家园。

　　何梓萱同学的清新脱俗，王雨泽同学的温润如玉，郝梓源同学的坚韧不拔，卓伊伊同学的独立自主，她们用自己的故事，激励着每一位同学不断前行。刘亦松同学的坚韧挺拔，庄莉婷同学的亭亭玉立，邱腾葳同学的勇往直前，郭心怡同学的心怀美好，黄梓晖同学的坚定信念，郑骏东同学的锐意进取，他们用行动诠释着努力的意义，让班级充满了无限的可能。

　　陈焱林同学的热情如火，皮子谦同学的谦逊有礼，文嘉怡同学的才华横溢，王晟羽同学的凌云之志，王悦溪同学的纯净心灵，他们更是班级凝聚力的重要源泉。

　　愿我们班，在团结友爱的班风引领下，在追求卓越的学风激励下，心手相连，共筑梦想，携手前行，在未来的道路上绽放更加耀眼的光芒！

　　在给孩子的第一封信里使用"夸夸大法"，希望通过提及并赞美每位学生的名字及其特质，让学生感受到自己是班级不可或缺的一部分，被老师深深记住并珍视。增强学生的归属感与认同感，激发潜能与自信心，促进班级凝聚力，传递正面价值观，建立良好的师生关系。

2. 课文融信促学习，知识航程早启航

我们还可以把语文书里要学习的课文融进信里，通过书信的形式，将课文内容与个人情感相结合，以亲切、生动的语言传达给学生。使学生在阅读信件时，能够感受到教师的关心与期待，从而激发对语文学习的热情和动力，使学习不再仅仅是完成任务，而是一个主动探索、享受知识的过程。

在接手三年级时，我给孩子们写过这样一封信。

亲爱的孩子们：

大家好！

本学期，我们即将踏上三年级上册语文学习的美妙旅程。我，你们的语文老师，不仅希望带领大家一起探索课本中的每一个故事，每一首诗，更想与你们一同感受文字背后的温度，让知识的航程提前启航。

第一单元：学校生活——梦想启航的地方

想象一下，《大青树下的小学》里，不同民族的孩子欢聚一堂，他们的笑声如同清晨的露珠，晶莹而纯净。在《花的学校》里，我们仿佛能听到花朵们窃窃私语，它们也期待着成长，期待着被世界看见。《不懂就要问》的小故事，更是提醒我们，在学习的道路上，勇敢提问，不断探索，是通往智慧之门的钥匙。

第二单元：金秋时节——秋天的诗行与画卷

当秋风轻拂，我们一同走进《古诗三首》的世界。《山行》的枫叶如火，点燃了我们对自然的热爱；在《赠刘景文》中，我们学会了珍惜眼前的美好，期待每一个明天；《夜书所见》则让我们感受到夜晚的宁静与思绪的纷飞。还有那《铺满金色巴掌的水泥道》和《秋天的雨》，它们用细腻的笔触，描绘出一幅幅动人的秋日画卷。

第三单元：童话故事——奇妙的想象之旅

在《去年的树》里，我们学会了承诺与守候；在《那一定会很好》中，体会到了成长的快乐与满足。《在牛肚子里旅行》的故事，惊险又有趣，让我们明白了友情的力量。《一块奶酪》则教会我们公平与公正的重要性。《我来编童话》的习作，更是激发了我们无限的想象力，让我们成为小小童话家。

第四单元：阅读策略之预测——故事里的智慧与温暖

《总也倒不了的老屋》讲述了坚持与奉献；《胡萝卜先生的长胡子》和《不会叫的狗》则让我们在欢笑中思考生活的多样性与可能性。通过《续写故事》，我们学会了如何将想象力延续，让故事更加丰富多彩。

第五单元：留心观察——自然之美，眼中世界

《搭船的鸟》让我们近距离观察自然界的生灵；《金色的草地》则教会我们用不同的眼光看待熟悉的事物。《我们眼中的缤纷世界》的习作，让我们记录下身边的美好，感受生活的多彩。

第六单元：祖国山河——壮丽画卷

《古诗三首》再次带我们穿越时空，领略《望天门山》的雄伟、《饮湖上初晴后雨》的柔美、《望洞庭》的宁静。《富饶的西沙群岛》《海滨小镇》和《美丽的小兴安岭》用文字构建了一幅幅祖国大好河山的壮丽画卷。

第七单元：我与自然——大自然的低语与启示

在《大自然的声音》中，我们学会了倾听；《父亲、树林和鸟》则展现了人与自然的和谐共处；《带刺的朋友》让我们看到，每个生命都有其独特的生存智慧。

第八单元：美好品质——勇气、爱与成长

《司马光》的机智勇敢，《掌声》中的鼓励与支持，《灰雀》中的温情与关爱，还有《手术台就是阵地》中的无私奉献，这些故事如同一盏盏明

灯，照亮我们成长的道路。在《那次玩得真高兴》的习作中，让我们记录下那些难忘的瞬间，感受成长的快乐。

亲爱的同学们，语文不仅仅是一门学科，它也是一把钥匙，为我们打开世界的大门；它是一盏明灯，照亮我们前行的道路。让我们带着好奇与热爱，一起走进这丰富多彩的语文世界，感受文字的魅力，体会成长的喜悦。未来的日子里，愿你们都能在语文的海洋里遨游，成为有思想、有情感、有智慧的人。

期待与你们共同开启这段美妙的学习之旅！

给家长的第一封信可以这样写。

第一部分：表达作为新班主任接班的心情（激动又期待），思考如何培养好孩子，让家长知道你是个有想法的老师。

亲爱的家长们：

在这个充满希望的季节里，我带着既激动又满怀期待的心情，正式接手了我们班级这艘小船的舵手之责。站在新的起点上，我深知自己肩上承载的不仅是知识的传递，更是孩子们心灵的引导与成长的陪伴。这份责任，既让我感到沉甸甸的，也激发了我内心最深处的热情与创造力。

作为您孩子的新班主任，我深知每一个孩子都是独一无二的宝贵财富，他们拥有着无限的潜力和可能。因此，我时常在夜深人静时思考，如何以最恰当的方式，激发他们内在的光芒，引导他们健康成长，成为既有知识又有品德，既能独立思考又能团结协作的未来栋梁。

我坚信，教育的本质不仅仅是传授知识，更重要的是点燃孩子们内心的火焰，培养他们自主学习的能力，激发他们的好奇心和探索欲。我计划通过多样化的教学方法，让课堂成为孩子们主动探索、勇于尝试、不断进步的乐园。同时，我也将注重孩子们的情感教育和品德培养，通过日常的点滴引导，帮助他们树立正确的价值观，学会感恩、尊重与包容。

我深知，教育是一项系统工程，需要家校双方的紧密合作与共同努力。因此，我诚挚地邀请每一位家长成为我教育旅程中的伙伴，与我携手并进，共同为孩子们的成长撑起一片蓝天。我期待着与您的每一次交流，共同分享孩子们成长的喜悦与挑战，共同探讨更加适合孩子们的教育策略。

第二部分：写一写作为班主任兼语文老师打算怎么做，让家长知道你是个有方法的老师。我们可以从语文教学和班本课程建设等方面来谈。

1. 语文教学上

（1）以练字为基石，奠定语文学习之基

我深信，一手好字是语文素养的重要体现。因此，我计划将练字作为语文学习的起点，通过每日练字，提升学生的书写能力，培养其耐心与专注力。

（2）以阅读为灵魂，滋养学生精神世界

创建沉浸式阅读环境： 为了营造一个浓厚的阅读氛围，我计划从日常习惯入手，将每日早晨进班的最初十分钟设定为"晨光阅读时光"。在这个时间段内，教室里将只回响着翻书声和偶尔的轻语讨论，学生们可以自由选择自己感兴趣的书籍进行阅读，无论是文学经典、科普百科还是历史传记，都能成为他们的精神食粮。

设定明确而具体的阅读目标： 为了让阅读活动更加有序、高效地进行，我将为学生们设定一系列明确而具体的阅读目标。首先，是阅读量的积累。我鼓励学生们制订个人阅读计划，设定每月或每学期的阅读量目标，并鼓励他们挑战自我，逐步提升自己的阅读速度和理解能力。其次，是阅读质量的提升。我将引导学生们关注阅读内容的深度和广度，鼓励他们阅读不同类型的书籍，拓宽自己的视野和知识面。同时，我也会定期组织阅读测试或写作比赛等活动，以检验学生们的阅读成果，激发他们的阅读兴趣和动力。最后，是阅读习惯的养成。我希望通过长期的坚持和努力，让学生们将阅读视为一种生活方式，一种精神追求，让阅读成为他们生命中不可或缺的一部分。

（3）以写作为桥梁，连接现在与未来

坚持日记与作文：推行每日百字作文练习，鼓励学生将阅读所得转化为文字，实现读写结合，提升表达能力。

数量与质量并重：注重作文的质量与数量，通过批改反馈、优秀作品展示等方式，激励学生追求更高水平的写作。

以班报为抓手，点燃创作热情：创办班级报纸，收集并印制学生的优秀作品。同时，引入班级货币作为奖励，鼓励学生积极参与写作。优秀作品将获得相应班币，累积后可兑换奖品或特权。学期末，计划编撰一本班级优秀作品集，收录每位学生的代表作，作为成长的见证与纪念。

2. 班本课程建设上："行走深圳"微团队活动

我将采用三步走策略，深化学习体验。

第一步：认识深圳——准备阶段

目标：让学生了解深圳的历史、文化、景点及多元职业。

实施途径：组织学生利用网络资源搜集资料，邀请家长分享个人经历与见解，为实地行走做足准备。

第二步：行走深圳——实践阶段

活动形式：微团队自行策划并前往深圳各景点参观，通过现场观察、记录、讨论，深化对深圳的认识。

成果展示：要求学生撰写活动感想，结合现场录像，形成图文并茂的学习报告，家长参与记录孩子的成长过程。

第三步：推荐深圳——交流阶段

目标：培养学生的跨文化交流能力，增进对多元文化的理解。

实施方式：与深圳以外的学校建立联系，开展笔友交流活动。学生以书信形式向笔友介绍深圳的景点、风俗等，增进友谊，拓宽视野。

通过上述规划与实施，我致力于打造一个既严谨又充满活力的学习环境，让家长感受到班主任的用心与关怀，对孩子的成长更加放心。

第三部分：谈谈你的教学期望，说明需要家长配合的地方。

- 每月或两月一次的班级班报的排版、设计。
- 每月各微团队活动的地点选择、策划和组织。（组长带头、轮流行动）
- 各微团队每期活动后的文章发布。（各微团队谁组织、谁负责，高年级可以由学生负责，轮流编辑）

三、技术融合上，与众不同

在数字化时代，教育正以前所未有的速度拥抱科技，我深信技术的力量能够极大地丰富我们的教育体验，促进家校之间的深度交流与合作。因此，在接手新班的首封信中，我特意融入了多项创新技术元素，旨在打造一个既传统又现代、既温馨又高效的沟通与学习平台。

互动式体验，激活家校共育。 在电子信中嵌入一些简单的互动元素，如问卷调查、小测试或在信中嵌入二维码链接等。这样的设计不仅能增加家长和学生的参与度，同时也为后续的家校沟通打下基础。

分享学习资源，提升学习能力。 推荐一些优质的学习资源，如在线学习平台、教育App、科普网站等，帮助学生拓宽知识面并提升综合能力。

接手新班给学生的第一封信，如同初升的晨曦，温柔地照亮孩子们的心房。它不仅标志着新旅程的开始，更在每个人的心田种下了一颗独一无二的种子——那是关于自我认知、梦想追求与集体归属的种子。这颗种子，将在未来的日子里，随着每一次的互动、每一份的努力，悄然生根发芽，绽放出属于自己的光彩。

做好第一次迎新

迎新布置的本质是构建"被看见"的教育场域。当每一个细节都在诉说"你很重要",当每处设计都能触发学生的五感共鸣,教室便不再是物理空间,而成为师生共同的精神家园。

一、迎新装饰:营造温馨视觉空间

墙面设计的魅力,在于将冰冷的空间转化为师生共同书写的画布,让每个孩子都能在触手可及的细节中触摸到归属感。

1. 欢迎黑板报设计——从口号到情感联结

当班级口号从扁平的文字升华为可触摸的立体装置,当学生姓名以星光闪烁的形态融入集体叙事,墙面便成了承载教育温度的第一份见面礼。从符号化的口号到具象化的互动设计,每一处细节都在构建师生双向奔赴的情感通道。因此,每学期开始,我们的迎新可以从欢迎词开始。如:

中高年级

上学期(秋季开学)——启程与探索

车票主题:追光少年号已启程,请携带好车票上车。

在黑板中央将车票拼贴成爱心形状,车票的正面写着激励孩子们的话,车票的背面则是给学生的新学期祝福语。开学第一天,让每个孩子排队上黑板领取属于自己的启程车票。如下图所示：

下学期（春季开学）——生长与绽放

主题：向下扎根的日子，终会等来破土的光

在黑板中央将盲盒刮刮卡贴成爱心形，期待孩子们在新学期中也能收获惊喜与快乐。左侧可以画上一些烟花图案，象征着新学期的开始与希望。右侧可以画上与该学年相匹配的生肖。如下图所示：

低年级

上学期（秋季开学）——童话与魔法

森林列车站：叮咚！开往童话镇的特快专列即将发车。

用磁性黑板贴搭建动态场景：巴士载着乘客（贴学生照片），黑板上写着

"巴士到站啦"的字样。如下图所示：

下学期（春季开学）——萌芽与探险

种子盲盒：你握着的不是普通种子，是能开出奇迹的勇气。

用彩色粉笔在黑板上绘制"奇幻植物园"，每位学生领取黏土花盆盲盒（内含不同植物种子），将每日进步转化为"浇水次数"。

从立体标语到可交互的墙面，每一处设计都在传递"你属于这里"的讯息。当学生有了参与感后，个体的独特性与集体的向心力便完成了初次融合。

2. 创意摆放物件——赋予物质以教育灵魂

新学期，我们还可以来一点互动感，提前在教室门口摆放有创意的物件，每个孩子在进教室前，给他们留下新学期的照片。我们可以设计如下主题：

未来职业身份框：设计多主题镂空拍照板，如宇航员头盔、医生听诊器、建筑师蓝图等。学生选择与理想相关的道具合影，照片即时打印后粘贴于"梦想长廊"，配合文字注解形成班级职业启蒙墙。

学科萌宠立牌：将语数英等学科拟人化为卡通动物（如"作文猫""计算狐"），制作人形立牌。学生可与学科萌宠握手、击掌合影。

教育场域的构建，需要将抽象的理念转化为可感知的具象符号。这些看似简单的物品，实则是教育者编织的隐喻网络。当学科萌宠的合影跃动为知识探索的火花，当职业身份框的剪影拼合成未来蓝图的坐标，物质空间便悄然升华为精神启蒙的载体。

二、课桌上的迎新摆件：打造专属学习基站

新学期，课桌上的迎新摆件也可成为知识与情感的连接枢纽。我们精心设计的摆件既是学习空间的视觉锚点，更是学生成长的密码。每一份摆件与礼包的组合都暗含阶段化成长逻辑——用看得见的仪式感，唤醒看不见的学习内驱力。

1. 能量满满的迎新摆件

我们可以给学生订制不同的摆件，且附上能量满满的语言。如下图所示：

你是最棒的：这句温馨的鼓励语不仅是对学生个体能力的认可，更是对他们未来无限可能的期许。

慢慢长大：这是一个温柔的提醒，寓意着成长的过程比结果更为重要。

好好学习，天天向上：这句经典名言激励着学生们保持对知识的渴求与探索的热情，不断在学业与品德上自我超越。

这些迎新摆件，以它们独有的方式，传递着老师对学生们的殷切期望与深

沉关爱，营造出充满正能量的学习和成长环境。

2. 开学大礼包的隐藏寓意

每个学期开学，我都会和家委商量，精心为孩子准备开学大礼包。当然，礼物不仅仅是礼物，得蕴含教育寓意，而且尽量不重样。我从三年级到六年级，每个学期给孩子们准备的开学大礼包清单示例：

年级	上学期大礼包及寓意	下学期大礼包及寓意
三年级	◆花朵造型贴纸（装饰学习用品）与创意绘画小本子（发挥想象力创作） ◆《神奇飞书》绘本（做一个爱阅读的孩子） ◆郭老师特制的幸运小玩具盲盒（如小玩偶等）+水果味棉花糖（甜蜜又梦幻）	◆动物造型便签（可爱又能用于简单记录） ◆小蛋糕点心礼包（满足小馋嘴补充能量） ◆郭老师特制的童话角色盲盒（抽取不同童话角色卡片）+彩色泡泡棒（带来童趣欢乐）
四年级	◆造型可爱的课程表（方便记录课程，养成规划习惯）与时间管理小沙漏（辅助时间管理） ◆盒装果汁组合（多彩多味的新学期） ◆郭老师特制的新学期开学祝福语标签（新学期满满正能量）	◆学期小目标便利贴（每日可视化目标记录，建立学期规划意识） ◆卡通文具组合礼包（做一个懂收纳的人） ◆郭老师特制红包盲盒+爱心棒棒糖（生活充满惊喜+甜蜜）
五年级	◆梦想漂流瓶卡片（写下梦想放入漂流瓶造型容器，期末回顾）与下学期学习规划表（引导有条理学习） ◆酸奶果粒杯组合礼包（富含营养又美味） ◆郭老师特制的励志话语书签盲盒（书签上有不同励志话语，激励成长）+创意造型修正带（实用又有趣）	◆精美书签（印有名人名言激励学习）与文学名著小卡片（简短介绍经典名著片段、人物等，拓宽文学视野） ◆混合坚果礼盒（在忙碌的学习之余补充营养） ◆郭老师特制的学科知识问答盲盒（抽中问题答对可兑换小奖品，如笔记本等）+香味荧光笔（激发书写兴趣）
六年级	◆梦想书签&励志摆件（培养目标管理能力） ◆坚果活力能量包（做一个能量满格的人） ◆郭老师特制幸运抽奖盲盒+趣味橡皮糖（做一个有韧劲的人）	◆学校特制红包&日历（象征"福气满载"&培养时间规划意识） ◆旺仔牛奶能量礼包（传递"学业旺旺"的积极暗示） ◆郭老师特制刮刮卡盲盒+甜蜜棒棒糖（"努力有甜头"的正向激励）

三、家校共育：构建双向赋能系统

迎新布置不仅是师生互动的起点，更是家校联结的纽带。当家长从"旁观者"转变为"共建者"，教育的温度便通过细节渗透到每个家庭。

1. 技能普查：精准定位资源池

在布置前，我们可以设计电子问卷收集家长特长。如家长的职业领域？家长擅长的技能？每周可参与的时间段？按照问卷调查内容，分为职业类（医生、工程师等）、技能类（摄影、手工等）、时间类（固定/弹性参与）等，方便我们了解家长，精准定位可以协助我们布置教室的家长。

2. 过程留痕：让合作被看见

星光墙升级：设置可磁吸的透明亚克力相框墙，每次家长进班后插入"合作日志卡"（含活动照片、学生反馈、家长感言），形成动态成长档案。

年度仪式：学期末举办"家校星光之夜"，将日志卡汇编成纪念册赠予家长，强化参与价值感。

需要注意的是，慎用双面胶，改用蓝丁胶防止墙面损坏。食物类礼品需提前调查学生的过敏史。

迎新布置的本质，正是用细节搭建一座联结"家"与"校"、"过去"与"未来"的桥梁。在这里，每一个被看见的瞬间，都在书写着关于成长的最美叙事——因为教育的美好，从来不是独奏，而是家校共同谱写的交响乐章。

上好开学第一课

俗话说："良好的开端是成功的一半"。新学期，无论是科任老师还是班主任的开学第一课对于学生来说都至关重要。无论哪种性质的开学第一课，老师们绝不能马虎，一定要认真备课，甚至在衣着、头饰上都要精心准备，要给孩子们留下举止文明、学识渊博、热爱教育、靓丽潇洒的美好印象。

作为语文老师兼班主任，我认为开学第一课是教师与学生彼此亲近、平等沟通的好时机；是激励学生探寻学科奥秘的好契机；是培养学生各种习惯的好机会。

现分享几种做法，希望能给大家设计开学第一课带来一些灵感。

一、开学第一课，尝试创意多一点

开学第一课可以来一点创意，让它为开学注入活力与新鲜感。我们可以开启一场别开生面的"校园寻宝"活动之旅。具体如下。

活动主题： 奔跑吧！少年——校园"寻宝"

教学准备：

1. 教师提前准备好学校四个地点（体育馆、图书馆、音乐室、书法室）"藏宝图"，并把每张图片剪成四部分装在一个袋子里。

2. 招募4名家长义工或者联系好四名本班的科任老师。

3. 提前把各组的任务单放在四个地点。

游戏规则：

1. 全班分为四个大组，选好组长，分别领一份拼图，利用团队的智慧把拼图拼好，发现"藏宝图"的地点。

2. 完成拼图后，组长到老师处领取游戏规则，组员在组长的带领下一起阅读相关规则，然后每个组分别跟一位家长义工或老师前往相应地点"寻宝"。

活动时间： 20分钟，时间到，各小组安静有序回到班级。

温馨提示： 四位家长义工或者科任老师帮忙监督孩子们的活动表现并拍照和录视频记录活动过程。

"寻宝"地点一： 音乐教室

"寻宝"规则： 组长带队整齐有序前往音乐室，到达音乐室请先脱鞋并把鞋整齐放好。

任务单内容： 请小组激情饱满演唱国歌和校歌。

任务意图： 了解学生对国歌和校歌的熟悉程度及演唱状态。

传递理念： 做个爱国爱校的孩子。

"寻宝"地点二： 体育馆

"寻宝"规则： 请全组按照出操队伍排好队，踏步走到体育馆寻找任务单。

任务单内容： 请小组同学集体完成广播操《七彩阳光》，组长自行喊口号，注意动作整齐，精神饱满。

任务意图： 了解班级出操、做操情况。

传递理念： 做个热爱运动的孩子。

"寻宝"地点三： 图书馆

"寻宝"规则： 组长带队整齐有序前往图书馆，到达后请脱鞋，穿鞋套并跟图书管理员礼貌问好。

任务单内容： 请每人说出自己假期阅读的书目或者向班级同学推荐一本自

己最喜爱的书。集体朗诵《我爱阅读》。

我爱阅读

书是什么？
它是丑小鸭变成白天鹅的童话，
它是孙悟空保护着唐僧踏上取经之路。
它是雷锋做好事不留名的胸怀，
它是哈利·波特骑着扫帚翱翔天空的威武。
和书交朋友的日子里，
我漫游了古今中外、穿越了上下五千年，
我环游了美丽的世界。
最是书香能致远，腹有诗书气自华。
你听听！
那琅琅的读书声已响彻校园每个角落，
你闻闻！
那浓浓的书香已飘满了港湾学校。
它像一阵秋风，
将缕缕书香传播到校园的每一个角落
让我们一起读书吧！
因为读书是一种情怀。
书，是知识的宝库，
开阔了我们的视野，丰富了我们的生活。
让我们一起读书吧！
因为读书是一种境界。

书，是快乐的源泉，

滋养我们的心灵，润泽人生的旅程。

任务意图：学习去图书馆应遵守的一些规则，了解学生假期阅读情况。

传递理念：做个爱阅读的孩子。

"寻宝"地点四：书法教室

"寻宝"规则：每人带一支黑色水笔，领一张 A4 米字格的纸，安静有序排队前往书法室。

任务单内容：请工整漂亮书写古诗《山行》。

任务意图：了解班级学生第一次用钢笔书写的情况。观察学生写字的坐姿、握笔手势等。

传递理念：做个书写好的孩子。

活动互评（20分钟）：

欣赏各组完成情况的视频，小组之间相互点评完成情况。(有哪些值得我们学习的地方，有哪些需要我们注意的地方。)

教师总结：

此次活动，我精选四地，寓教于乐，旨在启迪学生：

1. 身为华夏儿女与港湾学子，当怀赤子之心，爱国爱校，情系家国，志在四方。

2. 健康体魄乃人生基石，勤勉锻炼，强健身心，方能逐梦未来，成就非凡。

3. 阅读为灵魂之粮，滋养智慧，塑造气质，腹有诗书，自显华彩。

4. 班集体，只有团结协作才是战胜困难最有力的武器。

"校园寻宝"活动不仅是一场简单的游戏，更是一次心灵的探索，一次智慧的碰撞，它激发了学生的兴趣与好奇心，在无形中传递了学习的乐趣与价值，为学生们的新学期之旅奠定了积极的基调。

二、开学第一课，塑造习惯早一点

开学第一课，不在于堆砌知识的山丘，而在于播种习惯的种子。因为，正是这些微小而坚定的习惯，构筑了通往智慧与成功的桥梁。它们如同细雨润物，无声中滋养着心灵，让每一位学子在探索与成长的路上，步步生莲，绽放属于自己的光彩。

作为语文老师，开学第一课，我们可以为孩子播下六颗习惯的种子。

第一颗种子：阅读习惯

朱自清说过："语文学科具有双重目的，一是养成读书、思想和表现的习惯和能力；二是发展思维、涵育情感。"而这双重目的都可以通过阅读来实现。

我们可以在这节课上来一次"阅读聊天——我的书中偶像"。（本创意来自王淑芬《抢救阅读50招》一书）

具体做法：

1. 选出假期自己读到的书中一个最欣赏的"书中人"作为偶像。比如：孙悟空、哈利·波特、诸葛亮……

2. 完成"我的书中偶像"阅读表格。（提前布置）

3. 把选定的书带来班级交流。（提前通知）

4. 选一个偶像的明显特征，作简单装扮。如选孙悟空，可以拿一根长棍子，代表金箍棒；选诸葛亮，手持一把扇子；选林黛玉，可以拿一条手帕……（提前布置）

5. 轮流上台展示书本、自身装扮，并简介这个偶像（可以把表格信息做简单整合）

6. 评奖

奖项设置： 最迷人偶像奖、最不顾形象奖、最令人眼睛一亮奖、最具创意道具奖、最博学多识奖、最甜美嗓音奖、最佳演技派……

此活动过后，老师随即提出本班级的阅读要求。

晨光悦读计划（在校）：

每日启程：每日到校之初，前10分钟定为"晨光悦读时光"，全班静默共读，让书香伴随晨曦，唤醒一天的学习活力。

共享书海：鼓励每位同学携带个人喜爱的书籍至校，每月设立一次"书籍漂流日"，促进书籍交流与资源共享。

家庭书香时光（在家）：

每日阅读：回家后，设立"每日阅读30分钟"为家庭常规活动，家长可陪伴或各自阅读，共同营造家庭书香氛围。

阅读存折：使用创意"阅读存折"，记录每日阅读内容及感悟，每月根据"存款"（阅读量与质量）评选"阅读小富翁"，颁发特别奖励。

全班共读探险：

主题聚焦：每学期全班共读一类书，如神话主题、寓言主题、成长主题等。

共读沙龙：每月一次"共读沙龙"，围绕共读书目展开讨论，分享见解，碰撞思想火花，让阅读成为心灵交流的桥梁。

创意阅读挑战：

角色扮演日：定期举办"书中角色日"，鼓励学生根据所读书籍中的角色进行装扮与演绎，让阅读更加生动有趣。

创意书评大赛：以视频、图文、诗歌等形式创作书评，展现个人对书籍的独特理解，优秀作品将在班级乃至学校展示。

第二颗种子：写作习惯

新课程改革提出，除小学语文基础知识教育的强化，还需加强语文衍生知识的培养和锻炼，写作作为语文学习的重要内容和基础技能，成为衡量语文教学质量的重要参考指标。

我们可以在开学第一课强调学生要养成写作习惯。具体做法：

重磅推出手账写作、公众号写作两种趣味写作。手账写作具体做法如下图所示：

写什么？示例如下：

记日记：白描你的一天。什么是白描？即使用非常简练朴实的文字记录。如按照时间顺序，记录每天发生的事件。你所记录的内容，最好包括以下指标：日期，时间，你此刻在哪里，你正在做什么，你和谁在一起，你的心情如何。

做计划：学习计划、生活计划、运动计划……

写心愿：老师可以帮忙实现的，家长可以帮忙实现的，同学可以帮忙实现的，自己努力可以实现的……

做摘抄：名人名言、读书笔记、好词好句……

做复盘：

目标回顾，哪些目标完成了，哪些目标没完成。

内容回顾：

- 本周快乐/骄傲的时刻或事件。
- 本周难过/挑战/挣扎的时刻或者事件。

- 本周学到的东西。
- 我需要持续进步，改进的地方。

调整目标：根据前 2 个步骤复盘总结，调整下一周的目标计划。

公众号写作具体做法：

- 家长帮助学生开一个公众号（发班级群，互相关注）。
- 坚持每周更新一篇（内容不限）。
- 发布到班级群和朋友圈。
- 比阅读量和点赞量。
- 积分和颁奖（写一篇文章，换班币稿费 5 元，以此类推）。

每周颁发奖状：最佳人气奖、最佳创作奖、写作小达人等。

第三颗种子：预习习惯

预习要求五步法：

一读：读 3 遍课文，做到读准字音，通顺流畅。

二标：标出自然段。

三写：会写字，写好拼音、音序、部首，组两个词语（一个课内一个课外）。

四圈：在课文圈出本课词语。

五答：口头说说课文的主要内容以及口头作答课后习题。

第四颗种子：记笔记习惯

专注板书：课上紧跟老师板书，精准记录要点。

系统整理：课后归纳字音、生词、词义辨析（近义词、反义词）、作者背景、课文框架及核心主题。

第五颗种子：记错题习惯

学生的学习过程，是在不断地犯错和纠正中取得进步的。督促学生做好错题收集——把自己平时做错的题整理收集起来，以便于日后随时翻阅、查找知识漏洞，让学生在复习的时候更有针对性，从而大大提高复习效率。

- 记写错的字、词以及练习。
- 每周要复习错题本的练习。

第六颗种子：反思习惯

日省三事：效仿曾子，每日自我审视。

今日所学：语文课上学习的内容，掌握了吗？哪些不懂？应该怎么解决？

今日所做：盘点自己今天做过的事情、作业等，从效率、正确率等来反思。

在开学第一课，我们深植了习惯的种子。这些习惯，如同灯塔指引，是通往智慧与成功的桥梁。它们无声地塑造着孩子，从阅读到写作，从预习到反思，无一不彰显着习惯的力量。正是这些微小的习惯，将构筑起孩子们坚实的人生基石，引领他们迈向更加辉煌的未来。

三、开学第一课，设定目标明一点

开学对孩子的意义在于切换状态、做好衔接，制订学期规划。所以和孩子一起制作一份科学合理的新学期规划，帮孩子平稳过渡是非常有必要的。

1. 种下一棵"愿望树"

如下图所示：

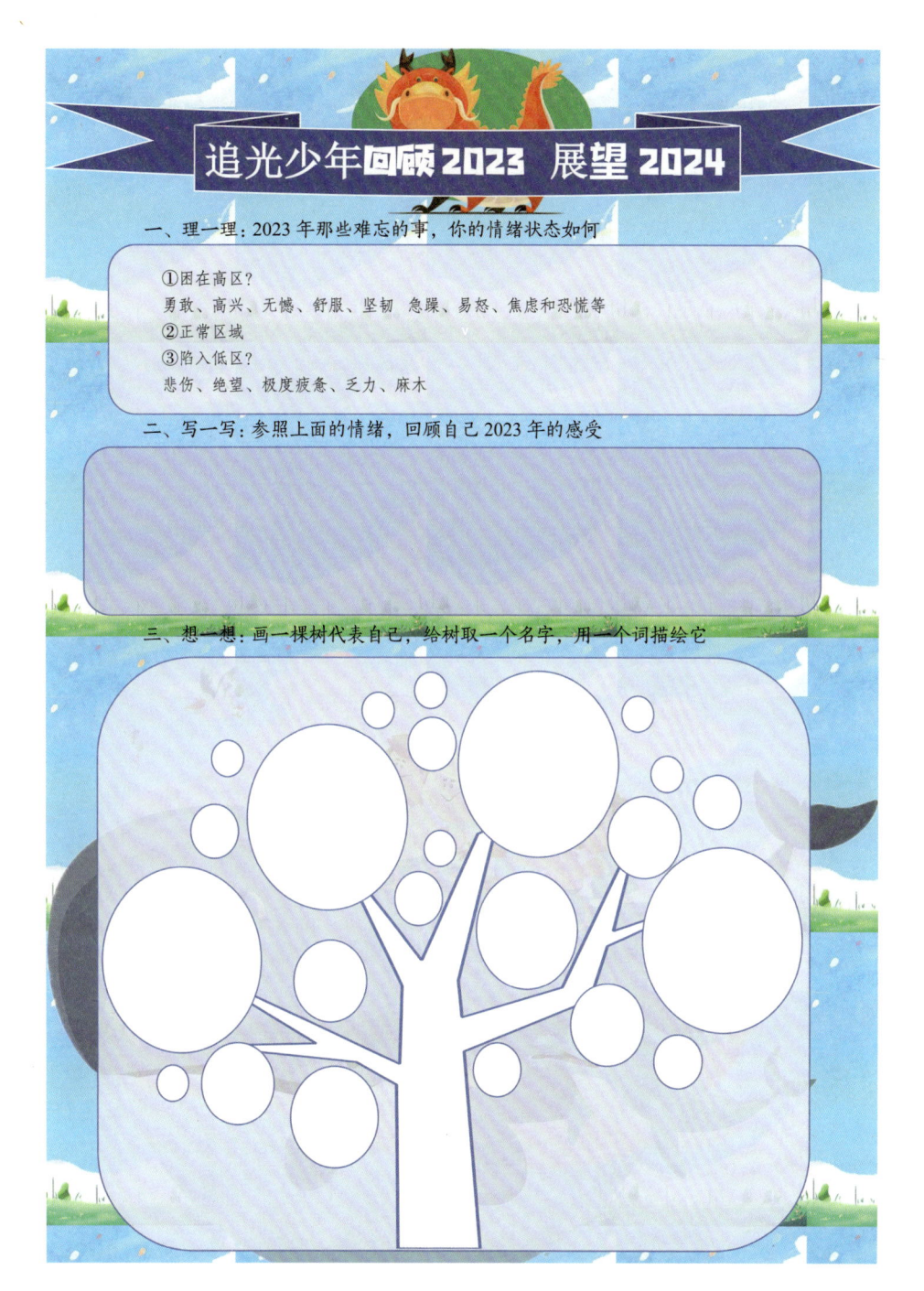

追光少年 回顾2023 展望2024

一、理一理：2023年那些难忘的事，你的情绪状态如何

①困在高区？
勇敢、高兴、无憾、舒服、坚韧 急躁、易怒、焦虑和恐慌等
②正常区域
③陷入低区？
悲伤、绝望、极度疲惫、乏力、麻木

二、写一写：参照上面的情绪，回顾自己2023年的感受

三、想一想：画一棵树代表自己，给树取一个名字，用一个词描绘它

回顾2023 展望2024

四、填一填：把2023年难忘的经历和感受写在你画的树上

2023这一年，你最大的遗憾是什么？
2023这一年，你最大的收获或成长是什么？
2023这一年，你最开心的事情是什么？
2023这一年，你最感动的事情是什么？
2023这一年，你最想感谢的人是谁？

我的遗憾	我的迷茫	我的感谢	我的收获
我很失望_____	我不知道_____	我很感谢_____	我做到了_____
我很抱歉_____	我不确定_____	我也感谢_____	我获得了_____
我很难过_____	我很担心_____	我知道_____	我学会了_____
我原本可以_____	我不想要_____	我理解_____	我很开心_____
我希望_____	我希望_____	我爱_____	我希望_____

五、画一画：美化所画的树

六、定一定：展望2024年，定下你的学习目标

七、选一选：选词形容自己

无愧/坦然	喜欢	无畏	希望	坚韧	高兴
动容/感动	轻松	自在	珍惜	勇敢	满足
趣味/好玩	自豪	开心	平静	喜悦	信念感
安心/放心	幸福	无憾	舒服	期待	

八、挖一挖：发掘自己的能量

九、写给树的情书

写给树的情书

亲爱的_____树：

我今天用心画下了你，2024年我们风雨与共！2023年这一年，我经历了许多，我最无助的时刻是_____，但是因为有_____，还有_____，所以坚持了下来。其实，有些地方，我还是做得不错的：_____。我明白你就是我生命的状态！我现在正在努力成长为自己喜欢的样子。请给我一点时间，带着那些积极能量，接下来我打算_____。

新的一年，爱你的_____！

首先，种一棵"树"是一项庄严而有意义的事。这棵"树"代表着梦想和追求，希望它在孩子们今后的学习和生活中扮演重要的角色。我想借这棵树告诉孩子："只有通过自己的努力和奋斗，才能够实现自己的梦想"。

其次，种一棵"树"代表着责任和奉献。当孩子种下这棵"树"的时候，也希望他们要主动地去"浇灌"它、"修剪"它，让它能够茁壮成长。同样地，在学习和生活中，他们也要勇敢地去承担责任，去奉献自己的力量，让自己的人生变得更加美好。

最后，种一棵"树"意味着坚持和希望。要想把一棵"树"养好，必须坚持给它浇水、修剪，可能"树"会生病，但这正像他们的学习，遇到困难时，不要气馁，要坚持下去，相信自己能够战胜一切困难。

新学期，希望这棵"树"见证孩子的成长和进步，让它成为他们人生中最美丽的风景。

新学期伊始，以"愿望树"为引，孩子们播种梦想，明确目标，勇于担当，坚持希望。愿这棵心中的树，见证汗水与收获，指引孩子们在学习的路上绽放属于自己的光彩。

四、开学第一课，放飞梦想远一点

梦想是人生的指南针，它引领我们前行，给予我们无限的动力和勇气。开学第一课，我们可以让孩子清晰地认识到自己的梦想，并学会如何制订计划、付诸行动，一步步接近并实现它。这不仅是对个人成长的激励，更是对未来无限可能的探索和追求。具体过程如下。

1. 梦想启航

梦想分享：邀请几位学生自愿上台，分享自己的梦想以及这个梦想对他们的重要性。通过分享，让学生感受到梦想的多样性和力量。

梦想画板：每位学生准备一张白纸，让他们将自己的梦想用图画或文字的形式呈现出来。这个过程既是对梦想的具体化，也是对学生创造力的激发。

2. 梦想规划

设定目标：引导学生将梦想分解为若干个短期和长期目标。这些目标应该是具体、可衡量、可实现、相关性强、有时间限制的（SMART 原则）。

制订计划：让学生根据设定的目标，制订详细的行动计划。计划应包括每天、每周、每月需要完成的具体任务，以及达成这些任务所需的资源、支持和时间安排。

3. 梦想行动

行动启动：鼓励学生立即行动起来，从现在开始为实现梦想而努力。可以设定"梦想启动日"，让学生在这一天开始执行自己的计划。

持续激励：在班级内建立一种积极向上的氛围，定期举行梦想分享会或成果展示会，让学生分享自己的进步和成就，互相激励和支持。

4. 梦想反思（后续）

定期回顾：引导学生定期回顾自己的梦想规划和行动计划，检查是否按照计划进行，是否遇到了困难和挑战。对于未完成的任务，要分析原因并找出解决方案。

调整优化：根据学生的反思结果，适时调整和优化梦想规划和行动计划。鼓励学生保持灵活性，根据实际情况进行调整，以确保自己始终朝着梦想的方向前进。

通过这堂"放飞梦想远一点"的开学第一课，希望能够点燃学生内心的火焰，让他们勇敢地追求自己的梦想，并在追求的过程中不断成长和进步。

五、开学第一课，紧贴实事学一点

开学第一课还可以结合社会时事进行设计，如 2024 年暑假大家最津津乐道的事无外乎巴黎奥运会了。开学初，我就结合社会时事设计出《观巴黎奥运，照亮成长路》这样一堂课，通过五个递进式环节实现价值引领。

具体流程如下：

1. 赛场瞬间：点燃奋斗的火种

在这一环节中，首先播放事先精心挑选的巴黎奥运会中国选手的高光时刻视频片段。这些片段应涵盖不同项目的精彩瞬间，如网球场上的拼搏、跳水馆内的完美入水、乒乓球台上的激烈对决等，确保能够全面展现中国运动员的风采。播放完毕后，组织学生分组讨论，分享自己观看视频后的感受与收获。学生可以围绕运动员的拼搏精神、团队协作、技术突破等方面展开交流，感受体育竞技的魅力与力量。

2. 心灵坐标：寻找精神的榜样

在畅谈收获的基础上，给学生发放"奥运选手资料卡"学习单，引导学生从巴黎奥运会的众多中国选手中选择一位自己最为敬佩或最感兴趣的作为自己的偶像。需要简要说明选择该运动员的原因，可以是其出色的技术、坚韧不拔的精神、独特的个人魅力或是背后的感人故事等。这一环节鼓励学生深入了解运动员的背景与经历，建立与偶像之间的情感联系。

3. 荣耀时刻：聆听背后的故事

学生围绕自己选择的偶像，讲述一个与该运动员相关的感人故事或精彩瞬间。这个故事可以是运动员在比赛中的逆袭、面对困难与挑战时的坚持与勇气、赛后与队友或家人的温馨互动等。学生可以通过自己的语言生动再现场景，让其他同学也能感受到那份震撼与感动。

4. 品格解码：汲取成长的力量

在讲述故事后，引导学生提炼出该运动员身上所展现的一种或多种优秀品质，设计"品格九宫格"创意纸，将运动员特质归纳为意志力、抗压能力等九个维度。通过"特质连连看"游戏，让学生将自身近期表现与奥运选手特质建立联系，制订"21天品格养成计划"。

5. 知行合一：锻造更好的自己

在总结前面环节的基础上，引导学生反思自己的内心世界，思考如何通过学习和借鉴偶像的优秀品质来"做最好的自己"。开展"成长契约"仪式，学生用三色便笺分别书写：红色记录触动、蓝色规划行动、绿色承诺改变。通过"契约漂流瓶"活动，随机交换契约进行同伴监督，建立持续跟踪机制。

紧贴时事设计的班会，不仅让学生领略了体育的激情与荣耀，更在心灵深处种下了坚忍与梦想的种子。时事为镜，映照现实，激励学子以奥运精神为灯塔，照亮前行之路。如此课堂，让学习不再局限于书本，而是与时代同频共振，培养未来社会的有心之人。

开学第一课，以创意启智，以时事育心，不仅点燃了求知的火花，更在学生心中播下了素养的种子。它不仅是知识的传授，更是心灵的启迪，让学生在探索与实践中，逐步构建坚韧不拔、勇于追梦的品格。这样的课堂，是启迪智慧与引领成功的阶梯，为学生的全面发展搭建了坚实的基石。

编织好第一次梦想

在接手新班级的那一刻,我们心中或许充满了期待与憧憬。这不仅是一个新的开始,更是一次与学生们共同编织梦想、点燃激情的旅程。每个学生心中都有一颗梦想的种子,而我们,就是那位引导他们发现自我、勇敢追梦的人。

如何编织学生的梦想?需要我们短期点燃和长期引领。

一、梦想的启航:初识梦想

第一次班会,我会给他们带来"我的梦想"。当我站在讲台上,环视着这些即将与我共度无数个日夜的孩子们时,他们的眼神中,有的闪烁着好奇,有的带着一丝迷茫,还有的则是无比的期待。我微笑着,对他们说:"同学们,欢迎你们来到这个新的集体。在这里,我们将共同编织我们的梦想,为我们的未来写下绚丽的篇章。"

我随即拿起粉笔,在黑板上写下"我的梦想"四个大字。然后,我会邀请学生们分享自己的"梦想故事"。有的学生梦想成为医生,救死扶伤;有的学生梦想成为教师,传道授业;有的学生讲述了自己从小对科学的热爱,希望成为一名科学家;有的学生则分享了想要环游世界的梦想,体验不同文化的魅力。他们的梦想五彩斑斓,让我感受到了活力与希望。

为了让学生们更深刻地理解梦想的意义,我还特意准备了袁隆平、钱学森等科学家的梦想故事。

  在讲述这些坚持梦想的故事时，我引导学生们思考：是什么让这些人能够在面对困难和挑战时，依然坚持自己的梦想？通过讨论，学生们得出结论：是信念、是热爱、是对梦想的执着追求。接着，我也引导学生们搜读关于梦想的格言，如"人没有梦想，就像鸟儿没了翅膀""拥有梦想不难，坚持梦想不易"等。这些格言像一盏盏明灯，照亮了学生们前行的道路，让他们更加坚定了对梦想的追求。

  为了让学生们亲身体验坚持的力量，我设立了"每日小目标"计划，鼓励学生们每天为自己设定一个小目标，并坚持完成。同时，我利用班会，把本学期的目标卡也一起完成了。班会结语，我跟孩子们说："无论是学习上的进步，还是生活中的小改变，每一次的坚持都是对梦想的一次靠近。"目标卡和每日学习清单示例：

每日学习清单

日期/Date: ___年___月___日   星期___

科目	计划清单/To do list 项目	√ or ×		时间表/Time						
					10	20	30	40	50	60
语文		☐	☐	1						
		☐	☐							
		☐	☐	2						
		☐	☐	3						
		☐	☐	4						
		☐	☐	5						
数学		☐	☐	6						
		☐	☐	7						
		☐	☐	8						
		☐	☐	9						
		☐	☐	10						
英语		☐	☐	11						
		☐	☐	12						
		☐	☐	13						
其他		☐	☐	14						
		☐	☐	15						
		☐	☐	16						
		☐	☐	17						

作业效率: ☆☆☆☆☆

作业正确率: ☆☆☆☆☆

睡眠时间/sleep:

总结:

备注:

二、梦想的种子：播种与呵护

在梦想启航后，我开始着手为学生们播种梦想的种子。我深知，梦想需要土壤、阳光和雨露的滋养，才能生根发芽，茁壮成长。于是，我采取了一系列创意做法，来呵护学生们的梦想。

1. 梦想墙

为了让学生们更加直观地感受到梦想的力量，我在教室的一角设立了一面"梦想墙"。学生们将自己的梦想写在彩色的便笺纸上，并亲手贴在墙上。这些五彩斑斓的梦想卡片，如同一片片"拼图"，共同构成了我们班级的梦想蓝图。同时，梦想墙也成为班级文化的一部分，激发了学生们对梦想的向往和追求。每当课间或放学后，学生们总会围在梦想墙前，或讨论，或沉思，那份对梦想的执着与热爱，让我深感欣慰。

2. 梦想日记

我鼓励学生们写梦想日记，记录下自己为实现梦想所做的努力和收获。这不仅可以帮助他们反思自己的成长，还可以让他们看到自己的进步和成就，从而增强自信心和动力。

3. 梦想小组

我让学生们根据自己的兴趣和能力，组建梦想微团队。每个小组都有一个共同的梦想目标，他们可以一起讨论、学习和实践，互相帮助，共同进步。这不仅可以培养他们的团队精神和合作能力，还可以让他们在追求梦想的路上不再孤单。

三、梦想的阳光：照亮前行的路

1. 梦想研学

梦想与现实之间往往隔着一条鸿沟。为了让学生们明白，实现梦想需要付出怎样的努力，我们班还利用周末或者假期组织一系列"梦想实践研学"活动。比如，邀请各行各业的家长来班讲座，分享他们的奋斗历程；组织学生们参观前海梦工厂、大疆无人机等企业，了解不同职业背后的艰辛与荣耀。在研学活动中，学生们不仅聆听了来自不同领域的成功故事，还亲身体验了科技创新的魅力，感受到了职业背后的责任与担当。这些宝贵的经历，如同种子般在他们心中生根发芽，激励着他们为梦想而努力奋斗。如下图所示：

2. 梦想论坛

我们也会在班会课时定期举办"梦想论坛"。由于我校是九年一贯制学校，我会邀请正在学校就读的优秀的初中学长、学姐来班级给他们分享学习经验以及备战中考的追梦故事。通过分享和交流，学生们可以汲取他人的智慧和经验，为自己的梦想之路增添更多的动力和信心。

3. 梦想奖学金

为了鼓励学生们在追梦路上不断前行，我们班还设立了"梦想奖学金"。学期初孩子们设立的"目标卡"，我们学期末根据达成情况颁发"奖学金"。当然，奖学金不仅基于学业成绩，更看重学生在梦想追求过程中的努力和成果。每当学生们手捧奖学金，脸上洋溢着自豪与喜悦时，我都能感受到梦想的力量在他们心中熠熠生辉。

四、梦想的果实：收获成长的喜悦

几年时光，我见证了学生们在追梦路上的点点滴滴。有的学生在科技竞赛中获奖，有的学生在艺术创作上取得了突破，还有的学生通过志愿服务，为社会贡献了自己的力量。每当看到学生们站在领奖台上，或是受到来自社会各界的认可时，我都深感自豪和欣慰。这些瞬间，是学生们梦想实现的见证，也是对我作为教育者最大的肯定。

为了让学生们更好地回顾自己的成长历程，我们会制作一本"梦想档案"。这个档案不仅包含学生们的梦想卡片、获奖证书、参与活动的照片和心得，还有他们每一次成长的记录和反思。每当学生们翻开这份档案，都能清晰地看到自己从青涩到成熟的蜕变，以及为实现梦想所付出的努力和汗水。

五、梦想的传承：展望未来，持续前行

梦想的力量在于传承。因此，我鼓励学生们在毕业后继续传递梦想的火种，用自己的经历和故事激励更多的人勇敢追梦。言传不如身教，毕业后，我也曾去母校给孩子们做宣讲，给老师们做讲座，参与母校的一些公益活动。我也鼓励我的学生们用自己的方式将梦想的力量传递给更多的人。这样，我们的班级不仅是一个梦想的起点，更是一个梦想传承的纽带。

梦想的种子，一旦播种于心田，便需以不懈的努力和持续的呵护，方能绽放出绚烂的花朵。学生们用坚持和汗水浇灌着自己的梦想，我经常把这句话送给他们也自勉："梦想之路虽长，但每一步都算数。愿我们都能怀揣梦想，勇敢前行，在追梦的旅途中，遇见更好的自己"。

第三章

抓好常规，步入正轨：
"一"字妙招搭基石

"滴水穿石，非一日之功；常规筑基，方入正轨之门"。想要班级之舟扬帆远航，必先精挑"班干"，共铸班规如磐；细绘学期规划，以表为尺量行；再立评价之桅，导航心灵之海。如此，方能让班级之舟，稳舵前行，驶向辉煌彼岸。

细致周到地规划一套教室环境布局

教室作为学生学习与成长的温馨港湾,其布置不仅关乎环境的美观,更是营造班级文化、促进学生归属感与积极性的重要手段。通过精心规划与细致布置,我们可以在短时间内让学生和家长感受到班级的独特魅力与班主任的用心良苦,从而奠定坚实的信任与尊重基础。

在教室布置上,我们应遵循以下几个原则:

1. 以学生为中心。教室布置应充分考虑学生的需求和兴趣,确保每个角落都能成为学生学习和交流的场所。同时,鼓励学生参与布置过程,培养他们的主人翁意识和创造力。

2. 功能性与美观性并重。教室布置既要满足教学需求,如设置清晰的学习区域、储物空间等,又要注重美观性,通过色彩搭配、摆放装饰品等营造舒适宜人的学习环境。

3. 体现班级特色。每个班级都有其独特的文化和氛围,教室布置应充分展现这一特色。可以通过班级口号、班徽、特色墙报等方式,让学生和家长一眼就能感受到班级的与众不同。

4. 注重安全与健康。在布置教室时,必须严格遵守安全规范,确保所有物品稳固可靠,避免尖锐边角等安全隐患。同时,注意通风换气,保持教室空气清新,为学生提供一个健康的学习环境。

接手新班,如何规划班级教室呢?我们不妨从以下三方面去进行。

一、清洁教室

清洁、美观是教室布置的基本目标。开学前,我们需要对教室进行一次大扫除。卫生打扫给出两点小建议。

1. 寻求帮助

由于教室很大,一个人清洁难度较大,建议向副班主任寻求帮助;向家长寻求帮助;如是高年级的学生还可以让他们自发地分小组协作进行。这样,打扫卫生的同时也可以聊天增进了解和培养感情。在拟通知时,需要注意两点:第一,自愿参加,不强制;第二,自带劳动工具。

2. 注意细节

一个班主任做事的态度往往在细节中体现。

打扫细节:卫生打扫时班主任要特别强调和关注教室的某些死角有没有弄干净。如:抽屉的角落、图书角、教室门的上方、窗的卡槽、电灯开关处以及各种凹槽部分。

拍照细节:把教室整洁的照片发到班级群。一是告诉家长和学生我们已经做好了开学准备;二是告诉学生,这是老师、家长和部分同学的劳动成果,请开学后珍惜。

表扬细节:把参与打扫卫生的老师、学生和家长的名字一一列出并表扬,建议表扬具体到劳动时的表现,如卖力擦窗户,一趟趟打水,反复拖地等。这样做既可以给其他家长和孩子树立榜样也能够赢得家长和孩子的认可与支持。

二、规范教室

一个规范有序的教室,不仅能够提升教学效率,促进学生身心健康发展,更是培养学生自律、责任与合作精神的重要场所。因此,从区域划分的精心布局到班级文化的深度构建，再到日常用品的细致管理，每一个环节的规范都显得尤为重要且不可或缺。

首先，区域划分与布置是规范教室的基础。我们可以科学合理地划分班级文化角、植物角、图书角、卫生角等区域，并明确各区域的布置内容和功能，可以确保教室空间的有效利用，同时为学生提供一个多元化的学习与生活环境。

班级各区域布置之高年级版本示例：

植物角
仔细观察
定时浇水
做好记录
爱护植物

卫生角
地面扫干净
课桌摆整齐
垃圾要入桶
整洁靠大家

图书借阅公约

借阅

1.借书排队有秩序

2.管理员处来登记

3.不推不挤要谦让

4.一次一本不占多

归还

1.按时归还要记牢

2.轻拿轻放要分类

3.不乱放不损坏

4.破损丢失要赔偿

阅读

1.不乱涂不乱画

2.不折书不撕书

3.认真读做笔记

4.广读书益思维

班级公约

纪律要遵守

上课要认真

上课不迟到

举止要文明

作业按时交

卫生保持好

心情驿站

愤怒的底线	不能伤害他人
愤怒是 OK 的	不能破坏东西
我们允许愤怒	可以跟人倾诉
但是……	生活总会难过
不能伤害自己	但快乐不能缺席

班级各区域布置之低年级三字经版本示例：

植物角

看植物，细观察，
定时水，润根芽。
待生长，笔记下，
爱植物，心要细。

卫生角

地扫净，桌摆齐，
垃圾桶，分类投。
整洁美，大家护，

图书借阅公约

借书时，排队等，
登记处，守秩序。
不推挤，要谦让，
一书读，心自得。
阅读时，心专注，
不涂画，不折页。
笔记记，思深透，
广读书，智增长。
归还时，守时限，
轻拿放，分类清。
损坏赔，失赔偿，
爱护书，心要诚。

班级公约

守纪律，班风正，
上课听，知识增。
不迟到，守时规，
举止文，礼貌行。
作业交，不拖延，
卫生护，环境美。
公约守，大家行，
和谐班，共成长。

心情驿站

心情站，情绪安，
愤怒来，也无妨。
不自伤，不伤人，
倾诉心，找慰藉。
遇困难，勇直前，
快乐寻，生活甜。
心情站，伴你行，
情绪控，智慧生。

其次，班级文化的规范布置是塑造班级特色的关键。班级文化作为校园文化的重要组成部分，是形成班集体凝聚力和良好班风的重要载体。从班名、班训、班风、班徽、班规、学风到目标，每一个元素都需精心设计和规划，以体现班级的独特性和正能量。

以我们的班级文化为例。

班名——追光少年班

班名寄托着对学生的期望和愿景。我接手班级之前，这个班叫北极星班，召开家委会时我问了家长们"北极星"的含义，大家说不出什么原因。后期我通过询问前任班主任和问卷调查、家访等形式发现班级孩子不够自信也缺乏拼劲、缺少感恩意识。鉴于班级学情，我将班级取名为"追光少年班"。何为追光？我把它定义为眼里有光、心中有爱、向阳生长。这就是追光少年班存在的意义。因此，我们在取班名时一定要根据班情有针对性地取名，而且班名一定要充满正能量的引导，蕴含意义。

班训——做最好的自己

班训围绕一种精神，激励学生不断超越自我。通过多方了解，我知道这个班级的孩子学习基础较薄弱，行为习惯也有待加强。为了给他们增强信心，我提出不跟别人比先跟自己比，每天进步一点点，不断超越自我，做最好的自己。

班风——眼里有光，心中有爱

班风是班集体长期形成的思想、认识、情感、言论、行动的共同倾向。优良的班风可以对学生产生"久熏幽兰人自香"的强化效应。我想让班级孩子成为阳光自信、有爱知感恩的人。

班徽——奔跑少年向光而行

班徽是班名的微型缩写，既要形象又要有内涵。我们可以举行一个班徽设计大赛，家长和孩子一起参与，最后再通过网上投票环节，选出我们理想中的班徽，让大家为班级建设出一份力，有参与感。如我们班的班徽就是一个少年在追逐太阳，这样的图标就与追光少年班一致。如下图所示。

班规——约定一种习惯

班规的制定既要体现学生的参与感，又要确保规则的权威性。

第一，学生参与，民主决策。我很赞同魏书生老师说的民主管理方式，发现问题，大家一起制订班规，全班举手表决，少数服从多数原则，这样的方式信服度高。如我们班的班级公约就是学生自创的打油诗：

电摇嘲讽不要做，脏话莫在校园说。
不用谐音来骂人，送人外号不文明。
上学上课不要迟，遇到难题找老师。
地面整洁要保持，个人卫生要反思。
零食不要带进班，课间玩耍重安全。

第二，班主任制定，全员遵守。我特别认同美国作家克拉克在《优秀是教出来的》一书中的理念，用各种"小规矩"来帮助和培养学生，久而久之一定会创造教学奇迹。因此，班级很多班规由我直接制定，学生必须遵守，如无特殊情况不能更改。

追光少年班班规集锦（摘选部分）。

1. 人在窘境莫旁观

在学校里，如果你看见某位老师对一名学生说话，或在批评教育他，千万不要围观。假如你处在麻烦中或者遭到了批评，你一定也不想让其他人看着你，所以在这种情况下，不要盯着别人。如果我正对你说话，这时有其他同学看你，你也不要生气，我自会处理。

2. 眼神沟通很重要

用眼睛和他人沟通。有人对你说话时，眼睛要注视着他；有人发表意见时，你的身体和脸要正对着他。

3. 真诚祝贺获胜者

假如班里某个孩子表现出色，或赢得了某项荣誉，我们要真诚祝贺他。鼓掌至少要持续一分钟的时间，还要确保两个手掌充分接触，以便掌声足够响亮。

学风——敏而好学，思而笃行

学风是班级的灵魂，这个灵魂的建设需要所有人的共同努力。孩子长期在一种浓厚的学风氛围中成长，他就会慢慢改变。我们班的学风聚焦三好：好学、好思和好动，用一句名言引领：敏而好学，思而笃行。

目标——指引一个方向

目标的设定则需长远与近期相结合，为学生指明前进的方向。这样可以让班级在实现近期目标后有成就感，同时也能为长远目标不断努力。

如下图所示。

总目标：创团结的集体，做最好的自己

周目标：争创文明班级

日目标：六个一

- 认真完成每一科作业
- 上课主动回答一个问题
- 为班级做一件好事
- 背一首古诗词或一则名言
- 总结一个优点和不足
- 承担一项家务劳动

最后，常规用品的规范摆放也是不可忽视的一环。课程表提前放到相应卡槽，粉笔盒、黑板擦、磁性贴、卫生小毛巾等放到讲台规范处。通过这些细节的规范，可以培养学生的秩序感和责任感。

三、温馨教室

温馨教室的营造不仅仅是为了美化学习环境，更是为了构建一个充满爱、尊重与支持的成长空间。在这样的教室里，学生们能够感受到家的温暖，减少学习压力，增强归属感，从而更加积极地投入学习生活中。

1. 细心准备绿植

绿植要准备生命力强的，好养的。如绿萝、龟背竹等。还可以准备花种子和花盆，待到开学后和同学亲手种下，共同呵护其成长也很有意义。

2. 设立情绪收集站——悄悄话树洞

情绪收集站，即"悄悄话树洞"。放三个瓶子（开心瓶、难过瓶、点赞瓶）学生可以自由投放情绪纸条，我会不定期打开查看。前两个瓶子主要是为了更进一步了解孩子，去体会他们的喜怒哀乐，疏导他们的负面情绪。点赞瓶是表扬班上的"好人好事"，这部分"好人好事"我会发表扬信，只为传递正能量，形成良好的班风。

如下图所示：

3. 设置失物招领处

在教室的一角设置一个显眼且易于管理的失物招领箱或展示板，鼓励学生们在发现他人遗失物品时主动上交。同时，定期清理并公布长期无人认领的物品信息，以便进一步寻找失主或进行妥善处理。

4. 打造班级全家福

我们可以在教室的一个地方专门打造班级全家福，让学生们感受到自己是班级大家庭中不可或缺的一员。可以先策划一个符合班级文化和氛围的主题，如"共乘巴士的旅程""光芒四射的太阳系"或"彩虹桥上的大家庭"等。向家长征集一张高质量的学生近期个人照片，也可以邀请任课老师提供照片。

如下图所示：

如选择"共乘巴士的旅程",可以将每个学生的照片设计成巴士上的乘客,坐在不同的座位上,老师则可以是巴士司机或导游;若选择"光芒四射的太阳系",可以将老师的照片置于中心,象征太阳,学生则作为围绕太阳旋转的行星或卫星,各自展现独特的光芒。

5. 精心准备开学大礼包

开学要有仪式感,建议每学期开学时联合家委会给孩子准备一个开学大礼包。大礼包的挑选要精心且有寓意,且常更新。如我们班某学期的开学大礼包包括积分存折、阅读存折、书籍《神奇飞书》、笔记本、米字格练字本、百字作文本、女生蝴蝶结夹子、男生魔方。为什么要送这8样礼物?

积分存折:采用量化管理。告知孩子们本学期将采用积分管理,大家可以靠自己的努力,积分赚奖励,激发兴趣。

阅读存折:养成阅读的习惯。通过每天阅读积分,换取自己喜欢的礼物或者书籍。

笔记本:完成预习任务和收集错题。

米字格练习本:坚持每天一笔一画练字三行。

书籍:希望孩子们能像绘本《神奇飞书》里的莫里斯一样做个爱书的孩子。

蝴蝶结夹子:希望女生们能够衣着得体,可爱、漂亮,注重自己的形象。

魔方:希望男生们无论外界如何干扰、扭转,内心从来都不会被改变,都能思维敏捷,有魔力。

教室,不仅是知识的殿堂,更是心灵的港湾。在这里,每一份布置都蕴含着对成长的期许,每一次规划都播撒着希望的种子。让我们携手学生,共同打造一个既规范有序又温馨如家的学习环境,让爱与智慧在这里生根发芽,绽放出最灿烂的光彩。在这里,每个孩子都能找到属于自己的光芒,勇敢地追逐那束光,向阳而生,茁壮成长。

制订一系列班级常规管理表格

步入新学期,班级管理的航程再次启航。面对繁琐的班级事务,教师们是否渴望找到一把钥匙,能开启高效管理的宝箱?其实,答案就藏在那些看似简单却充满智慧的管理表格中。

在"抓好常规,步入正轨"的征途中,制订一系列科学、实用的管理表格,无疑是教师们不可或缺的好帮手。这些表格不仅能够帮助教师理清工作思路,提高工作效率,更能让班级管理变得有条不紊,助力班级稳步前行。

接下来,我将分享班级管理中的一些实用表格,希望能够帮助大家在工作中减负增效。

一、班级管理类

1. 班级常规建设表

示例如下:

四（6）班班规

1. 进校：穿戴整洁重仪表，备齐用品准时到；进校说声老师好，相互问候有礼貌。

2. 早读：勤奋好学争分秒，贵在自觉效率高；语数英语同重要，书声琅琅气氛好。

3. 升旗：升旗仪式要搞好，热爱祖国第一条；齐唱国歌感情深，肃立致敬要做到。

4. 两操：出操集队快静齐，动作规范做好操；每天眼操认真做，持之以恒视力好。

5. 上课：铃声一响教室静，专心听讲勤思考；大胆举手敢发言，尊重师长听教导。

6. 课间：课间休息不吵闹，文明整治要做到；勤俭节约守公约，遵循公德很重要。

7. 学习：各门功课要学好，遵守纪律最重要；预习复习要自觉，环环扣紧才生效。

8. 作业：审清题意独立做，格式规范不抄袭；本子整洁字端正，保质保量按时交。

9. 活动：科技文体热情高，体魄强壮素质好；思想觉悟要提升，班队活动少不了。

10. 生活：爱惜粮食要记牢，节约水电少浪费；服从管理加自理，遵守纪律觉悟高。

11. 离校：值日卫生勤打扫，按时离校关门窗；横穿马路不可取，安全法规要牢记。

12. 目标：班级公约牢记心，行为习惯常对照；同学之间勤勉励，道德情操修养好。

本条例对四（6）班有效，所有班级成员都必须遵守！

班主任寄语：

你以怎样的标准来要求自己，就会形成相应的习惯。高要求形成好习惯，低要求形成坏习惯；好习惯助我们走向优秀的人生，坏习惯可能走向平庸乃至糟糕的人生。

四（6）班 一日常规要求

一、进校要求

1.不迟到（8：00前），不早退，不能上学由家长向老师请假。

2.进出校门，穿好校服，佩戴好红领巾。

3.不带零食、玩具等进入学校。

4.安静、有序地进入校园，进校时有礼貌，主动向老师问好。

二、早读要求

1.课代表和值日班长在黑板上领读。

2.早上进入教室后，立即坐到自己的座位拿出书本开始早读，服从课代表和领读员的指挥。

3.早到的学生开窗通风，做好卫生。

4.早读时不随意走动，不交谈，坐姿端正，态度认真，读书声清晰响亮。

三、课间要求

1.课间可以在教室小声和同学交谈、接水、画画、背书或看课外书、下棋等。

2.不在教室折纸飞机，撕纸制造纸屑。

3.不追逐打闹，不大声喧哗，不做危险游戏或危险动作，不到走廊上奔跑。

4.上厕所时轻声慢步，不追逐打闹。

5.做好课前准备工作。

四、上课要求

1.预备铃响后，端正坐姿，安静等待老师来上课。

2.上课铃声响，就拿出相应课本来读书，实在没有就读英语单词。

3.他人讲话时，学会尊重，安静倾听，不抢答，不嘲笑。

4.积极思考，发言先举手，经老师允许后再发言。

5.坐姿端正，不随意离开座位，不做小动作，不与同学交头接耳，站姿挺直，不靠墙。

6.保质保量完成老师布置的课堂和课后作业。

7.室外课或在专用教室上课的学生不得留在教室或中途返回教室，如有特殊情况须告知班长。

五、眼保健操要求

1.音乐响起时，闭上眼睛开始做眼保健操。

2.做操姿势正确，穴位按压正确，不说话，不随意离开座位。

六、课间操、跑步、集会要求

1.听到铃声后，迅速在班级走廊集合排队。（室内操全体同学必须参与）

2.到操场指定位置按要求排好队伍，迅速对齐，保持安静。

3.做操时动作标准、到位、规范，不交谈、不嬉戏打闹。

4.跑步时两两对齐慢步跑，不交谈、不嬉戏打闹。

5.集会时认真听讲，适时鼓掌，保持会场卫生。

6.结束时按指定路线安静退场。

七、升旗要求

1.升旗前排队做到快、静、齐，保持严肃。

2.升旗时身体站直，行队礼，眼睛注视国旗。

3.唱国歌时，耳听国歌，注意节奏，声音响亮。

4.国旗下讲话时，认真聆听，保持安静，不做小动作，不交头接耳。

5.退场时按指定路线安静退场。

八、吃饭要求

1.有序到指定位置排好队，谨记排队要求。

2.安静排队，有序入座，不得随意走动，不得随意讲话。

3.用餐完毕，桌面整理干净，地面不留垃圾。

九、卫生要求

1.教室卫生要求，每人负责自己周边的地面，不能有纸屑垃圾，公共卫生区域值日生做好。

2.注意校园卫生，不随意吐痰，不乱扔纸屑、杂物，看到校园内地上有纸屑主动捡起扔到垃圾桶内。

3.注意个人卫生，保持衣着整洁，勤剪指甲、勤洗澡、勤洗头发、勤洗手。

十、放学要求

放学前，教室内课桌椅排列整齐，地面干净整洁，关好门窗，关闭电子设备，关闭电灯，讲台、黑板、窗台等保持清洁，无污迹。

十一、课后服务要求

1.最后一节课下课后，要上厕所的同学迅速上完厕所就回到教室坐好。

2.认真完成各科作业，独立思考，不在教室讲话影响其他同学。

3.非必要情况不得离开教室，有疑问需要找其他老师的同学须向老师汇报情况。

班干部职责及分工明细

职务	姓名	职责	监管对象
班长		1．努力学习，提高综合素质，以身作则。全面关心班级的学习、安全、卫生等工作，协调各班干部之间的工作。 2．老师不在时，代管理班级常规事务；发现同学做出不良行为，敢于制止；有突发事故及时向老师汇报。 3．留心观察班级，了解班中的动态，及时发现问题，及时和老师沟通；代表班级参加学校的相关会议和活动。	全班同学
纪律班长		1．早上、下午早到校，维持班级早读前、午练前的纪律。 2．提醒同学做好课前准备，准备好书本文具。 3．组织维持好眼操秩序。 4．协助班长做好课堂纪律工作。	
值日班长		1．负责检查当天的教室环境卫生，督促值日生值日，提醒座位不整洁的同学清理干净，保持课室卫生整洁。 2．保持教室通风（开窗），最后离开教室关掉电源。	
礼仪班长		1．负责检查本班同学的礼仪，包括校服的穿着、红领巾的佩戴等。 2．负责检查全班同学的书包摆挂，提醒抽屉乱的同学整理干净。	
安全员		1．负责课间监督，及时提醒和制止课间追逐、喧闹，打架等危险行为，记录违反班规的同学，并上报给班主任。 2．对有安全隐患的地方及时上报。	
体育委员		1．组织学生的升旗、出操路队，保证队伍整齐规范。 2．负责提醒、制止不合规范的体育运动，如在操场教室追逐打闹、玩危险游戏等。 3．协助体育老师，体育课前迅速组织同学们有序排队上体育课，对于拖拉的同学及时催促。	
路队长		1．协助体育委员，管理出操、体育课、放学时的路队。 2．敢于提醒和制止排队讲话或排不好的同学。	
课代表		1．负责早读、课前带读。 2．组长上交到讲台的作业及时清点，对于作业登记表上未交的同学及时催促。 3．及时搬作业本到老师办公室，常与任课老师沟通。 4．任课老师不在时，协助老师布置作业。	
微团队组长		1．及时收发小组作业，登记未上交的学生名单。 2．检查小组成员背诵、默写、预习等各科作业情况。 3．管理小组课堂纪律，做好学习带头作用，自身不违纪。	
图书管理员		1．负责登记、管理学校借阅给班级的图书。 2．每周五提醒借阅的同学还书，并做好登记。 3．对于损坏图书或遗失图书的行为及时汇报给老师。	
班级图书管理员		1．每天负责按大小顺序摆放好图书柜的图书。 2．负责图书柜的清洁。 3．对于损坏图书行为及时汇报给老师。	
多媒体管理员		1．负责教室多媒体平台的开关工作。 2．及时制止随意触摸多媒体的同学。	

四（6）班学生自我反思表

写自我反思原因：	
这件事情的起因和经过：	

这件事发生之前	
内心想法：	我的情绪：

犯错不可怕，可怕的是你不愿意改！知错能改善莫大焉，我认为这件事我错在以下方面：

学生自我反思表 我希望采取以下措施解决问题：
1. ......
2. ......
3. ......

下次遇到这样的问题我会这样做：
1. ......
2. ......
3. ......

如果再犯同样的错误我会这样做：

本次违纪我愿意接受处罚：

我的责任和改进计划：
　　我将从（　　）年（　　）月（　　）日起按照计划行事，为使我的这份计划得以实现，我会请（　　）帮助我，最后，我要和（　　）一起检查计划实施的结果。

签　　名：
家长签名：

2. 班级文化建设表

班级文化建设是班级管理工作中的核心环节，它有助于提升班级凝聚力、促进学生成长。示例如下：

班级文化建设表

班 名	七色梦想号
班级口号	
班 风	
班 训	
班 徽	（缩略图：无论形状，长、宽的最大边长为3cm）
班 旗 （192cm×128cm）	（缩略图：3.84cm×2.56cm）
班级吉祥物	（缩略图：无论形状，长、宽的最大边长为3cm）
班 歌	原创歌曲《七色梦想号》
班主任寄语	
班规（班级公约）	
班级徽团队	（此处不填，表格另附）

3. 值日班长记录表

通过表格记录每位同学的值日情况，促进学生对值日任务的重视，维护班级秩序与环境整洁。示例如下：

_____年____月____日　　　　　　值日班长：_____

时间	事项		情况	处理结果
上午	到校	学生数	应到_____人，实到_____人，迟到_____请假_____	
		科目	语文　数学　英语　科学　其他	
		应交		
		实交		
		备注		
	上课	课堂秩序		
	眼操	秩序风貌		
中午	午餐午休	纪律		
	午间自习	纪律		
下午	上课	课堂纪律		
	眼操	秩序		
	自习	纪律		
	阳光体育	纪律		

小结评价　　　　　　值日班长　　　　　　　　批评和表扬
班级秩序
学习氛围
班级卫生保洁
同学关系
改进体会
班长签名　　　　　　　　　　　　　　班主任签名：

4. 新学期规划表

明确学期目标、活动安排及阶段性任务，帮助师生清晰方向。

示例如下：

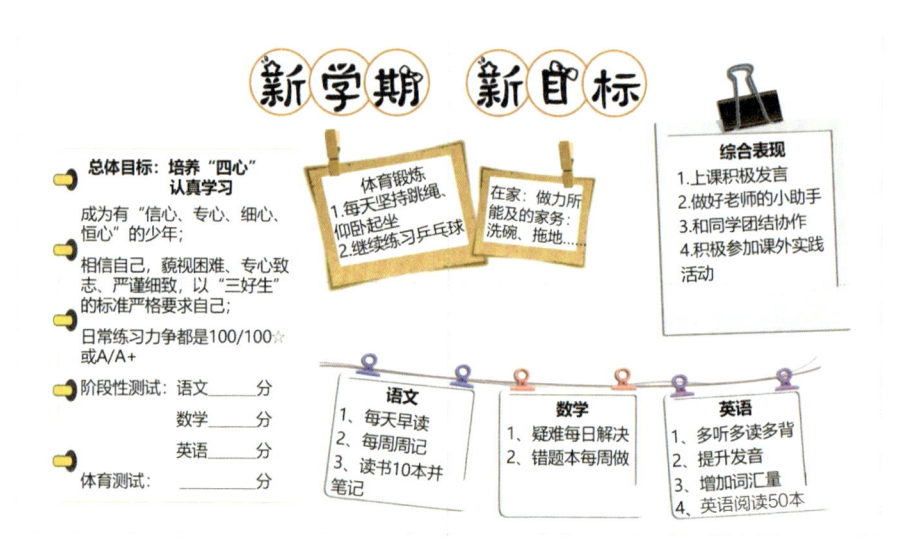

新学期 新目标

- 总体目标：培养"四心"认真学习
  成为有"信心、专心、细心、恒心"的少年；
  相信自己，藐视困难、专心致志、严谨细致，以"三好生"的标准严格要求自己；
  日常练习力争都是100/100☆或A/A+
- 阶段性测试：语文＿＿＿分
  数学＿＿＿分
  英语＿＿＿分
  体育测试：＿＿＿分

体育锻炼
1、每天坚持跳绳、仰卧起坐
2、继续练习乒乓球

在家：做力所能及的家务：洗碗、拖地……

综合表现
1.上课积极发言
2.做好老师的小助手
3.和同学团结协作
4.积极参加课外实践活动

语文
1、每天早读
2、每周周记
3、读书10本并笔记

数学
1、疑难每日解决
2、错题本每周做

英语
1、多听多读多背
2、提升发音
3、增加词汇量
4、英语阅读50本

每周学习计划

年 月

日	一	二	三	四	五	六

本周学习重点	
项目	学习目标

每日学习备注	
日期	完成情况

时间	周一	周二	周三	周四	周五	周六	周日
16:00-18:30							
19:00-20:00							
20:00-21:00							
阅读							
睡觉时间							

5. 班干部表

清晰记录班级各个干部的职责分工，促进干部团队的协作与配合，实现管理工作的有序进行，提高班级管理效率。示例如下：

追光少年班职位竞选表（试行）姓名

序号	职位	职责	竞选职位	序号	职位	职责	竞选职位
1	班长(5人)	协助班主任，统筹班级总体工作		17	微团队队长(5人)	统筹微团队工作，每队1名	
2	副班长(5人)	协助班长，分管班级工作		18	语文科代表(2人)	协助老师组织教学	
3	学习委员(1人)	组织学科学习，统领科代表工作		19	数学科代表(2人)	协助老师组织教学	
4	纪律委员(1人)	管理班级纪律，包括上课、课间及两操		20	英语科代表(2人)	协助老师组织教学	
5	劳动委员(1人)	负责班级卫生、劳动		21	科学科代表(1人)	协助老师组织教学	
6	文娱委员(1人)	组织班级文娱活动		22	音乐科代表(1人)	协助老师组织教学	
7	电教委员(2人)	负责班级电教设备		23	美术科代表(1人)	协助老师组织教学	
8	体育委员(2人)	负责体育课、大课间、阳光体育、运动会		24	道法科代表(1人)	协助老师组织教学	
9	宣传委员(1人)	负责班级宣传，协助老师进行班级文化布置		25	书法科代表	协助老师组织教学	
10	心理委员(1人)	关注班级同学心理，兼任心理科代表		26	教室卫生监督员(1人)	监督教室卫生，提醒保洁填卫生监督表	
11	手机专员(1人)	管理养机场，监督手机使用		27	考勤专员	填写考勤本，跟进老师签名	
12	光明大使(1人)	管理电灯开关		28	午餐午休管理员(2人)	协助午休老师管理	
13	清凉大使(1人)	管理空调开关和温度控制		29	黑板管理员(2人)	监督擦黑板、粉笔	
14	绿植大使(1人)	管理班级绿植		说明	请同学们根据自己的兴趣爱好和能力至少选择一个职位，在后面打钩。共设30个职位，需要48人，特别突出的可身兼两职。		
15	柜子专员(1人)	管理班级柜子					
16	图书专员(1人)	管理班级图书，组织图书漂流活动					

聘 书

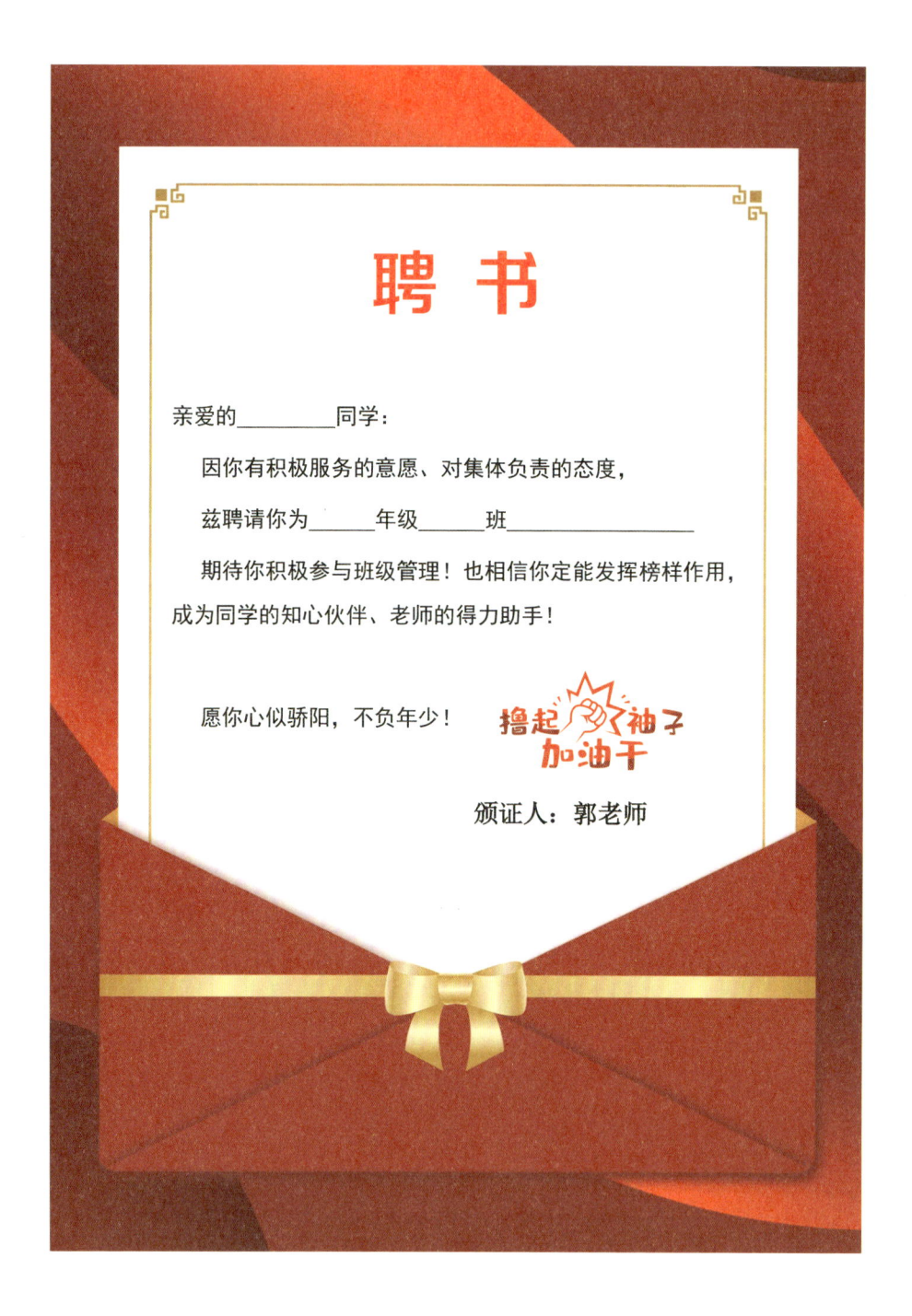

亲爱的_____同学：

　　因你有积极服务的意愿、对集体负责的态度，兹聘请你为_____年级_____班_____

期待你积极参与班级管理！也相信你定能发挥榜样作用，成为同学的知心伙伴、老师的得力助手！

　　愿你心似骄阳，不负年少！

撸起袖子加油干

　　　　　　　　　　　　　颁证人：郭老师

班干部总结表

本周做了哪些工作：	
这周表现良好的同学：	
这周表现较差的同学：	
希望老师提供什么帮助：	
同学们如何做得更好：	

二、教育教学类

1. 作业登记表

教师可以及时跟踪学生的学习进度，做到有的放矢地进行教学辅导。

示例如下：

五（6）班作业登记表（教师版）

学号	学生姓名	日期					作业内容			
1	胡语墨	1	2	3	4	5	6	7	8	9	10
2	张奕梵	11	12	13	14	15	16	17	18	19	20
3	吴量	21	22	23	24	25	26	27	28	29	30
4	黄铮	31	32	33	34	35	36	37	38	39	40
5	王劭文	作业反馈									
6	颜千惠				优秀★	完成√	订正●	缺交▲			
7	罗维铭										
8	郑小可	日期					作业内容			
9	李文博	1	2	3	4	5	6	7	8	9	10
10	林佳桐	11	12	13	14	15	16	17	18	19	20
11	吴颖嬉	21	22	23	24	25	26	27	28	29	30
12	汪慧萱	31	32	33	34	35	36	37	38	39	40
13	王晟羽	作业反馈									
14	唐慈				优秀★	完成√	订正●	缺交▲			

续表

学号	学生姓名	日期			作业内容						
15	温庆洲	1	2	3	4	5	6	7	8	9	10
16	高梓曦	11	12	13	14	15	16	17	18	19	20
17	张歆琳	21	22	23	24	25	26	27	28	29	30
18	王悦溪	31	32	33	34	35	36	37	38	39	40
19	黄诺熙	作业反馈									
20	唐博鑫				优秀★		完成√		订正●		缺交▲
21	杨凯胜										
22	丁子芸	日期			作业内容						
23	齐浩辰	1	2	3	4	5	6	7	8	9	10
24	李炫烈	11	12	13	14	15	16	17	18	19	20
25	洪梦菡	21	22	23	24	25	26	27	28	29	30
26	唐诗婷	31	32	33	34	35	36	37	38	39	40
27	何梓营	作业反馈									
28	王雨泽				优秀★		完成√		订正●		缺交▲
29	郝梓源										
30	卓伊伊	日期			作业内容						
31	刘亦松	1	2	3	4	5	6	7	8	9	10
32	庄莉婷	11	12	13	14	15	16	17	18	19	20
33	邱腾葳	21	22	23	24	25	26	27	28	29	30
34	郭心怡	31	32	33	34	35	36	37	38	39	40
35	黄梓晖	作业反馈									
36	郑骏东				优秀★		完成√		订正●		缺交▲
37	陈焱林										
38	皮子谦	日期			作业内容						
39	文嘉怡	1	2	3	4	5	6	7	8	9	10
		11	12	13	14	15	16	17	18	19	20
		21	22	23	24	25	26	27	28	29	30
		31	32	33	34	35	36	37	38	39	40
		作业反馈									
					优秀★		完成√		订正●		缺交▲

6班语文作业登记表

班级		日期	
姓名	完成情况	姓名	完成情况
胡语黑		唐博鑫	
张奕梵		杨凯胜	
吴量		丁子芸	
黄铮		李炫烈	
王劭文		洪梦菡	
颜千惠		唐诗婷	
罗维铭		何梓萱	
郑小可		王雨泽	
李文博		郝梓源	
林佳桐		卓伊伊	
吴颖嬉		刘亦松	
汪慧萱		庄莉婷	
王晟羽		邱腾葳	
唐慈		郭心怡	
温庆洲		黄梓晖	
高梓曦		郑骏东	
张歆琳		陈焱林	
王悦溪		皮子谦	
黄诺熙		文嘉怡	

2. 语文背诵表

背诵是学生学习的重要方式之一，背诵表可以帮助教师安排学生的背诵任务和进度。通过背诵表，教师可以指导学生合理分配背诵时间，监督学生的背诵情况，确保学生掌握所需的知识和技能。示例如下：

五年级语文下册《背诵闯关表》　班级：

关卡	内容	等级	检查人
第一关	昼出耘田夜绩麻，村庄儿女各当家。童孙未解供耕织，也傍桑阴学种瓜。(宋·范成大《四时田园杂兴》)		
	稚子金盆脱晓冰，彩丝穿取当银钲。敲成玉磬穿林响，忽作玻璃碎地声(宋·杨万里《稚子弄冰》)		
	草满池塘水满陂，山衔落日浸寒漪。牧童归去横牛背，短笛无腔信口吹。(宋·雷震《村晚》)		
第二关	慈母手中线，游子身上衣。临行密密缝，意恐迟迟归。谁言寸草心，报得三春晖。(唐·孟郊《游子吟》)		
第三关	人闲桂花落，夜静春山空。月出惊山鸟，时鸣春涧中。(唐·王维《鸟鸣涧》)		
第四关	青海长云暗雪山，孤城遥望玉门关。黄沙百战穿金甲，不破楼兰终不还(唐·王昌龄《从军行》)		
	三万里河东入海，五千仞岳上摩天。遗民泪尽胡尘里，南望王师又一年。(宋·陆游《秋夜将晓出篱门迎凉有感》)		
	剑外忽传收蓟北，初闻涕泪满衣裳。却看妻子愁何在，漫卷诗书喜欲狂。白日放歌须纵酒，青春作伴好还乡。即从巴峡穿巫峡，便下襄阳向洛阳。(唐·杜甫《闻官军收河南河北》)		
第五关	黄河远上白云间，一片孤城万仞山。羌笛何须怨杨柳，春风不度玉门关。(唐·王之涣《凉州词》)		
	故人西辞黄鹤楼，烟花三月下扬州。孤帆远影碧空尽，唯见长江天际流。(唐·李白《黄鹤楼送孟浩然之广陵》)		
第六关	楚人有鬻矛与盾者，誉之曰："吾盾之坚，物莫能陷也。"又誉其矛曰："吾矛之利，于物无不陷也。"或曰："以子之矛，陷子之盾，何如？"其人弗能应也。夫不可陷之盾与无不陷之矛，不可同世而立。(《自相矛盾》)		
第七关	豆蔻年华：指女子十三四岁的年纪。 及笄：指女子年满十五岁。 弱冠：指男子二十岁左右的年纪。 而立：指人三十岁。 不惑：指人四十岁。 花甲：指人六十岁。 古稀：指人七十岁。 期颐：指人一百岁。(日积月累)		
第八关	绿遍山原白满川，子规声里雨如烟。乡村四月闲人少，才了蚕桑又插田(宋·翁卷《乡村四月》)		
第九关	梁国杨氏子九岁，甚聪惠。孔君平诣其父，父不在，乃呼儿出。为设果，果有杨梅。孔指以示儿曰："此是君家果。"儿应声答曰："未闻孔雀是夫子家禽。"(《杨氏之子》)		

续表

关卡	内容	等级	检查人
第十关	◎君子喻于义，小人喻于利。——《论语》 ◎君子坦荡荡，小人长戚戚。——《论语》 ◎恻隐之心，仁之端也。——《孟子》 ◎多行不义，必自毙。——《左传》 ◎人有耻，则能有所不为。——《朱子语类》（日积月累）		

教师还可以通过分级挑战激发学生的背诵兴趣。示例如下：

五年级下册西游取经闯关表

起点	第一关	第二关	加油	第三关	第四关
	1.《古诗三首》P2	语文园地一《游子吟》P16	猴哥的肯定	语文园地二《鸟鸣涧》P38	《古诗三首》P54
第五关	第六关	坚持	第七关	第八关	第九关
语文园地四《凉州词》《黄鹤楼送孟浩然之广陵》P68	《自相矛盾》P84		语文园地六《日积月累》P92	语文园地七《乡村四月》P106	《杨氏之子》P108
第十关	太酷啦	恭喜你！	取经成功		
语文园地八《日积月累》P118				路虽远，行则将至；事虽难，做则必成。——送给努力的你	

3. 小组合作表

小组合作学习是一种促进学生互动、合作和共同学习的有效方式，有助于培养学生的团队意识、沟通能力和问题解决能力。通过合理设计合作活动，激发学生的学习兴趣，培养团队意识与问题解决能力，促进知识应用。示例如下：

小组合作表

小组名称					
组长					
组员					
学习格言					
学习目标					
小组优势亮点					
小组不足与努力方向					
小组分工	带头人	组织	记录	发言	监督
	语文				
	数学				人人有事做，事事有人管，人人有进步。
	英语				
	科创				
夸夸我的组员					

4. 阅读分享表

阅读分享可以培养学生的阅读兴趣和阅读能力，拓宽学生的视野和思维。通过分享阅读心得，学生可以相互启发、交流，共同成长。同时，这也是一种促进课堂氛围和学习氛围的有效方式。示例如下：

港湾学校四6班《俗世奇人》阅读交流吧

《俗世奇人》
我的书偶像

填表人：	年　月　日填
偶像名字	
出自哪本书	
偶像最大优点	
偶像做过最棒的事	
我给偶像的评语	
我自己和偶像的相同点	
偶像的画像 （可另附纸）	

三、小结

当然，要想自己的工作忙而不乱，忙而有序，我们还必须拥有三种思维：

第一种：清单思维。将需要完成的任务列成清单，按优先级和时间安排进行排序。例如，可以制订每周的教学清单，包括备课、批改作业、与家长沟通等，还可以列出每天的具体任务，按照工作重点和紧急程度列出清单，避免遗漏重要事项，有助于提高工作效率。

第二种：整合思维。将各个分散的任务或资源整合起来，形成一个整体化的工作流程或方案。通过整合思维，可以最大程度地利用已有的资源和信息，提高工作效率和质量。例如，可以将课程内容、教学资源、评估方式等整合在一起，形成一个完整的教学方案，有助于提升教学效果。

第三种：系统思维。将事物视为一个相互关联和相互影响的系统，从整体的角度思考问题和解决方案。通过系统思维，可以更好地理解问题的本质和根源，有助于找到更有效的解决方案。例如，可以通过系统思维来分析学生的学习问题，从学习环境、家庭背景、个人特点等多个方面综合考虑，找到更有针对性的教学方法。

以表格为舟，我们可以扬帆班级常规管理之旅；以智慧为帆，我们可以驶向班级管理的彼岸。制订一系列科学、实用的管理表格，不仅是班级管理的精细化要求，更是教育智慧的深刻体现。愿每一位教师都能成为班级管理的智者，用表格记录成长的足迹，用智慧点亮学生的未来。

借助班币确立一个评价体系

在班级管理中，每一位教师都是探索者，渴望找到那把能开启学生潜能、引领班级前行的神秘钥匙。我要分享的，正是一把这样的"钥匙"——班币评价体系。它以独特的方式，为我的班级管理注入了新的活力，助力我打造出"五星"班级。

班币，班级量化管理很寻常的东西。可是，在我们班，同学们却对班币着了"魔"。因为有了它的存在，让原来的积分制管理变得"好玩"，进而实现了"玩好"。

很多孩子为保管好班币特意买了钱包，还有的孩子拿信封里一层外一层地包裹着，生怕自己的班币掉了。每天没事偷偷数数班币，比比谁多？甚至还会在朋友圈公开"晒一晒"。通过班币的引入，原本平淡无奇的积分制管理变得生动有趣，学生们在追求班币的过程中，不仅收获了成长的快乐，更拥有了责任、合作与竞争的意识和能力。

一、班币想法的缘起

两年前，我接手了追光少年班。孩子们那时上三年级，我向前任班主任询问采取什么方式管理班级。在前任班主任口中了解到，前两年，班主任采用大家非常熟悉的量化管理软件——班级优化大师来进行班级管理，班级同学很喜欢。

开学初，我也试着用了一阵子。可不久后，我发现也许是"年年岁岁花相似"，同学们已觉不新鲜了。以前下课，他们会主动提醒老师给自己加分，还会围着电脑看积分排名。如今下课，除了极个别同学特别在意外，其他同学抱着一种无所谓的态度，将加分这事忘到了"九霄云外"。显然，班级优化大师已经无法完全调动孩子的积极性，激发他们的兴趣了。

怎么办？古语有云："穷则思变，变则通，通则达！"这时我想到了开学初学校发给同学们的新学期礼物——港湾币。港湾币很受学生的喜爱，下课后，同学们纷纷问港湾币可以做什么呢？既然学生对港湾币那么感兴趣，我何不设计一个班币，让它在我们班级流通呢？随即，我把此想法告诉了孩子们。他们都欢呼着，期待着班币的诞生。

二、如何设计独一无二的班币？

有了想法后，我立刻付诸行动。如何设计出属于自己班的班币呢？

1. 打造班级文化

班级文化是我们管好班级的"魂"。如何将隐形班级文化和显性班级文化结合起来呢？班币是个很好的"桥梁"。我希望班级孩子在我的带领下成为"眼里有光、心中有爱、向阳生长"的新时代好少年，希望这个班级能成为团结向上的班集体，于是班级取名为追光少年班。

"自信、友爱、感恩"是我们追光少年班的核心理念。有了理念的引领，我们的班级文化由此而生。这为班币设计奠定了文化基调。追光少年班，寓意阳光、积极、向上。这为班币设计提供了颜色选择，以温暖的浅色系为主。

2. 设计班币样式

有了班级文化的加持，接下来就是设计。经过我和班级同学的讨论，我们设计出了属于我们班独一无二的班币。如下图所示：

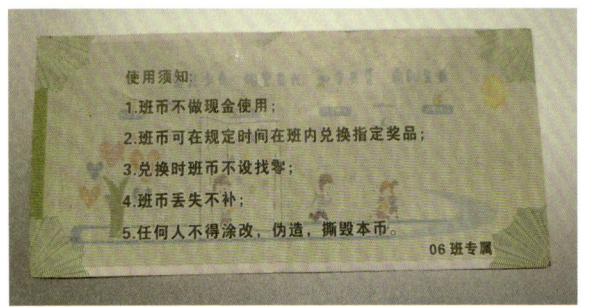

班币的正面，银行为前海港湾学校追光少年班，左边为我们的班徽图案，右边写着班币二字。右下角为我们的班级目标——做最好的自己。班币的反面，以班级文化的图片作为背景。右下角写上班级专属字样。标明了使用须知：

- 班币不做现金使用。
- 班币可在规定时间内在班内兑换指定奖品。
- 班币兑换时不设找零。
- 班币丢失不补。
- 任何人不得涂改，伪造，撕毁班币。

3. 印刷制作成币

班币设计好了，我们可以找广告公司印刷。数额可以是1、2、5、10、20元。50和100元，金额太大，不建议印刷，在班级很难流通。

三、如何发挥班币的最大效度

如何让班币发挥最大效度，这是关键所在。

1. 制订规则，奖罚分明

在我们班，班规是我和孩子一起制订的。因此，班币的奖罚自然也是。我们约定在纪律、卫生、学习上受到老师或班干部表扬一次（口头和书面均可）得一元班币；违反相关班规，诸如扰乱纪律、座位下有垃圾、不按时上交作业等则扣一元班币。全班同学在此规则上按下手印，视为同意。

2. 科任联动，协同育人

除了有制度加持，我还联动科任老师，一起利用班币协同育人。不仅在我的班级管理中，我的语文课上使用班币，各科老师在管理中都用上了班币。一段时间后，数学老师告诉我："同学上课举手发言可积极了"，在她的课堂，三次发言可换一元班币，同学们都争着上讲台给同学们当小老师讲题。英语老师也告诉我，同学们学习英语的兴趣比之前浓厚多了。在她的课堂，以班级微团队进行比拼。全班5个微团队PK，获胜的一个微团队，每人发放班币一元。

3. 班级银行，给予机会

有了奖惩制度后，问题也随即而来。优秀的孩子钱包逐渐"鼓"起来了，一些落后的孩子却被扣到入不敷出。如何不打击他们的自信，让他们依然保持对班币的热爱，激发他们努力挣班币的"动力"呢？

于是我们班成立了班级银行。模仿现实生活中的银行，招聘工作人员（主要是出纳和会计，当然还有我这个"行长"啦！）负责同学们的存、取钱以及利息结算等工作。如下图所示：

五（6）班银行贷款欠条

尊敬的郭老师：

  您好！

  今因自己的近期表现不佳，在＿＿＿＿＿＿＿＿＿＿＿（填哪些方面表现不佳）导致班币入不敷出，现向班级银行提出贷款＿＿＿＿＿＿＿元（填数字：最多不超20元），我愿通过后期自己的积极努力和优异表现挣取班币偿还贷款。

  还款日期为＿＿年＿＿月＿＿日（不超过21天），超过还款日愿付利息给班级。如不能偿还贷款，愿听从郭老师吩咐为班级服务。

欠款人签字：

＿＿年＿＿月＿＿日

  一个小小的改变，让优秀的孩子更积极，可以赚取存款拿利息；让暂时落后的孩子也相信，只要努力"贷款"也总能还清而且会"东山再起"。班级银行，让每个孩子都动力十足。

4. 活动狂欢，激发期待

  要想班币发挥它更大的魅力，还必须让他们感受到班币带给他们的成就感和价值感。因此，每学期不重样的班币兑换活动必须跟上。

  爱玩、爱吃是孩子的天性，活动狂欢是最好的选择。我们会进行期中的班级超市兑换活动和期末的班级大狂欢兑换活动。班级超市我们一般会采购文具和学习用品，并附上相应价格让孩子兑换。

  期末大狂欢兑换活动是每学期同学们最期待的班级盛事。我们会联动家委以及家长们，进行活动的策划。至今，我们举办了"我用班币来养家——蔬菜兑换活动""生活超市拍卖会""缤纷美食节""淘宝节"等多届班币兑换活动。每一次，活动主题不同，意义也有所不同。比如"我用班币来养家——蔬菜兑换活动"，我指向于孩子们的劳动教育。期末，我们家委会采购一大批蔬菜进班级，开展蔬菜换购活动。同学们买完蔬菜后会有一项很重要的锻炼——厨艺大比拼。班币兑换活动图如下：

活动设计发挥班币价值——蔬菜换购

活动延伸——厨神争霸

回家后，我请孩子们把自己采购的蔬菜变成餐桌上的菜，然后发成品照片到班级群。从色香味等各方面来对他们的厨艺进行评价。

有的孩子，买了黄瓜，切片摆盘，造型独特，获得家长们的连连点赞；有的孩子，买了番茄和鸡蛋，做了家常菜番茄炒鸡蛋，获得了家长们的认可；有的孩子买了萝卜，回家后添加排骨，做成了美味的萝卜排骨汤……

这样的班币兑换活动，不仅增加了同学们的成就感也锻炼了他们的动手能力，温暖了家人。至此，班级银行、班级超市和追光少年班的班币积分制度也构成了我们班三位一体的奖罚体系。

四、如何让班币为育人服务

班币在我们班存在了两年多且一直受到学生、家长的好评。意义何在呢？我总结为以下三点。

1. 化无形为有形

班币在班级推行后，学生有了实物的既视感，"钱"多"钱"少，每次奖罚的时候，拿出袋子，就是活生生的一次 PK。

当邻座拿出一摞班币，自己却只有几张班币的时候，确实比较"扎心"。"钱多多"的同学，每次结算班币的时候，内心都充满了优越感。这些心态，都会无形中刺激着学生内心，暗暗发誓要多赚"钱"。

2. 化散漫为积极

写作一直是班级同学畏惧的。一说到写作文，他们心里是一百个不愿意。为了激发他们的写作热情，我们开展了写作赢班币活动。

写一篇文章奖励班币两元。活动一经推出，便在班级引发了一波写作热潮。大家纷纷铆足劲，想要比比看谁赚的"稿费"更多。

眼看同学们的写作热情被进一步激发，我顺势再添了一把火，在班级里组织各类奖项评比，如：写作质量高的，获评"创意小作家"奖；发表后阅读量高的获评"最佳人气"奖；写作进步较快的，获评"写作小达人"奖，再额外奖励班币两元。

为了让文章留痕，班级每位孩子还开通了公众号。每个月，我会和孩子们一起梳理班级公众号排行榜并作总结，上榜的孩子会得到班币、奖状和小礼物奖励，比例一般在 60% 左右。不少孩子为了上榜，会偷偷多写文章，不仅不觉辛苦还乐在其中，作为老师由衷地开心。

五（6）班写作统计表

追光少年组名	班级组员	公众号名字	本周更新篇数	最高阅读量	获得班币
团结少年	1 胡语墨	快乐的白日梦想家			
	2 张奕梵	张书迷说			
	3 吴量	吴小量成长记			
	4 黄铮	乘风破浪铮铮			
	5 王劭文	足以成文			
	6 颜千惠	千语惠存			
	7 罗维铭	爱科学名			
	8 郑小可	小 Co 就是我			

不知从什么时候起，班级群里总是热闹非凡，我和孩子一起"晒"自己写的文章，互相学习，互相点赞，一起求关注、求鼓励。

这也让我发现，原来教育如此美好，一个爱读乐写的老师带着一群愿读勤写的孩子在汉语文字里遨游，好不快意。

我们学校有个很好的劳动教育课——厕所革命。每个班轮流打扫厕所一周。扫厕所这又脏、又累的苦活学生自然都不愿意干。每次报名的人数寥寥无几。怎么办？发挥班币的作用，实行工资制度，这下报名的人争先恐后。人多时，还要实行竞争竞选上岗。

就这样，轮到我们班进行厕所革命时，我们实行"承包制"，这一周男女各4名同学负责，通过学校的质量检查后可以获得5元班币奖励。因此，每次轮到我们班"厕所革命"时，大家可积极了，都想靠劳动创造价值，赢得班币。

有了班币，学习的"散漫"没了，卫生的"散漫"没了。

3. 化教育为无声

班币最大的意义，我认为是让孩子们提前适应社会。

班级会不定期举行拍卖会（一般每学期举行1—2次），而拍卖会上，每位同学都会有明显的感受，手中有"钱"，心中不慌！所以，拍卖会上，喊价最响、竞价最高的，往往是那些赚了很多班币的同学。

他们在拍卖会上一掷千金，既是实力的见证，又是对其他同学的现身说法：唯有平时努力拼搏，才能有滋有味生活！

再如淘宝节活动。同学们可以把自己不用的二手东西带到学校，可以是书籍、玩具、小饰品等，让他们的"好物"再遇"新主"。

我们以班级微团队为单位开展淘宝活动，培养了他们以下几种能力：

首先，团队分工，学会合作。为了让摊位正常运行，我们微团队人员必须学会分工。有人负责外出选购，有人负责"守摊"做销售工作，还有人专门记账、收钱。各项工作之间定时互换，每个人都充分体验了各种角色，这也是对同学们团队合作意识的一种培养。

其次，创意无限，学会经营。同学们为了把自己的东西卖出去，赚更多的班币。吸引顾客的方式也是五花八门：打折、促销、抽奖、套圈……小小店主们，做起生意来有模有样，别出心裁。

他们还精心设计了海报，同时不停卖力地吆喝着："老板年纪小产品很惊艳""限时秒杀，给钱就卖！"叫卖声、讨价声、班币的碰撞声，构成了热闹的"淘宝"交响曲。

如下图所示：

这样别开生面的淘宝节，既欢乐又有意义。孩子们不仅收获了满满的战利品，还提高了交往能力、理财能力和团队协作能力。他们也在这个充满活力的淘宝市场中，体验了一次经商的经历，树立了正确的理财观和价值观。

对于班主任带班工作而言，量化制度的改变也让我有了如下认识：一成不变未必是一件好事，适当地进行变化，一则可以给学生带来新鲜感，激发学生的学习兴趣；二则确实可以提升班级的活力，进而带动各方面的发展。

以班币为钥，我解锁了班级管理的魔力之门；以智慧为灯，我照亮了学生成长的道路。班币评价体系，不仅是一种班级管理的创新实践，更是一种教育理念的深刻体现。它告诉我，真正的班级管理，不是简单的控制与约束，而是激发学生的内在动力，引导他们自主成长。

建好一支班干部队伍

火车跑得快，全靠车头带。一个班集体也如此，要想使班集体有良好的班风、浓厚的学风，除了老师的正确引导，还必须充分发挥班干部的作用。在多年的班主任工作实践中，我是如何调动班干部的积极性，让他们成为我的得力助手，成为班集体建设的主力军的呢？我认为应把好"三关"。

一、把好选拔关，为搞好班级管理工作打好基础

一个班级就是一个集体，班级工作的好坏取决于班集体自我管理能力的大小，而自我管理能力的大小又取决于班干部素质的高低。因此，把好选拔关通过摸底、观察、试用、民主选举的形式进行，有助于将德才兼备的学生选拔出来，参与班级管理工作。

1. 选前造势——氛围营造

在班干部选拔前，我会给家长写一封"我是班级小主人"报名须知的信。示例如下：

四年级6班"我是班级小主人"报名须知

各位家长：

　　您好！进入6班这个大家庭一年多，我欣喜地发现许多孩子表现出了很强的责任心，能为了班级主动做一些力所能及的事情，的确，每个孩子都是班级的小主人，都可以为班级作出自己的贡献。

　　新的学期到来，我们将开展新一轮的班干部竞选。希望您能和孩子一起商量，在征求孩子意愿的前提下，根据孩子的自身实际情况，帮助孩子选择合适自己的小岗位。每一个小岗位，都是一种锻炼。岗位没有高低之分，适合自己的，才是最好的。后期，我们将根据孩子的个人意愿，结合孩子的实际情况、任课老师的意见，采取公开竞选的方式来确定每个岗位的最终人选。

　　具体岗位及职责如下（排列不分先后顺序）

岗位名称	人数	岗位职责
班长	5	1. 努力学习，提高综合素质，以身作则。全面关心班级的学习、安全、卫生等工作，协调各班干部之间的工作； 2. 老师不在时，代管理班级常规事务；发现同学做出不良行为，敢于制止；有突发事故及时向老师汇报； 3. 留心观察班级，了解班中的动态，及时发现问题，及时和老师沟通；代表班级参加学校的相关会议和活动。
纪律班长（副班长）	5	1. 早上、下午早到校，维持班级早读前、午练前的纪律； 2. 提醒同学做好课前准备，准备好书本文具； 3. 组织维持好眼操秩序； 4. 协助班长做好课堂纪律工作。
值日班长	5（每日1个）	1. 负责检查当天的教室环境卫生，督促值日生值日，提醒座位不整洁的同学清理干净，保持课室卫生整洁。 2. 保持教室通风（开窗），最后离开教室关掉电源。
礼仪班长	1	1. 负责检查本班同学的礼仪，包括校服的穿着、红领巾佩戴等。 2. 负责检查全班同学的书包摆放，提醒抽屉乱的同学整理干净。
安全员	3	1. 负责课间监督，及时提醒和制止课间追逐、喧闹，打架等危险行为，记录违反班规的同学并上报给班主任。 2. 对有安全隐患的地方及时上报。
体育委员	2	1. 组织学生的升旗、出操路队，保证队伍整齐规范。 2. 负责提醒、制止不合规范的体育运动，如在操场教室追逐打闹、玩危险游戏等。 3. 协助体育老师，体育课前迅速组织同学们有序排队上体育课，对于拖拉的同学及时催促。
路队长	1	1. 协助体育委员，管理出操、体育课、放学时的路队； 2. 敢于提醒和制止排队讲话或排不好的同学。
课代表	语2 数2 英2	1. 负责早读、午练、课前带读。 2. 组长上交到讲台的作业及时清点，对于作业登记表上未交的同学及时催促。 3. 及时搬作业本到老师办公室，常与任课老师沟通。 4. 任课老师不在时，协助老师布置作业。
语文+数学+英语小组长	11+8	1. 及时收发小组作业，登记未上交的学生名单； 2. 检查小组成员背诵、默写、预习等各科作业情况。 3. 管理小组课堂纪律，做好学习带头作用，自身不违纪。
班级图书管理员	3	1. 每天负责按大小顺序摆放好图书柜的图书。 2. 负责图书柜的清洁。 3. 对于有损图书行为及时汇报给老师。
多媒体管理员	2	1. 负责教室多媒体平台的开关工作； 2. 对于随意触摸多媒体的同学及时制止。
晨午检记录员	1	1. 负责早、午间记录到班同学的考勤工作； 2. 如有缺勤同学，及时告知班主任。

2. 公开选聘——公平民主

利用一节班会课，让每位同学上台竞选。针对"我是班级小主人"报名表说出自己的竞选岗位、优势所在，如果当选了，在岗位上应该如何做等。

四年级6班"我是班级小主人"报名表

姓名：	竞聘岗位1：	竞聘岗位2：
我的优势：		
如果我当选了，我会怎么做：		

3. 岗前适应——人文关怀

班干部选出来后，可以给班干部两个星期到一个月的试用期。试用期间，班主任可以观察学生，不合适的可以及时调整。试用期满，合格的同学可以颁发聘书，正式聘用，给学生满满的仪式感和认可感。

通过以上几道程序，最终选出执行力强、善于沟通、踏实勤勉、管理能力强的班干部，为搞好班级管理工作打好基础。

二、把好培养关，努力提高班干部的工作能力

把好培养关是提高班干部工作能力的重要环节。班主任应对选拔出来的班干部进行全面的培养，不断提高他们的工作能力，充分发挥他们的作用，使他们成为班主任的得力助手。

1. 岗前培训——思想觉悟

召开班干部培训会议，明确班委工作的重要性，提高思想觉悟，增强学生干部的整体素质和工作能力，力争做到文化学习与能力提高同步发展。在第一次培训会时，通过"我为什么要当班干部？""当好班干部的条件和方法""班干部工作应该具备的态度"等问题提高他们的思想觉悟。给他们树立以下工作原则。

（1）榜样意识。用自己各方面的良好行为去带动同学们。

（2）集体意识。我经常在班干部会议中说，班干部不是"官"而是服务员。作为班干部，要有服务意识，为同学服务，为班集体服务。

（3）公平公正原则。在班级管理中，做到公平公正，实事求是。不能因为好朋友关系或者班干部身份就对他包容，对事不对人。

2. 书信传情——师生共情

班干部竞选上了，我会通过书信传情的方式给每位班干部写一封信，针对他们的职务，委婉地提醒他们需要怎么做，让他们感受到自己被关注、被理解，即使处于困境中也能够感受到温暖。

我给班长的书信内容如下：

同舟共济彼此信任

亲爱的班长：

新学期开始啦，又要辛苦你和我一起管理整个班级啦。在过去的一个

学期里，老师要郑重地跟你说一声谢谢，因为有你的管理，我们的班级才能一直保持优秀的步伐。我深知作为一名班长的苦恼。班上有调皮的同学，有时候他们会装作没听到口令，有时还会跟班干部对着干，扰乱秩序。

可是，亲爱的班长，我想和你说，你只管放开胆子管同学，只要咱们管得有道理，坚持原则，自己以身作则，磊落光明，总是为班级着想，咱们就是有威信的人。你也不用担心因为自己管得多，害怕期末投票时同学们不投你，在老师心里，你一直是咱们班的三好学生。

接下来的一学期，老师希望你能做到以下几点：

1. 当老师有事请假或没来得及进教室，你要以身作则及时上讲台稳住全班同学的心，请同学们拿出课本读书。发现同学做出不良行为，你要敢于制止。

2. 班级里有什么突发情况或你觉得有问题时，要及时告诉老师，我们一起想办法。记住，这不是告密，而是光明磊落的管理。

3. 观察老师平时是如何管理班级的，对同学以鼓励和表扬为主，对同学做得不好的地方，我们多提醒同学。老师相信，在咱们的努力下，我们的班集体一定会成为一个阳光而优秀的班级，加油！

我给科代表的书信内容如下：

保持优秀不断进步

亲爱的科代表：

新学期开始啦，要辛苦你和我一起管理班级的学习啦！胜不骄败不馁，迎难而上，用你沉稳的气质、无畏无惧的力量、乐于助人的精神，去领导和影响我们班级的同学，成为班级的一面旗帜。你不仅仅是同学们学习的标兵，还是一个联系着任课老师和同学们的联络员，更是班级学习的领路人。这是一份荣誉，更是一份职责，你要和老师一起带着同学们努力上进哦。你很重要，同学们需要你，老师更需要你。火车开得快，全靠火车头来带。有我，有你，一定可以！

以下是你可以帮助老师和同学们做的事：

1. 到校后，你需要尽早站在讲台上带读，给同学们做好榜样。

2. 每节课课前组织同学们做好课前准备，直到老师进教室，老师相信你可以做到迅速有力！

3. 组长上交到讲台的作业及时清点哦，对于作业登记表上未交的同学你帮老师催促他。

4. 及时搬作业本到老师办公室，常与任课老师沟通，你还可以常来老师办公室询问是否有作业本要搬走、发放。

5. 任课老师不在时，你需要协助老师布置作业到黑板上哦。有任何问题随时和老师一起想办法。你要更加大胆和自信一些，加油呀！

3. 定期开会——传授做法

工作方法的培养也很重要。班干部的班级管理既要热情高，又要有工作技巧。我利用每周五中午的半小时时间，定期给班干部召开会议，教会班干部一些具体的工作方法。例如，如何解决班级脏乱差问题？

对于脏：教室卫生方面，班干部在班级看到垃圾要主动捡起，起到榜样示范作用。看到同学座位有垃圾，及时提醒。以及设立卫生巡查员，让班级养成主动捡垃圾和不乱丢垃圾的习惯。

讲台整理：科代表每节课课前帮任课老师整理好讲台，营造师生愉悦的学习氛围。

对于乱：小学阶段主要有几个节点让班级纪律乱：课前准备、出操集合、眼保健操。举个简单例子，如何让课前准备井然有序？我让各科代表发挥作用，课前预备铃响起后，我的两个语文科代表，一人在前面领读，一人在下面提醒同学做好课前准备，坐姿端正，把书立起来，大声朗读。当上课铃响起后，老师走进教室就能听到琅琅的读书声。这个小训练，教师只需提醒科代表一两次就可以养成习惯。

当然，老师要适时表扬做得好的科代表，让他们工作更积极，更有动力。遇到不需要读书的科目，课前准备就是把书统一放在左上角，全部同学朝教室门口方向趴着，安静等待教师上课。班干部在黑板上写下课前准备做得好的同学名字。上课前，联动各科老师对上榜的同学进行表扬。

对于差：成绩落后，我也有小妙招，那就是师徒结对、英雄PK榜。发挥班干部"小老师"的作用，比学赶超，利用积分制度，调动起班级孩子的学习兴趣，点燃学习氛围。

4. 每周总结——反思紧跟

每周五放学我会给班干部下发每周总结表，利用周末总结自己的工作。周一利用班会课时间让班干部一个个上讲台总结。主要从语言表达能力、文字写作能力、实践动手能力、活动组织能力、观察分析能力等方面去培养。

如果班干部在管理中发生违纪等行为，应主动写详细的反思书上交老师。

总之，一系列的措施，最重要的是帮助他们牢固树立"模范带头作用"的思想，努力把自己锻炼成作风正、能力强、学习好、素质高的学生标兵。

三、把好文化关，为班干部创造良好的管理氛围

这里所说的文化是指班集体班风的好坏。通过强化常规管理，加强队伍建设，通过活动育人和文化育人，打造健全、有效的班级文化建设，为班干部创造良好的管理氛围。

1. 活动育人——班级铸魂

创造良好的班风，形成一个严守纪律、团结友爱、勤奋向上的班集体。如

根据班级情况开展"班级是我家""我爱我的班""我为班级增光添彩"等活动。通过一系列活动，让班级形成"人人为我，我为人人"的良好班风，做最好的自己。

2. 建立制度——助力管理

建立合理的班级管理制度，为班级管理提供依据。俗话说："没有规矩，不成方圆"。我会根据本班的实际情况，然后集全体同学的智慧不断制订和完善班规。从进校要求、早读要求、课间要求、上课要求、眼保健操要求、课间操、跑步、集会要求等方面制订，打印出来，发给每个孩子。利用一个星期的时间，课前三分钟或者早读花一定时间来阅读，让班干部和同学都熟悉班规。

班级管理制度，让班干部管理更加具有科学性和可执行性。

3. 适时鼓励——看见认可

当班干部在管理中遇到困难时，我们要主动帮助他们解决；当他们与班级同学发生矛盾时，我们要出面化解；当他们进步了，我们要大力表扬；当他们一直做得非常棒时，我们给他们颁个奖……让班干部随时感受到老师对他们的关心，让他们的付出能够被看见。

总之，班干部是要多方面多角度综合培养的，不能孤立地进行，而是与其他班级管理相辅相成的。我们只有抓好班干部的培养与建设，才能抓好班风、学风，提高学生的整体素质，让班级管理有声有色、成效显著。

井井有条地安排一个学期的班级工作

班主任带班需要技巧，但这不应该是班主任追求的终极目标。所有教育中的策略和技巧，如果离开了对学生成长的真切的关注，将毫无价值。小技巧永远不会像大智慧那样能给学生带来更恰当的教育。

最能体现班主任教育智慧的恰恰是那些平凡而琐碎的常规工作；优秀的班主任能够把一件件小事做出艺术来，在平凡中彰显伟大。

以上这段话，尤记得是我工作七年后，来到现在学校时，学校下发的班主任手册第一页送给我们班主任的寄语。

因此，如何把班主任平凡而琐碎的常规工作做好，做出艺术来，是我一直以来的追求。

新学期开始，一些琐碎的杂事又向我们袭来。如何在新学期安排好自己的班级工作，让其井井有条呢？我想这几点很重要。

一、制订班级工作计划

新学期，我们可以制订一份详细的工作计划，从每月主题、每周安排、学生活动等来安排班级工作，这样不仅可以清晰地了解自己的工作重点，也可以让学生和家长提前了解班级安排，更好地配合班级工作。在这方面，全国名班主任沈磊老师做得很好，他会每月推出班主任月工作计划。

就我个人而言，每学期的月工作主题喜欢从节日上来策划安排，每周的周工作安排喜欢细化班级常规和加强学生的行为习惯教育。如二月主题为"港湾闹元宵，非遗添年味"；三月为"女神最美丽"；四月为"清明寄相思"；五月为"劳动最光荣"等。

以下是我们班本学期的2、3月计划内容：

班级月工作计划、周工作安排		
月工作计划	周工作安排	
2月份主题：港湾闹元宵非遗添年味 月工作要点：开学习惯养成	第1周	寒假
	第2周	寒假开学前收心调整
	第3周	1. 综合素养周 2. 好习惯课程 3. 难忘的中国节之元宵节庆祝活动
	第4周	1. 策划第四届班币兑换活动 2. 班会"新学期，迎接'热辣滚烫'的人生" 3. 狠抓班级不交作业现象

小贴士：月工作计划要求每月1日前结合本班实际情况完成，周工作安排在每周一之前完成。

班级月工作计划、周工作安排		
月工作计划	周工作安排	
3月份主题：女神最美丽 月工作要点：注重安全教育	第1周	1. 学雷锋班会及活动
	第2周	1. 女神节送祝福活动 2. 植树节相关活动 3. 开展班币换购活动
	第3周	1. 安全教育主题班会 2. 狠抓校园安全
	第4周	1. 班级共读活动汇报课 2. 严抓说脏话现象

小贴士：月工作计划要求每月1日前结合本班实际情况完成，周工作安排在每周一之前完成。

二、做好班级事务管理

做好班级事务的管理可以提高班级效率,维护班级秩序。新学期,我是这样做的:

1. 明确班级文化,制订班规

首先,明确班级文化(见下表)。建立积极向上、和谐融洽的班级氛围,激发学生的学习热情和彼此间的合作精神。

班级	追光少年班	班歌	追光少年
班训	眼里有光,心中有爱		
班风	敏而好学,不耻下问		
班级口号	创团结的集体,做最好的自己		
设计理念	自信、有爱、感恩是我们追光少年班的核心理念。班级文化墙通过班级文化介绍、微团队展示、每期主题板报展示、优秀作品展示四个板块,从文化引领到集体展示再到个人秀。打造团结的集体,做最好的自己。"追光少年"以眼里有光、心中有爱、向阳生长为信念,最终实现风貌美、精神美、志向美的班级文化理想。		

其次,制订班规。明确班级规范和行为准则,有助于维护良好的学习秩序,提高集体荣誉感。

班级文化明确了,班规制订了。新学期,一定要利用班会课和孩子们一起学习,这样一些思想和班规才能真正在孩子心中生根发芽。

2. 做好班级学生一览表

此表非常重要,我们可以通过此表了解班级学生的基本信息,包括联系方式、家庭背景等,便于随时掌握学生情况并作出针对性的管理和关怀。

班级学生情况一览表							
学号	姓名	性别	出生年月	爱好特长	性格特点	担任工作	家庭住址

3. 班级学生课程统计表

现在孩子的学校生活非常丰富,有参加社团的,有参加校队的,还有课后延时服务的。每个孩子所选课程不一样,这时我们需要及时统计学生的课程出勤情况,有助于发现学习状况异常的学生,及时采取措施进行帮助和引导,确保每位学生都能充分参与课堂学习。

社团、校队、四点半课程参加学生统计表		
序号	课程名称	学生名单

4. 班级微团队活动安排表

为了让孩子的童年生活丰富一点，我们可以在班级划分微团队，组成学习成长共同体。平时，微团队成员可以交流学习，周末可以一起组织活动玩耍。

班级微团队情况					
微团队名称	团队吉祥物	团队口号	团队学期目标	团队成员	家长辅导员

开学初，每个微团队上交一份本学期活动计划表。组长负责组织组员讨论，一起商讨，每次活动家长和孩子轮流组织。一个月里，大家商量哪一天周末有空，确保每个家庭和孩子都参加此次活动。

通过以上方面的细致管理和规划，班级事务管理可以更加有序、高效，促进学生学习和成长，提升班级整体素质，营造良好的学习氛围。

三、关注学生心理健康

学生心理健康是班主任工作不可忽视的一环。其心理健康状况对学习成绩、家庭生活质量以及未来发展有着直接的影响。近年来，学生心理健康还面临着一些新的挑战和趋势。

首先，学生面临着更大的学业压力和竞争压力，导致焦虑、抑郁等心理问题增加。

其次，社交网络的普及和信息传播速度的加快，使得学生更容易受到网络欺凌、信息焦虑等问题的困扰。

再者，现代生活节奏快速，学生们的生活方式不规律，缺乏锻炼和休息，容易导致身心疲惫和压力过大。

我们带的班级，特别是高年级后，学生的心理健康需要我们特别关注。作为班主任，虽不是专业的心理医生或老师，但我们也可以为这些孩子做一些力所能及的事情。

我们可以读一读王晓春老师的《问题学生诊疗手册》，从里面学到一些诊疗的方法，从行为观察、个性特点、成长环境等去关注孩子。

特殊学生心理个案分析记录					
代号	行为观察	个性特点 成长环境	心理咨询	辅导途径	辅导效果

小贴士：本表主要针对本班少数学生作心理个案分析，为保护学生隐私，本表记录的学生不直接写姓名，只用代号。

行为观察：
学生在课堂表现如何？是否有异常行为或情绪反应？是否有社交问题或沟通困难？

个性特点：
学生的性格特点是什么？是否有特殊的兴趣爱好？是否有自我意识或自尊问题？

成长环境：
学生家庭背景如何？家庭环境对学生的影响如何？是否有其他重要的成长环境因素？

心理咨询：
学生接受过心理咨询吗？咨询内容和效果如何？是否有其他需求或问题未

解决？

辅导途径：

采取了哪些具体的辅导策略？是否有针对性的心理辅导或行为干预？是否有个性化的支持和帮助？

辅导效果：

学生在辅导过程中的变化如何？辅导对学生的影响和成效如何？是否需要进一步地跟进或调整辅导方案？

每次沟通后，请班主任们一定做好特殊学生心理个案分析记录。

一是，这有利于我们了解学生的行为变化；二是，这为特殊孩子就医提供了更详细的资料，方便医生诊疗；三是，方便我们查阅孩子的动态，为成长留痕。

四、加强家校沟通合作

家校关系是做好教育最重要的一环。班主任一定要处理好家校关系，一学期，至少与不少于班级三分之二的家长沟通，而且最好做好留底工作。

对于班级特别需要关注和沟通的学生，我们每次跟家长沟通后，我建议要做好电子版记录并留底。从联系时间、联系原因以及具体沟通内容等方面来记录。

家校联系记录

学生姓名	联系时间	学生姓名	联系时间
家长姓名	沟通方式	家长姓名	沟通方式
联系原因		联系原因	
具体情况		具体情况	

小贴士：班主任每学期应至少与班级二分之一的家长进行有效沟通。

一来可以查看我们家校沟通的频率；二来可以检测家校沟通的效果；三来

可以从沟通的内容上进行整改。

如果跟家长沟通了孩子的问题达到三次以上还没效果，我们就要反思是哪个环节出了问题。对于实在搞不定的娃，要懂得寻求外力的帮助。

我们的目的只有一个：及时了解学生在家庭中的情况和需求，共同关注学生的成长和发展，形成家校共育的良好局面，共同为学生的全面发展努力。

五、定期评估和做调整

在新学期进行中，老师可以定期对班级工作进行评估，总结工作中的亮点和不足之处，及时调整工作计划，做出改进。通过不断地评估和调整，才能使班级工作始终保持井井有条的状态。

如我们可以记录班级重要事件。每学期，班级有哪些重要事情发生。我们可以从事情概况、过程及结果等写一些班主任随笔。

班级重要记事			
时间	事情概况	过程及结果	班主任随笔

小贴士：本表在班级遇重要事件时即时填写，班主任随笔主要写班主任在处理事情时的体会与收获。

如果是班级安全事件。可以在当天发生后简单记录，等工作之余再认真研究，写成案例。这对我们班主任专业化发展有极大的帮助。

班级工作还要有留痕意识。我们可以在学期初准备好记录班集体或学生获奖情况的表格，方便在工作中及时记录和存档。同时，也方便期末总结时查找资料。

班集体或学生获奖记录				
获奖人	获奖时间	获奖名称	获奖级别	获奖等级

作为班主任，最重要的是要始终以学生为中心，以促进学生全面发展为宗旨，在班级工作中注重培养学生的学习兴趣、思维能力、创新意识和团队合作精神。只有在关注学生的同时，才能真正做到班级工作井井有条，为学生成长和发展提供坚实的支持和保障。

第四章

遇到问题,智慧解决:
"一"字妙招破难题

"智慧不在于知识的积累，而在于运用知识的能力。"在班级管理中，每位教师都是智慧的舞者。面对各种难题，本章以"一"字妙招为笔，勾勒出破局之策。让我们携手学生，在早读的晨光、课堂的互动、课后的自律中，共同舞动智慧的旋律，编织"五星"班级的辉煌篇章。

一招激活早读声

清晨，当第一缕阳光穿透云层，轻轻拂过校园的每一个角落，教室里本应响起琅琅读书声，却意外地陷入了一片宁静。作为老师，面对学生早读时声音的缺失，心中不免泛起涟漪。这不仅仅是声音的问题，更是学生学习状态、班级氛围乃至教育效果的直接反映。本文我将以自己一次真实的早读经历为引子，结合教育理论，探讨学生早读无声音的原因、影响及解决策略，旨在唤醒晨光中的静谧，引领学生们在书声中茁壮成长。

一、早读之静：一次意外的发现

一天早上，由于起床稍晚，我匆匆赶往学校，心中满是对班级早读的担忧。两周来，我每天7点半准时到校，坐镇教室，以维持早读的秩序。而今天，当我7点50分踏入校园，心中不禁忐忑：教室会是怎样一番景象？

接近教室，我习惯性地放慢脚步，准备迎接可能的"菜市场"场景。然而，出乎意料的是，随着距离的缩短，预期中的嘈杂并未如约而至。5米、3米，直至门口，教室里竟是一片异常的安静。推开门，眼前的景象让我心生惊喜：黑板上，两位轮值的小班长正认真地用粉笔记录着同学们的表现；其他同学则手捧书本，沉浸在阅读的世界中。

这一幕，让我瞬间明白了这段时间努力的意义。原来，通过之前的约定——

每天早到十分钟，共读课外书，学生们已经悄然养成了早到校、早阅读的习惯。甚至有的学生为了多读几页书，早上7点10分就已到校。这份自律和热爱，让我深感欣慰，也让我意识到，早读的声音，或许并非衡量学生投入度的唯一标准。

二、早读的意义与挑战

（一）早读的价值

激活大脑：早晨是大脑最为清醒的时刻，通过朗读，可以迅速激活大脑，提高一天的学习效率。

培养语感：对于语言学习而言，大声朗读有助于培养语感，增强语言的表达和理解能力。

营造氛围：集体的朗读声能够营造浓厚的学习氛围，激发学生的求知欲和竞争意识。

情感共鸣：共同朗读时，学生之间容易产生情感共鸣，增强班级凝聚力。

（二）早读无声的挑战

动力不足：部分学生可能对早读缺乏兴趣，或者认为早读对提升成绩帮助不大，因此缺乏动力。

习惯未养成：良好的早读习惯需要时间和耐心去培养，初期可能因不适应而显得沉闷。

环境干扰：教室外的噪音、教室内的布局或学生间的交谈都可能影响早读的氛围。

个体差异：不同学生的学习习惯和性格差异，导致早读时的表现各不相同。

三、策略探索：唤醒早读的声音

（一）情感激励：打动心灵，激发热情

面对早读无声的情况，我决定首先尝试情感激励的方式，走进学生的心灵

深处，激发他们的学习热情。

那天，我站在讲台上，用温柔的目光扫视着每一位学生，轻声问道："孩子们，今天你们表现得太棒了，知道老师最开心的是什么吗？"学生们抬起头，好奇地看着我。我接着说："那就是走到教室，看到你们安静而专注地阅读。这样的场景，让我看到了你们内心的成长和变化。"

我停顿了一下，继续说道："而且，我还特别想感谢两位轮值的班长，他们管理班级井井有条，真的很有责任感。当然，还要表扬班级里所有的同学，因为这是我们大家共同努力的结果。"学生们听了，脸上露出了自豪的笑容。然后，我话锋一转，问道："那你们猜猜，老师最想要的礼物是什么？"学生们开始猜测，有的说是"好成绩"，有的说是"听话懂事"。我微笑着摇摇头，说："老师最想要的礼物，其实是你们的懂事、诚实、认真和主动学习。只要你们能够做到这些，就是给老师最好的礼物。"

通过这样一番情感激励，我发现学生们的眼神更加坚定了，他们似乎明白了早读的重要性，也感受到了老师对他们的期望和关爱。

（二）目标设定：明确方向，激发动力

为了让学生更有目标感地参与早读，我与他们共同设定了明确的早读目标。

我说："同学们，我们每天早起十分钟，不仅仅是为了读书，更是为了培养我们的自律和责任感。那么，我们就来设定一个小目标吧，比如每天完成10页的阅读任务。你们觉得这个目标怎么样？"

学生们纷纷点头表示赞同。我又接着说："当然，这只是个人目标。我们还要设定一个班级目标，比如成为晨读标兵班级，让我们的班级更加优秀。"

通过这样的目标设定，学生们有了更加明确的方向和动力。他们开始更加认真地对待早读，努力完成自己的阅读任务，同时也为班级的目标贡献自己的力量。

（三）班干部引领：榜样示范，责任担当

班干部作为班级的领头羊，在早读中发挥着至关重要的作用。因此，我注重培养班干部的榜样意识和责任担当精神。

我通过自由竞选和轮值值日制的方式，选拔出了一批责任心强、有服务意识的班干部。然后，我对他们进行了思想观念教育，让他们明白班干部的榜样作用和服务意识的重要性。

我还定期召开班干部会议，总结管理经验，学习管理技巧。在会议上，我会鼓励班干部分享自己的管理经验和心得，同时也会提出一些建议和指导。通过这样的交流和学习，班干部的管理能力得到了显著的提升。

在早读中，班干部们以身作则，带头朗读和背诵课文，为其他同学树立了榜样。同时，他们也积极管理班级纪律，确保早读的顺利进行。在他们的引领下，班级早读的氛围逐渐得到了改善。

（四）活动创新：形式多样，寓教于乐

为了增加早读的趣味性和吸引力，我尝试将早读与其他活动相结合，创新了多种形式的早读活动。

比如，我组织了一次朗读比赛。在比赛中，学生们可以选择自己喜欢的课文或诗歌进行朗读。他们用自己的声音和感情去诠释文字的魅力，不仅提高了朗读水平，还增强了自信心和表达能力。

我还尝试了角色扮演的活动形式。让学生们分组扮演课文中的角色，通过表演的方式去理解和感受课文的内容。这样的活动形式不仅让学生们更加深入地理解了课文，还培养了他们的团队合作能力和表演能力。

此外，我还鼓励学生们进行故事分享。让他们选择自己感兴趣的故事或经历进行分享和交流。这样的活动不仅让学生们锻炼了口才和表达能力，还拓宽了他们的视野和思维。

通过这些创新的活动形式，学生们对早读的兴趣得到了显著的提升。他们

开始更加积极地参与早读活动，享受着朗读和学习的乐趣。

（五）环境营造：优化布局，减少干扰

为了营造一个更加有利于早读的环境，我对教室的布局进行了调整和优化。

首先，我将课桌椅排列得更加紧凑和整齐。这样的布局可以减少学生间的交谈机会和干扰因素，让他们更加专注地投入早读。

其次，我在教室周围设置了隔音设施。比如挂上厚重的窗帘、贴上隔音材料等。这些设施可以有效地隔绝外界噪音的干扰，让学生们在一个更加安静的环境中进行早读。

再次，我还在黑板上写下了励志名言或早读目标。这些名言和目标可以激励学生们积极参与早读活动，提高他们的学习积极性和自信心。

通过这样的环境营造措施，教室的早读氛围得到了显著的改善。学生们在一个更加安静、整洁、有序的环境中进行早读，他们的学习效率和效果也得到了提升。

（六）个别辅导：关注差异，因材施教

针对早读中表现不佳或缺乏动力的学生，我采取了个别辅导的方式。通过与学生进行深入的交流和了解，我发现他们在早读中遇到的问题和困惑各不相同。因此，我根据他们的实际情况和需求，为他们提供了针对性的辅导和帮助。

比如，对于朗读能力较弱的学生，我会耐心地指导他们如何正确发音、断句和表达感情。通过一次次的练习和纠正，他们的朗读水平得到了显著的提升。

对于缺乏阅读兴趣的学生，我会尝试推荐一些适合他们年龄和兴趣爱好的读物。同时，我也会与他们分享自己的阅读经历和感受，激发他们的阅读兴趣和好奇心。

对于注意力不集中的学生，我会采用一些小游戏或互动活动来吸引他们的注意力。比如让他们参与朗读比赛或角色扮演等活动，让他们在轻松愉快的氛

围中提高注意力和专注力。

通过这样的个别辅导措施,我发现那些原本在早读中表现不佳的学生逐渐进步和改善了。他们不仅提高了自己的朗读水平和阅读能力,还逐渐养成了良好的阅读习惯和自律精神。

晨光中的静谧并非教育的缺失,而是另一种成长的见证。通过这次早读的实践与探索,我深刻体会到:教育不是用统一的标准丈量所有学生,而是以智慧唤醒他们内在的生命力。教育之道,贵在润物无声。当琅琅书声重新回荡于教室时,那不再是对规则的机械服从,而是心灵对知识的真诚回应。或许,这正是教育最美的回响:在尊重与信任的土壤中,让每颗求知的心都能向阳生长,以最适合自己的节奏,奏响童年的乐章。

一针见血抓早操

九月的晨风带着初秋的清凉,广播操音乐准时在校园响起。当体育老师那句"表扬三(6)班动作规范有力"穿透操场时,我的眼眶微微发热。两周前,刚接手这个班级的出操场景还令人揪心:队伍歪斜如蚯蚓蠕动,踏步声凌乱似雨打芭蕉,更有学生像脱缰小马般在队伍里乱窜。而此刻,孩子们绷直的臂线划破晨雾,整齐的踏地声应和着心跳。这不仅是动作的蜕变,更是集体精神的觉醒。这场从"做操困难户"到"领操示范班"的逆袭,凝结着教育智慧的结晶。本文将系统解构这场蜕变背后的策略图谱,为同类困境提供可复制的解决方案。

一、破局之思:诊断早操问题的三重维度

面对看似简单的广播操难题,我们首先需要像医生问诊般抽丝剥茧。当清晨的操场上此起彼伏的"同手同脚"现象频频上演,或许正暗示着被忽视的生理密码——学生动作发展的客观规律,正在向我们发出重要信号。

1. 生理适应层:解码身体密码

低年级学生的动作协调性发展具有明显的阶段性特征。7—8岁的儿童仅能完成一些简单的对称动作,而9—10岁的孩子才能逐渐掌握多关节的协调运动。广播操中的"侧上举转体"等复合动作,实际上超出了部分学生的生理发展水平。因此,教师不能简单地将学生的动作不规范归咎于态度问题,而应从

生理发展的角度去寻找原因。

为了解决这个问题，我把握了"黄金教学三窗口"。

- **课前分解教学**：利用课余时间对复杂动作进行分解教学，让学生逐步掌握每个动作的要领。
- **课中动态纠偏**：在早操过程中，我会巡回指导，及时发现并纠正学生的错误动作，确保学生都能按照标准动作进行练习。
- **课后巩固微调**：课后布置一些简单的练习作业，让学生在家中巩固所学动作，并对存在问题的动作进行微调。

通过这三个窗口的协同作用，有效地提高了学生的动作协调性，为早操的规范化打下了坚实的基础。

2. 心理动力层：重构集体认知

在为期三天的行为追踪中，我发现73%动作懈怠的学生存在"个人表现与集体无关"的认知偏差。他们认为自己的动作好坏对班级没有影响，因此缺乏参与集体活动的积极性和责任感。

为了有效改变学生"个人表现与集体无关"的认知偏差，在班级文化建设中，我特别打造了一处独具特色的"班级荣誉列车"，专门用于早操评比。

（1）分组环节。依据班级人数与日常协作，将全班均分为多个小组，每组人数相近且成员优势互补。如40人班级可分5组，每组8人。

（2）准备工作。制作大型展示板，画上列车，车厢数与小组数相同，各车厢标注小组名。为每位学生制作专属"车票"，贴上照片并设打卡区。

（3）积分规则。学生按时出操、动作规范得1印章；小组早操表现突出，全员车票加1印章；积极纠正他人动作、提升小组表现的学生得1印章。

（4）推进流程。小组车票累计20个印章（可调整），对应车厢在展示板前进一格；月末统计各小组车厢前进距离，表现最佳小组获"本月荣誉车厢"称号，成员照片展示于荣誉角，事迹记录在班级公告栏；表现欠佳小组，全班讨论总结问题，成员制订改进计划。

（5）**持续跟进**。每周班会设"荣誉列车播报"，小组代表汇报本周活动表现，包括印章数、成员亮点及问题。利用班级会议、小组讨论等形式，强化学生集体荣誉感，强调个人行为与班级荣誉的关联。

同时，我还通过班会、小组讨论等形式，引导学生认识到每个人在集体中的角色和重要性。我强调"一人掉队，全班受影响"的理念，让学生明白自己的动作不仅关系到个人的形象，更关系到班级的荣誉。

3. 管理方法层：建立标准系统

传统的管理模式往往陷入"要求模糊—重复说教—师生俱疲"的恶性循环。为了打破这种循环，我建立了"坐标体系"。

- **空间坐标**：用荧光贴标记地面定位点，确保每个学生都能站在正确的位置上，保持队列的整齐。
- **美学坐标**：录制班级专属动作示范微视频，让学生可以随时观看、模仿和学习标准动作。

这两种微实践，为早操的规范化提供了有力的保障。学生不再因要求模糊而困惑。相反，他们能够在明确的标准和指导下，不断地提高自己的动作水平。

二、三维策略体系：构建活力早操生态圈

为了全方位打造充满活力的早操生态圈，我还实施了一系列创新策略。其中，标准可视化是构建这一生态圈的基础，它将抽象的要求具象化为清晰的成长阶梯，为学生的早操提升之路指明方向。

（一）标准可视化：把抽象要求具象为成长阶梯

1. 队列建设两重奏

- **入队进行曲**：训练"三步定位法"（一踩定位点、二调前后距、三整衣

领），确保学生能够快速、准确地站好队。

- **行进交响乐**：创编"摆臂三字诀"（肘锁死、拳握紧、摆成线），帮助学生掌握正确的摆臂动作。

2."青铜→王者"段位系统

设立五阶成长目标，配套设计实体徽章：

- 青铜（站稳点位）
- 白银（跟准节奏）
- 黄金（动作规范）
- 铂金（姿态优美）
- 王者（能当教练）

每周颁发"段位晋升证书"，并举行微型加冕仪式，让学生感受到成长的喜悦和荣耀。

（二）榜样动态化：让优秀成为流动的能量

- **固定领航员**：选拔动作标兵作为固定领航员，带领全班同学进行早操练习。
- **轮值小教官**：每周选拔进步之星作为轮值小教官，协助领航员进行早操指导。

（三）激励场景化：把仪式变成成长催化剂

每天早上出操前的几分钟也非常关键，我会给学生补充"早操能量站"。

- **能量灌注**：我会播放学校录制的优秀班级出操视频，反复给孩子学习。
- **目标召唤**：我们会集体诵读《追光少年出操宣言》，明确早操的目标和意义。

> 附：《追光少年出操宣言》
> 旭日东升，校园闪耀，
> 我们是追光的少年，激情燃烧。

早操时刻，活力满满，

强健体魄，是我们的目标。

步伐整齐，口号如潮，

团结一心，展班级风貌。

汗水挥洒，意志筑牢，

健康成长，向未来奔跑。

今日早操，全力以赴，

时代荣光，由我们奏响！

- **装备整理**：同伴互检"精气神三件套"（红领巾、校徽、着装），分组结对，前后桌两人为一组，面对面站立。三步检查法。

一看：观察红领巾是否平整、校徽是否端正、服装是否整洁。

二摸：检查红领巾边缘是否翻卷、校徽别针是否牢固。

三提醒：用一句鼓励的话指出对方优点，确保学生以良好的精神面貌参加早操。

三、长效维护机制：让改变扎根生长

要确保早操的效果能够持续，建立一套长效维护机制至关重要。以下策略旨在将早操的积极变化内化为班级文化的一部分，让每个学生的"精气神"成为一种常态，而非短暂的闪光。

1. 早操日志：记录成长的足迹

- **个人日志**：鼓励学生每天记录早操中的一个小进步或感受，如"今天我学会了更准确的踏步"或"我帮助同学纠正了动作，感觉很好"。

- **小组日志**：每组设立一名记录员，记录小组的整体表现、成员间的互助情况以及待改进之处，每周班会上分享。

2. 家长联动：家校共育的桥梁

• **家庭早操挑战**：发起"家庭早操 7 天挑战"，鼓励家长与孩子一起完成早操，录制视频分享至班级群，增强家庭参与感和亲子互动。

• **家长志愿者**：邀请家长作为早操观察员，定期参与学校早操，了解孩子在校表现，并提出建设性意见。

3. 正向反馈循环

• **积分兑换制度**：学生累积的早操印章可用于兑换班级小礼物、免作业卡等，形成正向激励。

• **荣誉墙升级**：设立班级荣誉墙，除了展示月度荣誉车厢，还记录学生的个人成就，如段位晋升、特殊贡献等，增加学生的成就感和归属感。

从"一盘散沙"到"标杆班级"的转变，不仅仅是早操动作的规范，更是班级凝聚力、学生自信心和责任感的显著提升。通过生理适应层、心理动力层和管理方法层的三维策略，以及标准可视化、榜样动态化、激励场景化的创新实践，我们构建了一个充满活力的早操生态圈。而长效维护机制的建立，则确保了这份改变能够持续生长，成为班级文化中不可或缺的一部分。

如今，每当晨光初照，操场上那整齐划一的步伐、响亮的口号，不仅是孩子们活力的展现，更是教育智慧的结晶。学生早操的蜕变，教会了我：每一个小小的改变，都可能成为推动班级整体进步的强大动力。

一份护眼方略消除"眼保健操"抵触

眼保健操作为保护学生视力、预防近视的重要手段，其重要性不言而喻。然而，我的班级却面临着学生不爱做眼保健操的现状。学生们或是敷衍了事，或是花样百出，眼保健操的时间成了班主任最难管理的时段。这种现状不仅影响了班级的文明评比，更让学生们错失了保护视力的良机。

因此，如何让学生认真对待眼保健操，成为我亟待解决的问题。

"老师，这周文明班级又没有了。某某和某某眼保健操没认真做，被值日小卫士扣分了。""老师，今天全班同学做眼保健操都不认真，非常乱！"

每周接到班干部汇报最多的就是班级学生不认真做眼保健操。要知道近年来，学生近视率越来越高，年龄也日趋低龄化，很多一二年级的小朋友也戴上了眼镜。这可能跟电子产品的过度使用有关，但做眼保健操不规范也有一定影响。

就像之前网上流传的各种"花式"眼操……有的使用"蜻蜓点水式"，堪比美容手法；有的采用"头部按摩式"，好像在给头部做放松按摩；有的中途还偷瞄同学，看同学做了自己才做；有的孩子，按着按着直接睡着了。

一、问卷调查探情况

作为班主任，发现问题，必须解决问题。一来为了孩子们的视力着想；二来为了班级的目标努力（争拿文明班级）；三来为了营造良好的班风。

如何解决问题？我很赞同王晓春老师用"科学思维"来解决的思路。其标志性口号就是："没有调查就没有发言权"。

鉴于此，我在班级设计了一份匿名问卷调查表，调查内容和调查结果如下：

1. 你的近视程度。四年级孩子：400—500度的4人；300—400度的2人；200—300度的4人；100—200度的6人；0—100度的24人。

2. 你每日使用电子产品的用眼时间？0—1个小时的占了41.3%；1—2个小时的占了32.61%。

3. 你认为有必要做眼保健操吗？87.5%的人认为有必要；12.5%的人认为没必要。

4. 你想取消校内眼保健操吗？34人选择了不取消。

5. 你觉得造成视力问题的原因是？24人选择了使用电子产品过多。

6. 你在校外是否会做眼保健操？74%的人选择在校外也会做眼保健操。

经过初步问卷调查，我发现班级近视率达到一半左右，主要原因是信息时代使用电子产品的时长过多。对于眼保健操的作用，大部分同学都是认可的。

二、解决问题有方法

该如何让学生认真对待眼保健操呢？有句话说得好："魔高一尺，道高一丈"。虽然这句话用在这里可能不太合适，但我想说这些年为了让孩子们认真做眼操，我可没少修炼。现把自己的一些"武功秘籍"分享给有需要的老师。如果你也刚好在为班级眼保健操而操心的话，不妨试试看。

欲练此功，必先预热：充分"洗脑"，加强自律，眼保健操前全班同学大声念口号："放下一切，千事万事，眼保健操是大事。"

修炼此功,必须得法:

1. 爱眼口诀——牢记心中不要忘

通俗易懂的儿歌或顺口溜,可以让学生记得牢又互相传诵。让学生养成爱眼习惯,因此我准备了《爱眼口诀》张贴于教室文化墙。

> 保护视力很重要,不良习惯须改掉。
> 读写姿势要正确,一尺距离为最好。
> 趴着躺着不看书,电视手机要少看。
> 体育锻炼要加强,睡眠充足不过劳。
> 心明眼亮精神爽,眼保健操很重要。

2. 游戏体验——玩中体验更有效

小学生年纪小,讲很多大道理他们不一定能理解和明白。游戏是让他们提高认知的很好方式。因此,我在班级里曾开展过以下游戏,让学生在游戏中体验,更有效。

游戏一:"盲人"游戏

道具:眼罩、脸型图片、鼻子贴、眼睛贴、嘴巴贴。

规则:老师准备脸型图片数个。学生自己制作鼻子、眼睛和嘴巴,贴上双面胶。小组学生依次轮流进行。贴完后,打开眼罩看贴的位置是否准确?再让其他同学评一评,最后由参与体验的学生说出失明的感受。

游戏二:"盲人"生活

为深入体验"盲人生活",了解生活的不便,警醒学生保护视力,可开展盲人体验实践活动。将学生们分成4个小组,一个组蒙眼收拾文具,一个组蒙眼穿外套,一个组蒙眼画画,最后一个组蒙眼走直线。体验完后,让学生们发表自己的感受,再由老师讲述眼睛一旦近视,会对未来生活造成严重影响,让学生们明白眼保健操的重要性。

道具：眼罩。

规则：将学生分成4组，每组分别进行一项实践活动，最后每组选数名同学说体验感受。

3. 积分争章——多元评价促进步

拿破仑说："公正不仅是一种美德，而且是一种力量。"班级量化管理对于每一个同学都是公平的，无论学习好坏，无论以前怎样，每一周都是新的起点，每一周大家都站在同一起跑线上。因此，我采取积分评比的方式，激励学生逐渐养成认真做眼保健操的习惯。

具体做法：将所有学生名字做成表格贴在显眼的位置。每次做眼保健操的时候，老师就观察学生们的动作规范，是否出现敷衍了事的行为。记录认真做眼保健操的学生名字，在该学生的表格上加1分，没有认真的学生则扣1分，每个周五统计分数，分数最高的学生获得相应奖励，但低于X分的学生则接受班级共同达成的约定——"花式"惩罚。如在班级"走猫步"表演或"唱一支歌"或为班级服务一天等。其中，每周夺得冠军宝座的学生将会得到"爱眼天使"的奖状。

把眼保健操纳入班级个人评比，有条件还可以利用照相机的设备，对班级的做操情况进行公示，对好的予以表扬，对不好的予以提醒。评分表如下：

\<td colspan=7>周眼保健操优秀评分表						
姓名	星期一	星期二	星期三	星期四	星期五	合计
小红						
小明						
小花						

4. 眼操比赛——以赛促练共成长

比赛是督促的良好形式，也是让学生直接参与、积极互动的最佳方式。以前，我班级每学期定期举行眼保健操比赛。有小组 PK 赛以及个人挑战赛，评选"优秀护眼小组""护眼小达人"等。通过比赛进一步规范做眼保健操，让学生明白老师对眼保健操的重视。

5. 教师示范——做好"护眼担当"

老师是学生的榜样，要学生认真做好眼保健操，老师首先要做好示范作用。老师掌握每节操的动作要领，以便给予学生及时的指点和纠正。同时，从保护视力以及做榜样的角度出发，教师可以和学生一起做眼保健操，起到示范作用。

6. 重做过关——及时纠正做示范

为什么眼保健操动作不规范？因为很大部分学生对眼保健操步骤没有完全熟悉，才会乱做一通。因此，我会利用现场资源，对做不到位或者不认真做的学生，让其在全班同学面前重做一次。一来让班级同学给予他指导；二来让这部分同学认识到自身的问题，也是对其他学生的提醒。

7. 培养班干——监督树榜样

班干部是班级中老师的小助手，是学生的小榜样，培养班级眼保健操检查员，还可以轮岗当检查员，提高学生做眼保健操的积极性和责任心。

需要注意的是：检查员除了动作要领的培训，更重要的是工作责任心的培养。让他们在巡查过程中，尽心尽力，督促同学做好每一节眼保健操。眼保健操检查员可以在《周眼保健操优秀计分表》上进行计分。

8. 联动家长——家校合作齐监督

家长是孩子的第一任老师，是在学校之外与孩子接触最多的人。因此，家庭的教育也很重要。我曾发过《致家长的一封信》，让家长认识到目前学生的近视问题，希望家长担负起监护人的职责，发现孩子有不良的坐姿，及时进行纠正。少看电子产品，在家督促孩子做眼保健操，让孩子养成科学用眼的良好习惯。制定每月视力一检表：（1）班级成立"视力检查"红领巾站，每月学生在校检测打分。（2）家里采用家长监督考核打分。

具体操作方式:"视力检查"红领巾站。班级张贴视力表,每月利用一节班会课,针对学生进行视力检测,以第一次检测视力为基准,保持不变为合格加10分;视力下降则根据下降情况给予1到10分的扣除。

家长监督(见下表)。以每月为单位进行计分,总分100分。写字不保持距离扣5分,玩电子产品扣5分,在家不做眼保健操扣5分,在家不运动扣5分,阅读不保持距离扣5分。

学生11月正确用眼综合评分表　　　姓名:

时间	写字是否保持距离	是否玩电子产品	是否做眼保健操	在家是否户外运动	阅读是否保持距离
1日					
2日					
3日					

备注:每项要求为"否"扣5分,为"是"则不扣分。

综合评价计算方式:每月计算得分总和,进行一次评比,也可每学期取平均数再进行一次评比。

9. 学生反思——主观改变才有效

只有主观的认识错误,才能改变孩子的行为。一个班级中,总有老师教育指正后也不听话的学生,对经常不认真做眼保健操的学生,他们要深刻认识到错误,这是对自己不负责任的表现。不爱惜眼睛,不认真做眼保健操,承认错误的同时,深刻自我检讨,有必要可以要求学生对自己的"眼睛"写"检讨书"。和"眼睛"对话,对"眼睛"承认错误。

10. 爱眼活动——师生共参与

定期开展"爱眼日"活动。比如:

"视力保护挑战赢奖品",在"学生正确用眼综合评分表"和"视力检测红领巾站"中选出优秀个人。

"保护视力金点子征集",通过视频、绘画、歌曲、表演、朗诵等不限形式征集保护视力金点子，评选优秀作品。

"保护视力小神器制作使用"，学生发挥想象，手工制作保护视力小神器，上交照片或视频，全班评选。这样的活动调动学生积极参与，提升保护眼睛的意识。

保护视力，认真做眼保健操是方法之一，让每个学生都成为"护眼担当"。用清晰的视力去看这个美丽的世界，拥有一个明亮的未来。

一组提问机制撬动"课堂互动"

在班主任的日常工作中,我们时常会遇到这样的学生:他们在课下活泼好动,一到了课堂上却变得沉默寡言,仿佛成了"透明人"。面对老师的提问,他们总是低头回避,从不主动举手发言。这种情况不仅影响了课堂互动,也让老师对这些孩子的学习状态和自信心感到担忧。我曾试图用各种方法去鼓励这样的孩子,但效果往往不尽如人意。然而,一次偶然的机会,让我意识到"看见"的力量,原来可以如此神奇地改变一个孩子。

一、一个视频引发的思考

一次,我看到特级教师张祖庆老师在视频号分享的《每个孩子都渴望被看见》。视频里老师在一堂课中将一个课堂发言不自信的孩子,通过老师的关注和看见成功转化为主动举手回答三个问题的孩子。

不仅如此,该同学的回答还一次比一次精彩,一次比一次自信。短短三分钟的小视频,让我看到了老师的智慧和对儿童的关注。

这让我想到了自己班级何尝不是有这样不自信的孩子呢?每次上课如果不是老师点名回答问题,我想一个学期下来,他们自己不会主动举手一次。作为老师,对于这样的孩子,我尝试鼓励过,也尝试批评过,软硬之法都有用到,步步紧逼后,这些孩子站起来回答问题的声音依然如蚊子般,毫无生气。

此情此景，我也是满心惆怅！无可奈何！渐渐地，时间长了，课堂上，竟然也忘了关注此类孩子，任由他们做个"透明人"，上课时只顾请积极举手的孩子回答了。长此以往，这类孩子在课堂永远都像个木头人一样。

看完视频后的我似乎寻到了一些方法：对不发言的同学，老师要多关注、多鼓励，必要时做一些硬性的要求！我很想检验这种方法对我班级的孩子管不管用？刚好接下来两节语文课，给了我实践的机会。

二、实践对象

我锁定了实践对象——小W。该同学是一个课下活跃，课上沉默、走神的孩子！课堂上她的眼神总是呆滞的，如果不对她的发言做要求的话，她真的可以一个学期都不回答一个问题。

其实，小W除了学习能力弱一点外，画画、组织活动都很棒！可就是上课不回答问题，估计怕出错，不自信。针对这种现象，我也尝试积极去解决，谈话法、感情牌、值日法、奖品激励等都用了，可是依旧没效果！

三、实践过程

铃声一响，我就走进教室。师生问好后，我便在教室隆重宣布一件事："同学们，今天这堂课我要重点关注小W同学课堂回答问题情况。要求如下：这堂课她必须主动回答三个问题，如果做不到，值日一周，请全班同学和我一起监督见证！"

这个要求一出，我看到一向上课毫无表情的小W，开始变得有点紧张和不可思议起来！眼神仿佛在说："老师，为什么是我？"我随即补充道："加油哦！争取闯关成功，老师相信你！"

本节课上课内容为同学们喜欢的科幻小说《他们那时候多有趣呀》。

第一个问题，我故意挑个简单的问题给她，"根据课文说说未来的上学方式跟今天有什么不同？"由于是第一个问题，我怕她不好意思举手，把机会浪费了，便在全班面前故意说道："同学们，由于这节课小 W 有任务，我们把这个机会给她好不好？"

全班同学都点头同意，并且自发地响起了掌声给她鼓励。或许是迫于任务的驱动，或许是受到同学的鼓励，她竟然有勇气站起来了。可是她还是不做声，这时我便把答案的关键词给她，让她去文本中找句子、找依据。有了我的提醒后，她找到了！我大肆表扬她完成了第一个任务，然后再次建议班级同学把掌声送给她，并告诉她还有两关没闯完。

坐下后的小 W，长长地叹了口气，但表情是开心的。

第二个问题又来了：小组合作寻找玛琪的心理变化。由于是小组合作，我看到她其实还是特别紧张，但知道主动去询问组员答案是什么。因此，在交流展示时，我让她来回答，她在组员的帮助下完成了第二次回答。我再次鼓励她："小 W 能够代表小组起来回答问题，真了不起！"同时也希望她接下来继续把握回答问题的机会！因为离下课时间只剩十分钟了。

她更紧张了，因为还有一个问题没回答。最后，她终于忍不住出手了，问我："老师，可以用写来代替说吗？"我说："当然可以，那下课后请你交给我小纸条。"

第三个问题是"想象一下未来的学习应该是怎样的？"课后，我果然收到一张小纸条，上面写道："未来的学习应该是跟自然融合的学习，上课时可以去外面实践，如地理课，可以去观察地形等；历史课，可以用 AI 等功能，身临其境。"

我随即在她回答的小纸条上留下评价语：祝贺你！这节课突破自我，成功完成闯关！而且第三个问题想象丰富，也许你的想象未来会实现哦！期待吧！

四、实践结果

我很欣喜，课堂上一个小小的尝试可以让孩子得到改变。从第一个问题需要老师的帮助到第二个问题她主动参与小组寻求答案，再到第三个问题她主动要求以写代答。她在一步步进步和突破自己。至少这节课她不再发呆，不再神游，而且下课后还主动跟我说："这节课好险呀！老师我是不是不用值日了。"看得出来，她在为自己回答了三个问题而开心。我想通过一段时间持续的要求，她会变得越来越自信，慢慢地爱上课堂。接下来，我会持续关注、持续实验、持续记录，期待变化！

做一个眼里有光、心中有爱的老师。爱孩子，会（慧）爱孩子，让孩子感受到爱！让孩子在课堂上找到属于她的自信！

小 W 同学的改变，让我想起苏霍姆林斯基的话："教育者的关注和爱护，会在学生心灵留下不可磨灭的光斑。"这束光，或许正是破除课堂沉默的密钥。

一剂课堂唤醒术打败"死气沉沉"

"真是被气疯了!那么多同学读书都不张嘴。""上课竟然成了自问自答。"放眼望去,一个个学生有气无力、昏昏欲睡。作为老师,你是否遇到过这些状况?

面对以上问题,靠单纯的权威和严厉的批评,往往无济于事。怎么办?我们不妨用宽容的胸怀、智慧的头脑、诙谐的方式,吸引学生自主参与到教学活动中来。

一、用仪器测量分贝

课堂上学生读书有气无力,怎么强调都无济于事。我们可以借助外力,让声音可视化。

借助分贝软件。 早读课时,我们可以把分贝软件放出来,它会随着孩子的读书声音上下跳动,从而检测课堂的活跃度。看着小球不断跳动,孩子们的读书热情也越来越浓。

购置分贝仪器。 我们还可以买一个分贝检测仪放在班级讲台。先测试全班同学正常读书分贝值是多少,以此为参照,低于此分贝值朗读不合格,需要站起来读。分贝检测仪,一来可以测试他们的读书声,二来可以避免课间大吼大叫。

切记：以上两种测试，我们一定要强调，读书不要为了声音大而扯着嗓子喊。自然出声，每个孩子开口即可。

仪器测量，可以给予孩子实时反馈，有助于他们调整自己的行为，使之更符合课堂的期望和要求。同时，有助于增强学生的自我管理和自我激励能力。

二、用游戏点燃热情

游戏是学生喜欢的一种课堂教学方式。如何点燃学生的热情？我们可以巧妙地借助一些小游戏，让其融入课堂。

采用课堂点名器。当学生启而不发时，我会借助课堂点名器来随机抽答。因为抽查的不确定性，会让学生集中注意力。

加入视频小游戏。如果学生状态普遍低迷，我们可以课前三分钟玩一些学生喜欢的小游戏来点燃热情。如充满节奏感的游戏《布谷鸟》，规则：当PPT上出现小兔子就拍手，出现胡萝卜就拍桌。伴随着轻快的音乐以及出现的图标，学生的注意力会更加集中。作为老师，要经常给课堂制造点"新鲜感"，让学生充满激情地投入课堂。

三、用规定激扬课堂

在我的课堂，不允许学生做"木头人"。于是，就有了以下规定：

课前三分钟。全体学生需双手捧书站立读书。两个语文课代表，一人在讲台带读，一人在下面管理。读得认真，声音响亮的同学可以优先坐下。三分钟后还没有坐下的同学，上交班币一元作为"惩罚"。如果连续多次课前三分钟都没坐下的同学，则抄《中小学生守则》或当天所学课文。

课堂上。每节课，每位同学必须举手一次。这是课堂的保底操作。举手不代表一定要被老师点名回答问题；举手不代表一定要回答问题时才举，课堂笔记写好了也可举手示意老师。

被老师点名回答问题的同学，必须出声回答。只要回答，无论对错都给予掌声鼓励，但如果站起来以"沉默"代替，罚班币一元。"老油条"则抄所学课文一遍。

切记：以上规定，老师一定要严格执行，让规定习以为常。如每节课下课一定要利用一点时间清算哪些同学没主动举手的。

这种带有一点强迫感的规定，为学生传递了积极的心理暗示：课堂需要积极参与和互动，使学生们更自觉地融入课堂，增强了他们的责任感和归属感，进而营造更加活跃、高效的课堂氛围。

四、用幽默激活课堂

幽默是课堂活跃的DNA。当学生课堂走神、无精打采时，我偶尔也会"幽"他一"默"。

1. 口头小作文调侃

如面对上课打瞌睡的孩子，我会把他作为写作素材，根据其动作、神态等来一个即兴的口头小作文：

> 同学们，请看小A，头就像是装了弹簧似的，一会儿垂下，一会儿又猛然抬起，活脱脱一个现实版的"点头娃娃"。眼睛，时而眯成一条缝，时而突然睁开，仿佛在告诉我："老师，我正在与周公谈判，别打扰我！"

我一边说着，一边走到他身边，轻轻拍了拍他的背，调侃道："小A，你是不是在练习'点头功'？不过记得，课堂上点头可不是对老师的赞同，而是对周公的召唤哦！"

话音刚落，同学们便哄堂大笑，小A也羞红了脸，赶紧挺直了腰板，认真听讲。就这样，我用幽默的方式轻松化解了课堂的小插曲，让学生们在欢笑中回到了课堂。

因此，在一次写"我的老师"的作文时，同学们不约而同地写道：我的老师有一个"杀手锏"——口头小作文，常常把大家说得又怕又爱。

2. 网络用语激趣

课堂上，我会使用一些网络用语拉近师生之间的距离，使得课堂氛围更加轻松活泼。如经常被罚站的，我会唤其"站神"（战神）；经常被罚抄的，我会唤其"抄神"（超神）；经常打瞌睡的，我会唤其"睡神"。最后不忘补充一句："此神非彼神也"。

3. 课堂点评唤醒

如我在上四上第11课《蟋蟀的住宅》时，用幽默风趣的语言把学生逗得哈哈大笑，同学们直呼："怎么就下课了？我们还想上课呢！"事情是这样的：课堂上，我请同学起来读从课文《蟋蟀的住宅》里摘抄出来的句子，一人一句。

小婷同学第一个举手起来读。读得很不流利，我委婉地评价道："你的朗读就像一台拖拉机，拖拖拖……"我模拟拖拉机的声音和动作，引得全班同学大笑。我接着说："谁还来挑战？"小博同学很有信心地站起来读，漏了一个"由"字。我评价道："你是一个小'漏斗'漏掉了一个'由'字。"当然，我在评价时，会有意识观察学生们的表情，看到他们脸上一个个乐滋滋的样子，我知道这样的玩笑话孩子们不介意，爱听。

眼见两个同学都没挑战成功，班里同学有点急了。终于，我们班的"小学霸"忍不住了，举起了手。诺熙同学站起来流畅且声音清脆地把句子读完了。我评价道："你的朗读像'滑翔机'一样流利，声音就像文中的'蟋蟀'那么动听。"

幽默，课堂的最佳调味品！

五、用奖励激发动力

奖励是激发学生积极性的催化剂，重奖之下必有"勇夫"。当发现学生状态不对时，我会借用班级班币评价制度来调节，加大对学生的奖励。如：

- 课堂主动回答问题一次得一元班币，上不封顶。
- 被老师表扬三次得一元班币。
- 下课主动拿笔记给老师检查，笔记做得好的奖一元班币。

当然，所有的奖励一定要让孩子有成就感。如我们班的班币最后是为学期末的兑换活动做准备的。同学们可以兑换美食，兑换蔬菜，兑换玩具，兑换学习用品等。奖励通过正向强化和目标导向，促进学生形成积极的学习行为，提升学习效果，从而形成一种良性循环，增强学习动力。

最后，我想说，以上这些小妙招只是用以辅助我们调节课堂氛围。作为老师，最重要的是要备好课，站稳讲台。用你的专业能力征服学生，赢得喜爱，让其主动参与到你的课堂上来。教育路上，我们不可避免会遇到"死气沉沉"的学生。作为教育者，我们有责任用智慧与爱心点燃学生心中的火焰，唤醒他们沉睡的热情，让课堂重新焕发生机，让每个学生都"满血复活"，迎接每一个充满挑战与希望的新一天。

一个作业追踪机制解决"无名氏"难题

每次作业或考试，总会出现很多"无名氏"作业或试卷。它们悄无声息地躺在一边，任凭科代表如何呼喊，依旧无人认领。有时运气好，科代表喊一次就有同学认领；可有时，直到一节课快结束，才有学生后知后觉说自己的作业或试卷没发。更气人的是有些作业甚至在角落里"躺"一整天乃至一个星期都无人问津，着实让老师头疼不已。

这不，在一次课堂上我又碰到了类似情况。为提升学生的阅读能力，我组织班级开展名著共读活动，选取了冒险系列的《鲁滨逊漂流记》。学生们对此兴致勃勃，满是奇思妙想。为加深他们对名著的印象，提高阅读效率，我采用任务驱动形式，给每个学生发放任务卡，让他们阅读时记录想法，最后在班会上交流。然而，收集任务卡时，丢卡和不写名字的情况屡屡出现。我在课堂上耐心询问，却一无所获，耐心逐渐被消磨后，我在全班同学面前立下"军令状"：不破这"无名案"，誓不下课！学生们看到我的决心，纷纷踊跃建言献策，这堂课也顺势变成了"破案课"，同学们都化身"福尔摩斯"，帮我寻找无名卡的主人。于是，便有了以下这些"破案"锦囊妙计。

一、"破案"锦囊妙计

蔡坤辰：先集合没交或没领到作业的同学，从以下方面排查：比对字体；

对比作业正确率；让大家查看无名作业，看答案是否吻合；规范作业上交方式，明确每列放置位置，缩小排查范围。

伍家然：让有作业的同学坐下，站着的若多于 1 人，再用字体比对法；观察每个人的"不在场证明"，结合他人描述找出"无名氏"；询问他人，判断作业风格像谁。

崔家诚：让有作业的人全部坐下，将作业拿给没作业的同学辨认，若认不出，让作业在家的同学拍照，没照片的可能没拿作业，但不排除一开始就没拿的情况。

邓梓权：按顺序清点作业，点到的人坐下，其余站着；依据笔迹在剩余人中锁定目标，其余人坐下；让站着的人详细说明作业未交原因；根据描述判断谁的卷子没交。

张添森：依据字迹、作答情况确定"无名氏"；若无法精准锁定，扩大搜查范围；"无名氏"多于 1 人时，单独询问，留意微表情，有可疑表现进一步调查；在真凶未承认或不确定时，不轻易下结论。

鲜贞希：先与各组语文组长核对上午未交作业人员；再与未交作业的同学核对，若有出入，进一步深入询问，直至找出"无名氏"。

二、追根溯源：学生为何总制造"无名氏"作业

习惯未养成：部分学生平时生活就丢三落四，且未得到及时纠正与引导，导致在作业和试卷上也常忘记写名字，坏习惯逐渐固化。教师应加强对学生日常行为的观察与监督，及时纠正马虎行为，培养良好习惯。

管理宽松：老师态度温和，作业要求宽松，不严格检查上交情况，使个别学生产生侥幸心理，故意不写名字企图"蒙混过关"或"滥竽充数"。教师需把握管理尺度，加强作业完成情况的监督，帮助学生端正学习态度。

逃避失败：有些学生害怕失败，不想让他人看到自己糟糕的作业或考试情

况，于是用不写名字的方式逃避老师和同学的关注。

叛逆心理：教师反复强调写名字，部分学生却因偶然忘记后觉得新奇有趣，故意为之，甚至私下向同学炫耀。这种不良行为须及时制止。

三、破解之道：如何让"无名氏"作业不再出现

学号代替法：给班级学生编号，学生在作业本统一位置写编号。每组学科组长由学号为特定数字的学生担任，组长收作业后按学号从小到大排列，能快速知晓谁未交作业，先由组长提醒，老师再沟通，长期坚持可减少"无名氏"作业。

积分奖惩法：制作班级作业记录表张贴在黑板旁。分组后由组长统计作业上交情况，交齐画笑脸，未交齐画哭脸。每周统计，组内比赛，表现好的小组给予礼物或免作业卡奖励，未写名字或未交作业的学生进行值日、捡垃圾等劳动教育；小组间也进行比赛，表现优的小组全员奖励。

互相检查法：对于平时小测，老师可让同桌互相检查督促，多次重复后，帮助粗心学生养成写名字的习惯。

四、全员"007"：班级管理新探索的意义

魏书生说："管理是集体的骨架"。班级管理至关重要，让学生人人争做"007"在班级管理中意义非凡。

激发自主意识：著名教育家斯宾塞、陶行知都强调学生自治的重要性。参与"破案"能激发学生自主意识，让他们学会自我管理，在实践中提升自身能力。

调动积极性：孩子都热爱班级，人人争当"007"建言献策，强化了他们的主人翁意识，增强了对班级的热爱，提高了参与班级各项活动的积极性，提升班级凝聚力。

培养发散思维：生活中的日常琐事是培养孩子思维的好素材。参与"破案"过程中，学生主动思考，锻炼了思维逻辑能力，实现思维的提升。

戒掉坏习惯：学生参与"破案"，能认识到制造"无名氏"作业行为的错误性，帮助他们树立正确导向，戒掉不良习惯，培养积极向上的人生态度。

作业管理作为班级管理的微观切口，蕴含着习惯养成、自主管理、集体建设等多重教育维度。当教师从简单的收发督查者，转变为机制设计者和成长引导者时，那些恼人的"无名氏"作业便成了滋养教育智慧的沃土。解决问题的过程，恰是师生共同成长的珍贵契机。

一项"手机管理"契约定乾坤

一、问题现场：失控的父子冲突

初秋的深圳，阳光依旧炽热。当我踏上小A家，准备进行家访时，门内传来的剧烈撞击声和争吵声，让空气瞬间凝固。父亲的低吼与少年的哭喊交织在一起，手机摔落在地砖上的刺耳声响，如同这场亲子战争的序曲。

作为班主任，我深知这并非孤立事件。班级家访数据显示，87%的家庭因手机管理问题引发冲突，这已成为数字时代教育的一大困境。

我鼓起勇气敲响了门，小A的爸爸开了门，脸色通红，眼中闪过一丝尴尬。他热情地邀请我进屋，并倒了一杯水。在说明家访来意后，小A的爸爸难为情地提到了刚才的争吵。

二、追根溯源：探寻手机依赖背后的秘密场域

我安抚了情绪激动的父子俩，开始和他们聊起小A手机依赖的根源。我认为这背后隐藏着三重秘密场域，像无形的网一样悄悄困住了小A。

第一重，是情感场域的缺失。小A的父母都是双职工，平时工作忙，很少有时间陪他。小A就像一只孤单的小船，在手机这个虚拟的港湾里找到了依靠。手机成了他最好的朋友，陪伴他度过了无数个寂寞的时光。

第二重，是行为场域的模仿。小A妈妈向我倾诉，爸爸一回家就躺在沙发上玩手机或者打游戏。小孩子嘛，总是爱模仿大人的行为。于是，小A也学会了这种"低头族"的生活方式，手机成了他生活中不可或缺的一部分。

第三重，是环境场域的混乱。在小A家里，我看到卧室成了游戏厅，餐桌变成了妈妈的直播间。学习的地方和玩乐的地方混在一起，让小A的大脑都分不清哪里是学习的地方，哪里是放松的地方了。手机就这样悄无声息地侵入了他的学习生活。

三、智慧破局：编织三重防御的场域之网

看着小A和他爸爸迷茫的眼神，我给出了我的小建议，帮助小A远离手机的诱惑。

第一重防御，是物理场域的重新编织。我建议小A家设立一个"手机驿站"，就像是一个手机的"小窝"，让手机在入户玄关处有个安身之所。同时，给小A打造一间属于自己的书房，用暖暖的灯光、学习契约墙和计时沙漏这些环境符号，告诉小A的大脑："这里就是学习的地方哦！"

第二重防御，是心理场域的重建。我建议他们家制订一个"家庭在场计划"，就像是一个家庭的"无屏时光"，每周三次，全家人都把手机放进一个透明的容器里，一起享受没有手机打扰的亲子时光。

第三重防御，是社会场域的重构。小A家可以一起制定《家庭数字公约》，就像是一个家庭的"数字法则"，里面规定了什么时候不能用手机、可以用哪些APP等。让小A当"场域守护者"，让他参与环境监督，让他感觉自己也是这个家的小主人。

四、深入交流：理论与实践的结合

我向小A爸爸详细说了我的想法，并结合他的实际情况给出了具体建议。

小A爸爸听后，若有所思地点点头。

"老师，我都想不通孩子为什么这么沉迷手机呢？"他再次问道。

我耐心地解释："除了之前提到的场域因素，手机本身也能带来随时更新的新鲜感、强大的掌控感以及被需要感。再加上社交软件、游戏软件的吸引力，孩子们很容易沉迷其中。而且，现在的大环境也是'低头族'遍地，对孩子有着潜移默化的影响。"

小A爸爸听后，更加明白了问题的严重性。他问道："那我们该怎么帮助他呢？"

我笑了笑，说："首先，要给予孩子无条件的爱。无条件的爱意味着无条件地接纳和理解孩子。你们平时陪孩子的时间多吗？"

小A爸爸摇了摇头："我们都是双职工家庭，有时候周末都要加班。"

"那就是了，孩子在你们那里得不到足够的爱和陪伴，便会通过手机和网络来获取。所以，请试着给孩子充足的无条件的爱，让孩子感受到自己的价值。同时，可以试试我刚才给出的建议，逐步改变家庭环境，帮助孩子远离手机。"

小A的爸爸听后，眼中闪过一丝希望。他表示会尽力，并期待看到孩子的改变。

五、场域重构的双向赋能：实践与成效

两个月后，当我再次来到小A家进行回访时，惊喜地发现家中发生了变化。餐桌上出现了手工制作的"手机休眠舱"，书房里贴满了共同完成的学习打卡地图。更令人欣喜的是，小A的爸爸主动将加班工作区移出客厅。

小A和他的爸爸正在共同拼装航模，曾经的剑拔弩张已不复存在。他们告诉我，自从实施了场域重构方案后，家庭氛围变得更加和谐，小A对手机的依赖也大大减少。

六、教育者的场域自觉：总结与展望

夜幕降临时分，我站在小 A 家楼下回望。那扇亮着暖光的窗户里，父子俩正享受着难得的亲子时光。这次干预的成功，再次验证了环境心理学的核心观点：改变行为的最佳方式不是对抗行为本身，而是重塑孕育行为的场域。

作为老师，我们不仅要关注学生的学习成绩，更要关注他们的成长环境。当我们能智慧地运用空间符号、心理暗示和契约精神构建积极场域时，那些看似顽固的行为问题终将在润物无声的环境重塑中冰消瓦解。

一场经典名著PK赛扭转"网络小说"风向

班级不少学生热衷于网络小说，过度成人化的内容，孩子却爱看，作为班主任，我该如何引导他们的阅读呢？于是，我开始了一场引导学生阅读选择的"破局"之旅。

一、匿名问卷——书籍调查

延时服务课上，我给班级孩子发放了一份问卷，让大家匿名写一写最近最喜欢读的书是什么？统计结果显示：班级80%的孩子都在看网络小说。看来，是时候进行阅读引导了。

二、召开班会——阅读引导

第二天，我把语文课改成了一节班会课。班会课以"如何挑选高品质的书籍"为题。

第一环节：畅谈阅读的意义

上课伊始，我肯定了孩子们爱阅读的习惯，让他们说说阅读的意义。

"阅读可以丈量世界""阅读可以增长知识""阅读可以放松身心"……同学们七嘴八舌地说起来。我追问："阅读的好处那么多！我们是不是什么书都可以读呢？"同学们摇摇头，给出了否定答案。

借着这个问题，我顺势进入第二个环节。

第二环节：列举选书的标准

"作为小学生，你们是如何选书的呢？老师想听听大家是怎么做的？"

"我一般是从朋友或同学那听来的。"一同学说道。"我是通过网络短视频看到主播推荐的。""我会跟着老师推荐的书买书"。

"听了同学们的回答，老师也想补充几点：我们还可以看出版社选书，如人民文学出版社、中华书局、商务印书馆、长江文艺出版社等，我们可以优先选取；看获奖情况选书，如获国际安徒生奖、纽伯瑞儿童文学奖、卡内基文学奖、茅盾文学奖、鲁迅文学奖等中外重大奖项的书；还可以看人物推荐，如一些知名的作家、学者推荐的书；当然，我们还可以看读者口碑，网上购书可以看看其他读者的评价，这样选书就更有质量保证了。同学们，一本好书，不仅能让我们在知识的海洋中畅游，还能帮助我们树立正确的价值观、培养良好的品德。所以，我们要选择那些有教育意义的书籍，让它们成为我们成长路上的良师益友。

第三环节：探讨读书类型

培根说："读史使人明智，读诗使人灵秀，数学使人周密，科学使人深刻，伦理学使人庄重，逻辑修辞之学使人善辩"。鲁迅说，书本知识有三大体系：自然科学，社会科学，哲学（美学）。

作为小学生，我们可以选择读些什么书呢？

打好国学底子的书；具有一定哲学修养的书；寻找自己精神风向标的书；阅读经典、传记文学；读同行或朋友推荐的书等。

第四环节：迁移书籍的对比

比如，同样是谈论死亡的书？你会读哪本呢？我从讲台上拿出两本书。一本是我最近在读的蔡磊的《相信》，一本是没收同学的《如何杀死我最好的朋友》。

我请看了《如何杀死我最好的朋友》的同学分享他们的阅读体验。

小 A 首先站起来，他兴奋地说道："这本书的情节非常紧张刺激，让我一读就停不下来。但是，读完之后，我却感到有些空虚和迷茫，不知道这本书究竟给我带来了什么。"

小 B 接着分享道："我也读过这本书，刚开始觉得很有趣，但后来发现它传递了一些负面的价值观，让我开始怀疑自己的选择。"

其他同学也纷纷表达了自己的看法和感受。我趁机追问："那么，我们该如何选择适合自己的读物呢？"

小 C 思考了一会儿，说："我觉得我们可以先了解书的内容简介和作者背景，再决定是否阅读这本书。"

小 D 也补充道："我们还可以看看其他读者的评价和建议，以便更全面地了解这本书。"

在同学们对如何选择适合自己的读物有了初步认识后，我在 PPT 上出示了《相信》一书封面上写的一些话："纵使不敌，也绝不屈服。""我信，绝望之外的希望；我信，努力之后的可能；我信，生命之上的意义""打光最后一颗子弹。"接着把互联网采访蔡磊的视频放给他们看。我再配以深情的声音："《相信》一书，蔡磊真诚地记录了他充满正能量地面对死亡。他在书中说：'打光最后一颗子弹也要尽全力研制出这个被世界上称为绝症（渐冻症）的药'。"

同学们全神贯注地观看视频，脸上的表情从好奇到专注，再到感动。视频播放结束后，教室里一片安静，似乎每个人都在回味着视频中的情节。

这时，我将投票箱放在讲台中央，旁边是一堆小纸条和笔。我郑重其事地说道："现在，请每位同学将自己的选择写下来。你们可以选择继续探索《如何杀死我最好的朋友》这本书，也可以选择阅读《相信》一书。请认真思考后，将自己的选择写在纸条上，并投入投票箱中。"

同学们纷纷拿起笔，认真地写下自己的选择。有的人思考了一会儿才动笔，有的人则毫不犹豫地写下了答案。我看着他们，心里充满期待。

当所有同学都投完票后，我小心翼翼地拿起投票箱，开始统计结果。我大声地读出每个选项的票数，直到最后揭晓结果："全班39人，实到37人。选择阅读《相信》一书的同学共有35人，有两人投了弃权票。"

班会课后，有同学主动找到我，把他手上的书递给我，让我看看适不适合读；也有同学说明天要把家里的书带过来让我帮忙看看；还有同学想借我的《相信》一书回家看。

三、询问名师——查漏补缺

班会课后，我担心自己的处理方法不对，又在微信上请教了两位资深名班主任：远在四川的陈琼老师和厦门的苗旭锋老师。两位老师都非常认真且诚恳地给予了我回答。作为年轻教师，顿时觉得无比温暖，内心充满感激。同时，从两位名师给予我的建议中，也暴露了我处理问题不全面。

比如陈琼老师给我的回复里，除了我上面的操作外，还给出了："可以和孩子们谈谈网络作家这个群体。"这是我没想到的。

苗旭峰老师则教会了我：遇到此事不必惊慌，要善于观察他们读完网络小说后的表现。如果是成绩下滑，出现极端或者暴力行为，这时我们必须果断出手。

针对陈琼老师的回复，我该怎样跟孩子聊网络文学呢？这时，一个视频在我脑海中浮现。我想到了之前网上看到的一个视频：一次文学盛典上，一些网络作家说："网络文学会改变传统作家的创作形式，开启一个新时代。"

何不从此视频入手，让孩子们来辩一辩。

四、举行辩论——讨论网络文学

课堂上,我播放了此视频,让孩子们围绕"网络文学会改变传统作家的创作形式,开启一个新时代"。这句话展开辩论。

孩子们各执一词开始辩论起来:

正方说,网络文学能让作家们更自由地展示作品,还能激发更多人的创作热情呢!反方听了,觉得虽然网络文学给了大家更多机会,但作品的质量却变得参差不齐,有时候读者都不太好挑到真正好的作品了。

正方又说,网络文学的创作灵活,可以根据读者的意见随时调整,和读者一起创作。反方想了想,觉得虽然这样很灵活,但有时候为了迎合大家,作品就变得没有新意了,这样其实对文学的发展不好。

正方又提到,网络文学能推动文学创新,给传统作家带来新灵感。反方听了,觉得传统作家的作品经过时间的打磨,更有艺术价值,网络文学并不能完全替代他们。

听着同学们精彩的陈词,我总结道:理越辩越明。这场关于文学的辩论真是太精彩了,双方都有自己的思考,但反方凭借其深刻的见解和有力的论据,成功地指出了网络文学在质量、创新性和发展前景等方面存在的问题,并强调了传统作家及其创作形式的独特价值和不可替代性。因此,我觉得反方在这场辩论中胜出。

五、达成约定——制度约束

班会课和辩论赛后,我和班级孩子共同达成了一条约定:凡是把网络小说、言情小说等带来学校且课堂上看的,被老师和同学发现后,该同学应主动上交。想要拿回没收书籍,必须买三本经典书籍给班级才能拿回书籍(三本书籍交由老师审核质量且不与班级藏书重合),并承诺,不能再带来班级,否则,上交后不再归还。与此同时，该同学还需要在老师和同学面前声情并茂朗诵班级原创诗歌《我爱读经典》。

我爱读经典

当我翻开经典的书页，智慧的光芒洒满心田。

古人留下的智慧宝藏，让我在探索中茁壮成长。

经典如一座智慧的宝库，里面蕴藏着无尽的宝藏。

它们是智慧的源泉，让我汲取知识，启迪心灵。

读经典，如同与智者对话，他们的思想启迪我的灵魂。

让我学会感恩、宽容和勇气，在成长的路上不断前行。

经典是智慧的结晶，读书如同开启一扇窗。

让我看到更广阔的世界，让我成为更好的自己。

在经典的世界里，我感受到了知识的力量。

它们不仅让我聪慧，更让我拥有了前行的勇气。

读经典，让我掌握知识的钥匙，

开启智慧的大门，迎接挑战。

经典教会我品德与智慧，让我成为明日之星。

六、编辑信息——家校合作

遇到问题，家长也是我们强有力的后盾。我在班级群里发了一条长长的信息，希望家长们能够关注孩子的阅读世界。

各位家长：

周末好！

近期在班级发现孩子喜欢看言情小说，甚至有学生在课堂上看少儿不宜的书籍。

发现问题后，郭老师也第一时间进行了引导。班级开展了"何为高品质书籍的班会"，讨论了网络作家流行成风的问题。孩子们也纷纷认识到哪些书籍是好书，表示以后不会再看言情类的书籍。

接下来也请家长配合我一起做好以下几点，希望能帮助您更好地引导孩子，共同解决这一困扰。

监管阅读材料：在家中多关注孩子的阅读内容，确保他们接触到的书籍和资料是积极健康的。可以和孩子一起选择适合年龄的书籍，引导他们培养良好的阅读习惯。

引导正确价值观：作为家长，您的言行举止对孩子的影响至关重要。请在日常生活中树立正确的道德观和价值观，传递积极向上的思想和态度。

学校和家庭合作：我们学校也会提供相关讲座，帮助孩子树立正确的道德观念。希望家庭和学校能够共同配合，共同努力引导孩子远离不良行为。

密切关注孩子的行为：请家长多加关注孩子的日常行为和交友情况，及时发现并解决任何不良行为的迹象。

感谢您的支持和合作，您的关注和参与对孩子的成长至关重要。

一系列引导完成后，我想最重要的是行动。发现问题，解决问题，用科学思维对待班级管理工作是我应该做的。

七、积极行动——措施紧跟

发现此问题后，我也静心反思：班级的阅读该如何引导呢？

1. 理性认识孩子

五年级的孩子，开始关注自己的情感体验和内心世界。通过阅读网络小说，他们想找到与自己情感相近的角色，感受到情感的共鸣，从而满足情感表达和认同需求。

为此，我在班级组织了"心灵交换"活动：每位学生写下他们对网络小说或其他流行文化的看法和感受，然后将这些纸条放入一个箱子中。每个学生随机抽取一张纸条，为对方的观点写下反馈或回应。这样既能让学生感受到被理解和尊重，也能让他们更深入地思考自己的阅读选择。

2. 举办阅读活动

阅读活动是阅读最好的催化剂。

主题阅读分享会：我们每个月会选定一个阅读主题，比如"探索未来""历史长河"或"人与自然"，让每个学生挑选一本与主题相关的书籍进行阅读，并在活动当天分享自己的读后感和书中精彩内容。

制作阅读海报：让学生们根据他们最近阅读的书籍制作海报，可以是书籍内容的简要介绍，也可以是书中角色的形象展示。然后将这些海报张贴在教室的宣传栏上，形成一个阅读展示区。

创意写作：我会鼓励学生们以新颖的方式写作，比如学完《草船借箭》后，为了让课文内容和人物形象更加深入孩子们的心，我设计了一个创意写作——《草船借箭》朋友圈：假如三国时有朋友圈，草船借箭成功后，周瑜、诸葛亮、鲁肃、曹操各发了一条朋友圈，请你从他们四人各自的角度出发，为他们的朋友圈配上内容和图片。

《草船借箭》创意朋友圈

班级：五(6)　　姓名：杨凯胜　　学号：21

假如三国有朋友圈，草船借箭成功后，周瑜、诸葛亮、鲁肃、曹操各发了一条微信朋友圈，请你从他们四人各自的角度出发，为他们的朋友圈配上内容和图片。

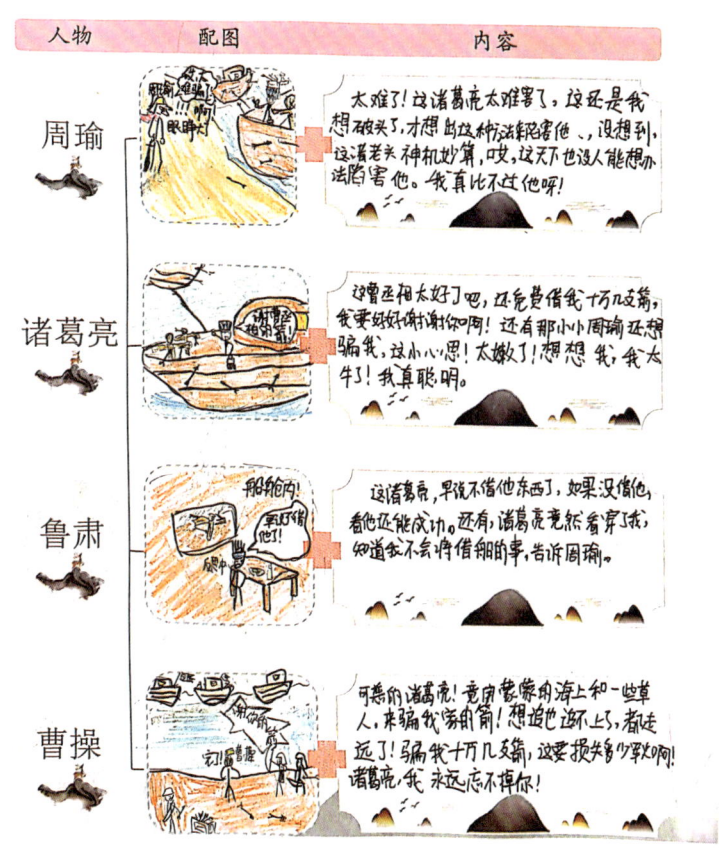

人物	配图	内容
周瑜		太难了！这诸葛亮太难害了，这还是我想破头了，才想出这种方法陷害他、，没想到，这混老头神机妙算，哎，这天下也没人能想办法陷害他。我真比不过他呀！
诸葛亮		这曹丞相太好了吧，还免费借我十万支箭，我要好好谢谢你啊！还有那小小周瑜还想骗我，这小心思！太嫩了！想想我，我太牛了！我真聪明。
鲁肃		这诸葛亮，早说不借他东西，我想没借他，看他还能成功。还有，诸葛亮然看穿了我，知道我不会将借船的事，告诉周瑜。
曹操		可恶的诸葛亮！竟用蒙蒙的海上和一些草人，来骗我借用箭！想追也追不上，都走远了！骗我十万支箭，这要损失多少军火啊！诸葛亮，我，永远忘不掉你！

3. 推荐经典读物

　　我深信，引导学生尽早接触并深入阅读经典之作，他们的心灵将得到更丰富的滋养，他们的鉴赏能力将得到更大的提升，他们的人生也将因此变得更加卓越与精彩。

制作"经典读物推荐卡"：我会让孩子们自己设计一系列精美的卡片，每张卡片上介绍一本经典读物的内容、作者和推荐理由。将这些卡片悬挂在教室的显眼位置，供班级孩子随时取阅。

举行"经典读物漂流瓶"活动：我会在每个漂流瓶里装有一本经典读物的简介和推荐理由，孩子们可以在课间休息时随机抽取一个漂流瓶，然后借阅对应的书籍。此外，我还鼓励孩子们在阅读后，写下自己的读后感并放回漂流瓶，让下一位读者能够感受到书籍带来的共鸣和启发。这个活动不仅增加了孩子们对经典读物的兴趣，还促进了他们之间的交流和分享。

通过形式多样的活动，让学生在轻松愉悦的氛围中汲取知识的甘泉，感受成长的喜悦。我希望面对网络小说，我不是暴力阻止，而是理解并接纳他们多元化的价值观，在恰当的时机给予他们智慧的引导，帮助他们做出明智的选择。

当然，教育具有反复性，任何问题都不可能一次性解决后绝不"复发"。作为班主任，我们要在工作中善于观察，积极思考，智慧应对，把教室当作研究室，做好长期"研究"的准备。

一套文明养成计划告别"脏话"

在班级管理中，各类问题犹如汹涌浪潮，一波未平一波又起。身为一线班主任，我时刻保持着高度的警觉，直面各种挑战。而这一回，我遭遇了一个棘手的难题——学生爱说脏话。这一现象就像一颗毒瘤，悄然侵蚀着班级和谐文明的氛围，亟待我去解决。

"凤，我觉得你们班说脏话的问题，你得想办法管管了。我经常听到你们班孩子从我们教室门口经过的时候一口一句脏话……"珊珊老师语重心长且略带担忧地跟我说。

其实，关于说脏话的问题，我早有发现，只是苦于事务繁杂，卫生问题、纪律问题、打架事情、早熟事件、午餐午休问题……一个接着一个，从没停歇过，这事就搁置了。如今接到隔壁班老师的投诉，我决定"出击"。

就这样，我们班开启了与"脏话"斗争的日子。

一、问卷调查探脏话

当天接到珊珊老师的反馈后，我就盘算着怎么解决班级脏话问题呢？这究竟是几个同学的行为还是普遍行为呢？当天利用午休的时间，我做了一个问卷调查表对班级脏话现象进行了一个摸底。

关于小学生说脏话行为的问卷调查

亲爱的同学：

你好！

非常感谢你对本次调查的支持，本次调查主要是为了了解小学生说脏话的情况，本次问卷调查采用匿名形式，请把自己的选项填入括号里，希望如实作答哦！

1. 你的性别？（　　）

A 男　　B 女

2. 你在生活中是否说脏话？（　　）

A 是　　B 否

3. 你认为说脏话这种行为好不好？（　　）

A 好　　B 不好

4. 你说脏话的频率？（　　）

A 经常说　　B 偶尔说　　C 几乎不说　　D 从来不说

5. 你听见脏话的频率？（　　）

A 经常　　B 偶尔　　C 几乎没有　　D 没有

6. 你在哪儿听过脏话？（　　）【多选题】

A 没听到过，不清楚　　B 家长经常说　　C 社区邻居经常说

D 网络游戏里经常有人说　　E 同学们经常说　　F 社会上的不良青年经常说

G 其他

7. 如果你说脏话，主要原因有哪些？（　　）【多选题】

A 表达愤怒、不满的情绪　　B 展现个性，吸引别人注意

C 攻击别人　　D 受暴力游戏、电视、书籍的影响

E 同伴们都说，我不说显得不合群　　F 家长经常说，耳濡目染我也会说

G 其他

8.如果你有说脏话的行为,你有意识想要改正吗?(　　)
A 有,正在改正中　　B 有,只是想想　　C 没有,关系不大

"不探不知道,一探吓一跳"。全班 39 名孩子,我采用匿名调查的方式,发下去 38 张问卷,收上来 38 张,要求诚信作答,结果显示的数据,全班竟然 38 人都说过脏话。

这个数据真值得我警惕了!既然是全班性行为,那就开班会解决吧!我上知网查阅相关论文,可这方面的研究很少,但是我从几篇论文和一些报道中发现一个现象,即小学三年级现象。

孩子到了三年级,坏习惯开始多起来,说脏话就是其中一种。《人民日报》在《我家孩子脏话哪儿学的 "三年级现象"再次引关注》一文中采访了杭州市教育科学研究所研究员姚立新,他说:"在低段时,外部约束力量对孩子的影响比较大,比如父母、老师的权威还是很有分量的。等到了三年级,孩子变'老油条'了,对老师、父母的教育方式也熟悉了,他们开始以自己的方式反抗,'老师、父母说的不一定对',他们要表达自己的观点。而此时说脏话就是发泄内心情绪的一种表现。"

在姚老师看来,孩子说脏话的原因是不一样的,有的是为了引人注目,有的是内心冲动发泄不满情绪,有的是模仿、出风头、炫耀,还有的是情绪压抑想释放。"心理层面的东西,不能一概而论,所以也没有统一的方法来禁止孩子说脏话。""采用强行禁止的方式,孩子可能会用别的方式来发泄。所以,简单粗暴的方式来打压孩子说脏话,效果不一定好。"我也想到了特级教师于永正老师在《教海漫记》中说过的话:"学生有些行为,堵不如疏"。

对于说脏话问题,我必须给予正确的引导。因此,给孩子们上一堂有价值的班会课势在必行。

二、班会设计聊脏话

发现问题，解决问题。这是王晓春老师在《问题学生诊疗手册》里提到的"科学思维"。于是班会课上，我设计了以下几个环节来跟孩子们聊脏话。

环节一：漫画观看知脏话——还原场景

此环节出示两幅漫画。

漫画中的男子要买衣服，在询问女子衣服价格时，发现价格偏贵，随口说了一句："妈的，怎么这么贵？可以少点吗？"女子则表示，"男子的素质可以打折，但她们的产品价格绝不打折，并且希望顾客不讲粗话"。

师：你从漫画中看到了什么？

生：图中的叔叔在说脏话。

师：在生活中，我们的爸爸妈妈可能也会说脏话，以后见到这种现象大家能否劝说父母不要说脏话呢？

环节二：情境再现析脏话——分析原因

通过两个同学上体育课，因为说脏话骂人闹了矛盾，从此形同陌路的故事，告诉孩子们说脏话会影响同学之间的关系。

然后，和同学们一起分析说脏话的原因：

第一阶段，从模仿开始，也是最主要的原因。

第二个阶段，是习惯的逐渐形成。原因是青少年认为自己长大了，成熟了，长成大人了，就学会了说脏话。

第三个阶段，就形成了固定的行为模式。这一时期说脏话的特点是脏话连篇，脱口而出。

环节三：故事阅读知后果——了解影响

三年级的孩子特别喜欢听故事，以故事引导将会使他们印象更为深刻。于是，我给他们讲了一只小老鼠因为对周边小动物语言暴力，最后尝到了苦头的故事。讲完这个故事后，我顺势告知孩子们说脏话的坏处：

- 说脏话会让人觉得你是一个不文明的人。
- 说脏话会让人觉得你是一个不懂得尊重别人的人。
- 说脏话会让人对你产生一个坏印象。
- 养成说脏话的习惯会对以后踏入社会有不好的影响。
- 脏话形成习惯了，别人对你的印象也不好。
- 说脏话还会影响语言表达能力的提高（比如在激动或是需要对某事表达意见的时候不能用正确的书面意思表达出来，只能用脏话代替）。
- 说脏话对人体有很大的伤害。当你发火要骂人时，你的身体会分泌大量肾上腺激素，导致心跳加快。另外，很多证据指出常骂人容易患内分泌疾病、肝胆疾病、心脏病等。

环节四：倡议同学别说脏话——提出要求

当他们意识到说脏话的危害后，我再提出倡议，让大家做到"三别、四带、五有"。

"三别"：向粗鲁告别、向陋习告别、向坏事告别。

"四带"：把礼仪带进校园，把微笑带给同学，把孝敬带给长辈，把谦让带向社会。

"五有"：课堂有纪律、课间有秩序、言行有礼貌、心中有他人、后进生有进步。

环节五：承诺宣誓我做到——有郑重性

在课堂上我让全班起立大声宣誓许一个不说脏话承诺，然后在承诺书上签名，把它贴在班级，时刻告诉孩子们要履行自己的承诺。

环节六：文明用语我会用——有实践性

美国作家克拉克在《优秀是教出来的》一书中说："我们老师必须教会孩子何为文明用语？"如：

推辞语：很遗憾不能帮忙……

祝贺语：祝你愉快、祝你成功、祝你健康、祝你幸福……

应答语：没关系、不敢当、不必客气……

征询语：您有事吗？需要我帮忙吗？

告别语：晚安、再会……

教会了孩子们如何使用文明语后，接下来便在班级大力提倡，发现谁使用了文明用语后便大力表扬，给微团队加分，让他们有意识地去使用文明用语。

本节班会课后，很多孩子们对脏话问题引起了重视。下课后，纷纷跑过来告诉我："老师，某某同学经常说脏话，某某同学经常动不动就骂人。"听完孩子们的投诉后，为了让班会课发挥更大的效果，我决定继续整顿班风。

三、家校配合齐关注

1. 家长配合

班会课后，我给班级孩子布置了一项作业：写课后感想。同时也给班级家长发了一封倡议书，希望他们在家也能帮忙监督孩子不要说脏话，家长给孩子树立一个榜样，也不要在孩子面前说脏话，给他们营造一个纯净的家庭氛围。

2. 班级严抓

在家有家长监督，在学校我当着全班同学的面宣布："从此刻起，我要严抓说脏话的同学，凡是说了脏话的请来我办公室写300字的承诺书。"果然，第一天就有很多同学忍不住"中招"了。

为了执行规定，当天放学后我跟家长沟通好，把说脏话的同学全都留了下来，叫到了办公室写承诺书。三年级的孩子刚开始要他们写300字，简直困难。很多孩子咬着笔杆，一个小时过去了才写了不到一行字。我给他们提供写作的方向和支架，告诉他们："先把自己今天说脏话的经过写下来，接着再写自己意识到的错误，然后写要怎么改正。"当他们完成了300字的承诺书后，我分别给予了他们肯定的点评和殷切的希望，让他们感受到老师把他们留下来，是希望他们能改正缺点。从孩子们上交的承诺书上，我看到了大多数同学态度端正。

四、变出口成"脏"为出口成"章"

跟"脏话"斗争的日子，终于快告一段落了。作为语文老师的我，总有一种"病"，那就是在语言上做文章。

一天，语文课上，我兴致勃勃地踏进教室，对前段时间咱们班的脏话问题进行了总结，肯定了孩子们的改变，同时也提出了我的希望。"同学们，都说语文学习的最高境界是出口成章，老师希望你们能变"脏"为"章"，将心思用在学上，期待看到更好的你们。"

接着我播放了董卿在《朗读者》主持的剪辑视频给大家看，视频中的董卿主持词里随处可见的引经据典，出口成章。让孩子们知道一个真正值得别人尊敬的人，一定是有渊博的知识，把知识化为自己的语言，因为语言美才是真的美。

通过此次班级脏话现象也让我看到了学生的不良行为具有反复性，需要我们反复抓、抓反复。从大面积到小面积再到个人，时间是漫长的，但只要我们有恒心，给予他们一定的时间，一定能消除不文明现象！还班风一个纯净！

在班级管理的道路上，每一个问题都是一次挑战，更是一次成长的机遇。通过与学生爱说脏话这一问题的顽强斗争，我积累了宝贵的经验，也更加坚定了用心管理班级、用爱呵护学生的信念。

一套冲突调解工具箱处理学生打架

"老师，小 A 和小 B 排队时打架了！""老师，小 C 和小 D 值日时打起来了！"

学生打架是普遍存在的现象，打架的原因也很多，尤其是不谙世事的小学生之间，更是时有发生。他们正处于身心发展的关键时期，认知能力、情绪管理能力以及自我约束能力都还不够成熟。

如何处理打架，是每位教师必须面对的问题。当然，打架的原因多种多样，作为老师，我们要学着孔子所说："因材施教，各得其所。"除了传统的处理方式外，还需要发挥智慧，尝试一些新颖、有创意的方法来引导他们。

在解决问题前，我们要先明确几个原则：首先，先处理"情绪"后处理"问题"；其次，先保证"安全"再实施"询问"；最后，先找到"症结"再着手"解决"。

以下是我在班级实行的几招，特别管用，与大家分享。

一、情景剧还原法

适用学生：双方打架，询问原因，公说公有理，婆说婆有理，听听都有理，想想都没理。

解决策略：让学生在角色扮演中理解冲突，通过大众评审与自我反思，实现和谐共处与共同成长。

具体操作如下。

提供支持： 在班级给他们"舞台"，把事情的来龙去脉演出来。

演戏标准： 要真实还原现场，"演员"互相指出对方演得不符合实际的地方。演戏，情绪情感要到位。一遍演不好，两遍。教师和班级孩子坐在教室，当大众评审团。

演戏完毕，我请所有孩子来评理。这件事因谁而起？谁应该负主要责任？双方错在哪里？大众评审完毕后，我来总结陈词，最后再让打架的孩子谈谈自己的感受和错在哪里。

之所以想到情景剧还原法，主要基于以下目的：

首先，角色扮演和情景剧还原法有助于孩子们从不同的角度看待问题，理解他人的立场和感受。通过扮演对方，他们能够更加深入地理解对方的想法和行为，从而消除偏见和误解。这种换位思考的能力对于建立和谐的人际关系至关重要。

其次，公开透明地处理冲突有助于建立公正和民主的氛围。孩子们在全班同学面前展示和解决问题，不仅让他们感受到了公平和尊重，也让他们意识到自己的行为会受到他人的关注和评价。这种氛围有助于培养孩子们的责任感和自律能力。

此外，通过大众评审的方式，孩子们在评价他人行为的同时，也在反思自己的行为。他们学会了用客观、公正的标准来评价自己和他人，这有助于培养他们的批判性思维和道德判断能力。

最后，老师的总结陈词和让孩子们分享感受的环节，不仅让他们更加深入地理解了问题的本质和解决方法，也让他们感受到了被理解和被尊重。

情景剧还原法演着演着，打架的孩子都笑起来了，心中那份对对方的恨自然就消解了。这个方法不仅有效地解决了孩子们之间的冲突，还让他们在过程中得到了成长和提升。需要注意的是，班主任这时只需当个大众评审者，即可。

二、丹顶鹤抱团法

适用学生：双方经常打架，拉都拉不开，谁都不肯认输。

解决策略：让打架的学生在全班面前以合作方式化解矛盾，班主任则巧妙扮演旁观者角色，引导学生自我和解。

具体操作如下。

提供支持：班级买一张既可以踩在上面擦黑板又可用来"惩戒"的小凳子。

丹顶鹤抱团法规则：

打架者同时站上小凳子，要求单脚站立，不允许手扶墙，双方身体互抱，眼睛相望。2分钟之内完成挑战者，视为成功，其间掉下凳子可爬上去继续挑战。（小凳子要窄，不要高，确保掉下来不会受伤）

这样的"小游戏"的设立，基于以下目的：

首先，转移打架孩子的注意力。当孩子们站上凳子，尝试单脚站立并互相抱住时，他们的注意力从原先的冲突转移到了如何完成这个挑战上。这种注意力的转移有助于他们暂时忘记之前的争执，从而缓解了紧张情绪。

其次，通过互相抱住对方的身体，孩子们在物理层面上建立了一种连接。这种连接有助于打破他们之间的隔阂

和敌意，促进彼此的理解和接纳。在心理学中，身体的接触和互动往往能够拉近人与人之间的距离，增进彼此的感情。

最后，四目相对的过程也有助于缓和矛盾。当孩子们互相凝视时，他们有机会重新审视对方，思考彼此的冲突和矛盾。这种直视有助于他们认识到对方的真实存在和感受，从而更容易产生共情和理解。

丹顶鹤抱团法，让之前打得不可开交的孩子，在全班同学面前拥抱在了一起，脸上露出了腼腆的笑。

班主任这时只需当个旁观者，即可。

三、挑战"擂台"法

适用学生：双方因观点不同争执不下。

解决策略：设立挑战擂台，引导学生以理性的方式处理冲突，学会包容与理解。

具体操作如下。

设立擂台情境：首先，向学生们说明双方因观点不同引发冲突的情况，并提出设立一个挑战擂台的方案。这个擂台不是为了打架，而是为了让他们以更成熟的方式解决问题。

邀请参与并思考：邀请打架双方学生上台，给他们三分钟的时间静静思考是否接受这个挑战。这三分钟不仅是计时，更是让他们冷静思考、权衡利弊的过程。

规则说明：明确挑战擂台不是通过武力解决，而是通过表达自己的想法、倾听对方的观点，达到相互理解的目的。一旦一方选择走下讲台，视为挑战结束。

鼓励与肯定：对于率先走上讲台的学生，全班同学应给予热烈的掌声，并称赞其勇气和大度。

在挑战"擂台"的过程中，班主任的角色是引导者，而非裁判。引导学生们思考自己的行为、态度和对方的立场，学会在冲突中保持冷静，用理智而非情绪去处理问题。通过这种方法，学生们不仅能够学会如何处理当前的冲突，还能在未来的生活中更好地与他人相处。

班主任这时只需当个引导者，即可。

这三种方法除了达到"惩戒"的功能外，还可以作为写作的题材。我会布置一篇小练笔，让他们从动作、神态、语言等细节描写入手写一个片段练习。对于创设的真实情境，孩子们都能写得活灵活现。如一同学这样写道：

> 阳光透过教室的窗户，洒在小 A 和小 B 的脸上。两位刚刚还剑拔弩张的打架者，此刻正站在窄窄的小凳子上，他们单脚站立，身体紧紧相拥，目光坚定地对视着。
>
> 周围的同学们围观着，有的屏息凝神，有的窃窃私语，空气中弥漫着紧张而又期待的气氛。两位打架者似乎都忘记了之前的仇恨，他们的心中只有一个目标，那就是坚持站立两分钟，完成这个看似简单却又充满挑战的任务。
>
> 时间一秒秒地过去，他们的额头上开始渗出汗珠，身体也因为紧张而微微颤抖。但他们都没有放弃，而是更加紧密地拥抱在一起，用眼神交流着彼此的坚持和勇气。
>
> 终于，当计时器响起，两分钟的时间到了。两位打架者同时松开了对方，他们的脸上露出了疲惫而又满足的笑容。他们互相看了看，似乎都从对方的眼神中读到了一丝歉意和理解。
>
> 这一刻，教室里的气氛变得轻松而和谐。

在教育的道路上，班主任不仅是学生们成长的引导者，更是他们心灵的雕琢师。处理学生打架事件，不仅是维护班级秩序的需要，更是培育学生健全人格的重要环节。

我们要学会在严格与关爱之间找到平衡，有时扮演"坏人"的角色，也是为了让学生们更好地认识自己、理解他人。因为，真正的教育，不是避免冲突，而是在冲突中教会学生们如何成长、如何理解世界、如何与他人和谐共处。

让每一次的冲突，都成为他们成长道路上的宝贵财富，让他们在未来的日子里，能够用更宽广的胸怀和更深刻的智慧，去面对生活的种种挑战。

一链三阶调教术转变学生爱当"显眼包"

显眼包,又可以称作"现眼包"。是一个网络流行语,用来形容一个人或者物件爱出风头,非常张扬,同时又丢人现眼,在互联网社交语境下属于褒义词。(引自百度百科)

在班级的星辰大海中,总有那么几颗璀璨的"显眼包",他们犹如跳跃的水花,给平静的班级生活带来别样的色彩。他们充满活力,却也常常让我们头疼不已。比如,课堂上喜欢插话、搞怪,课间喜欢捉弄同学,以及在集体活动中常常表现出与众不同的行为,引起班级同学、老师的注意,常常把班级同学惹得哄堂大笑,常常让老师没法上课。

爱搞怪、爱出风头成了他们的"代名词"。"显眼包"们行为背后的原因也是多种多样,可能涉及心理需求、情绪释放以及个性特点等方面。作为老师,如何与他们"共舞",让他们既发光发热,又不扰乱班级和谐呢?我想分享这几"招",让"显眼包"们"又爱又怕"。

在实行这些"招"前,我们必须明确以下几个方面。

首先,提前约定,有理有据。跟全班同学一起制定约束"显眼包"们的约定,举手表决通过后,今后实行才有理有据。

其次,内容合理,严格执行。制定的一些"招"要合理,可操作。一旦落地,一定要严格执行。

最后，教育有方，禁止"错位教育"。"惩罚"必须有教育意义，在哪里犯了错误，就在哪里惩罚，不要"错位教育"。

一、模仿秀

适用学生：拥有旺盛的表现欲和求关注的心理。他们可能觉得通过一些出格或搞怪的行为能够迅速吸引他人的目光，从而满足内心的某种需求。

目的：让孩子在模仿秀中展现自我，体验多元情绪与角色，提升同理心，反思自身行为。

模仿内容：网络上夸张的表情图片、经典动作、网红人物、搞笑舞蹈、经典台词等。

模仿秀不仅是一个展示表演才华的平台，更是一个情感教育的契机。当孩子们站在讲台上，通过模仿各种夸张的表情、经典动作或搞笑台词，让全班同学捧腹大笑后，他们更能在这个过程中深入体验不同的情绪和角色，学会从他人的角度思考问题，理解他人的内心世界。

二、才艺秀

适用学生：天生就有着活泼开朗、不拘小节的性格，喜欢用自己的方式来表达情感、展现个性，而这种表达方式往往比较独特和引人注目。

目的：为"显眼包"们打造专属舞台，通过唱歌、跳舞、表演绕口令等才艺展示，用才艺之光照亮他们需要关注的心，让他们在重视中蜕变成长。

表演内容：唱歌、跳舞、念绕口令等皆可。

舞台不仅仅是一个表演的空间，更是"显眼包"们被看见、被理解的平台。我们要给予他们足够的舞台，让他们尽情展现自己的才华和魅力，感受到班级对他们的重视和期待。在每一次的演出中，他们不仅能够获得同学们的掌声和认可，更能够逐渐认识到自己的价值，学会在团队中发挥自己的作用。同时，我们也要让其他同学们明白，每一个"显眼包"都有自己的闪光点和优点，我们应该尊重和欣赏他们的不同。"显眼包"们在掌声与欢笑中，捣乱的行为逐渐淡化，取而代之的是自信与成长的光芒。才艺秀，让"显眼包"们重新找到自己在班级中的位置，与同学们共同创造和谐美好的班级氛围。

三、花样"罚"

适用学生：喜欢用捣蛋行为来排解内心的压力或不满。他们可能觉得学习或生活上的压力让他们感到束缚和压抑，于是选择通过一些搞怪或张扬的行为来释放内心的情绪。

目的：以轻松有趣的花样"罚"的形式，注重趣味性和教育性，让学生在接受"惩罚"的同时认识到自己的错误，感受到乐趣和成长。

惩罚内容：多形式的趣味抽"奖"和趣味"罚券"。

具体操作：

教师根据学生的行为表现，选取"惩罚"方式。

趣味抽签桶：可在PPT抽签桶设置"惩罚"内容，让其进行抽签。如可设置作业加倍券、家校沟通券、课文背诵券等。

趣味九宫格：教师可设置一些有趣又有意义的"惩罚"方式，学生按下开始键选择，暂停键结束选择。内容可在 PPT 上随机改。如给大家讲个笑话、随机夸 6 位同学、拍五个搞怪表情包等。

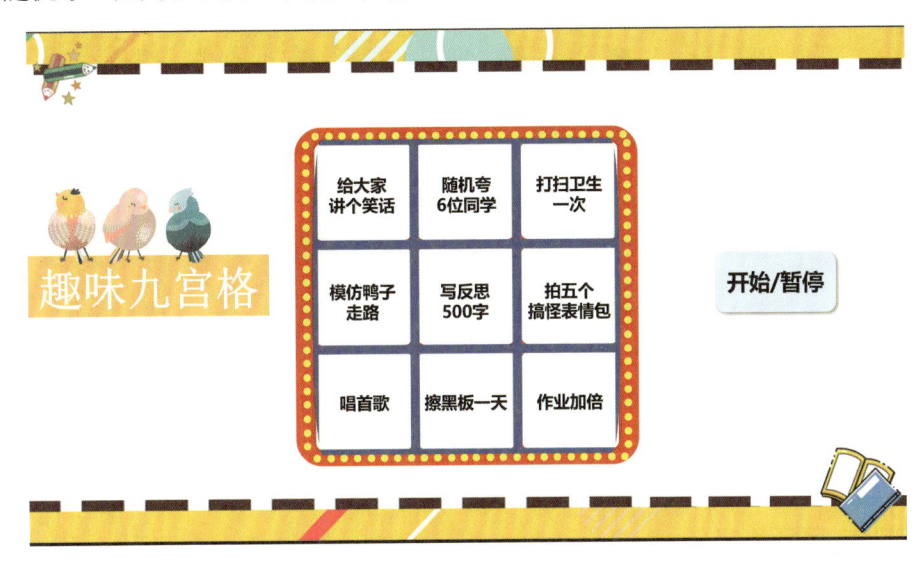

给大家讲个笑话	随机夸6位同学	打扫卫生一次
模仿鸭子走路	写反思500字	拍五个搞怪表情包
唱首歌	擦黑板一天	作业加倍

趣味九宫格　　开始/暂停

趣味转盘：PPT 设置内容，学生按下"抽"启动，再按一次则为停止。

趣味转盘

转盘内容：再抽一次吧、练字体验券、背诵课文券、作业加倍哦、回答问题券、帮同学券、表演节目券、打扫办公室、抽

趣味盲盒：设定盲盒内容，学生随机点击。

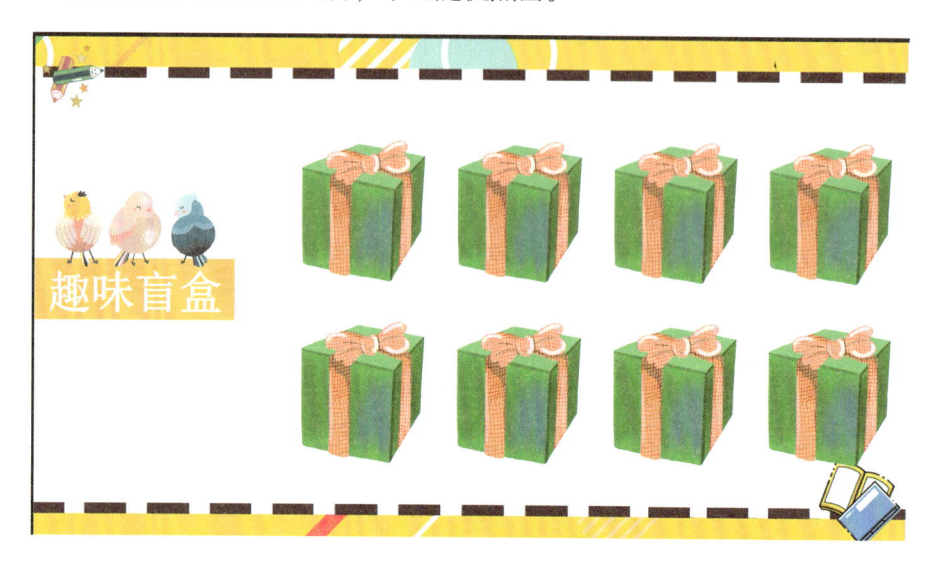

发放"罚券"：根据学生的实际表现，教师给出相应的"罚券"。（以下内容部分来源于网络）

打扫卫生券：擦黑板一天；打扫卫生一次；课间帮老师打扫办公室。

当众表演券：当众表演一个节目；学鸭子步在班级里走一圈；给全班同学讲一个笑话；拍五个表情包发给家长。

当众宣誓券：在教室喊十遍"我错了，我再也不犯错误了"。

当众反思券：写反思，在全班同学面前进行自我检讨三分钟。

面壁思过券：静坐或面壁思过十分钟。

课文背诵券：单腿站立背诵指定课文。

学会赞美券：赞美老师三分钟；随机夸五位同学的十个优点。

回答问题券：本节课回答三次老师的提问。

资格取消券：取消兑奖资格两次。

练字体验券：把全班同学每个人的名字默写一遍。

花样"罚"让"显眼包"同学在接受惩罚的过程中认识到自己的错误和不

足，既不会让孩子反感，又可以在他们走偏路时进行"善意"的提醒。

如，打扫卫生券可以让他们学会承担责任；当众表演券可以锻炼他们的胆量与表现力；当众宣誓券则能让他们更加深刻地认识到自己的错误。

花样"罚"，既达到了教育的目的，又避免了直接批评的简单粗暴，让他们在欢笑中接受教训，在反思中成长。

教育是一门艺术，需要老师们用心去雕琢。面对"显眼包"同学，我们既要理解他们的天性，又要引导他们的行为。模仿秀与才艺秀，如同两面镜子，既让他们看见自己的多彩，也让他们体会他人的情感。花样"罚"，则是以柔克刚的智慧，让他们在欢笑与反思中成长。教育之道，贵在因材施教，让每个孩子都能在爱与关怀中绽放自己的光芒。

一次姓名文化主题班会论"外号"

"老师,课间,他叫我'狗蛋'!""老师,体育课上同学们叫我'大炮'。"……

最近,总有学生来办公室向我告状。

随着年龄的增长,学生进入高年级。他们的认知能力增强,同学之间在人际交往过程中,直接的肢体攻击性行为逐渐减少,而语言攻击形式越来越频繁。

"起外号"是学生中普遍存在的问题。根据调查,班级里这种随意给同学取"外号"的现象并不少见,85%以上的同学因为被取"外号"产生或多或少的苦恼,有些同学为此影响人际交往,有些同学则选择隐忍;而喜欢给别人起外号的同学也没有意识到这一行为给班级同学带来的负面影响。

其实,外号也有褒贬之分,意图有善恶之别。为了解决学生人际关系中的实际问题、改善同学成长的人际环境,我上了一节"换种称呼,外号不'歪'"的班会课,希望帮助同学们正确认识"起外号"这一常见的校园生活现象,并努力消除恶意外号带来的影响。

上课伊始,我出示了本节课的四个原则:勇敢分享,认真倾听;尊重他人,真诚道歉。并把勇敢、认真、尊重和真诚四个词语故意放大,为本节课营造良好的上课氛围。

一、"外号"困扰求助信

首先,我呈现了班级悄悄话信箱里的一封求助信,从班级真实发生的事例谈起。让他们说说信中的同学面临什么困扰。同学们异口同声回答道:"被人取外号"。

"这节课,咱们就来聊聊'外号'这件事。"我顺势导入。

二、"外号"善恶巧辨析

1. 外号认识知多少

此环节,我抛出一个问题:"什么是'外号'?请同学们自由表达自己的认识。"一位同学说,"外号是除了名字外的称呼。"另一位同学说:"外号有好的也有不好的。"

我接着出示外号的定义:根据人的特征、特点或者体型另取的非正式的名字叫作外号。

2. 外号真诚大分享

我继续问:"请同学们静静地想一想,你有被别人取过外号吗?分享一下你内心的感受。"此问题,我给足同学时间,让他们静静地回忆自己被取外号的经历和感受。

一位同学率先站起来分享,自己被班级同学嘲笑式地叫"X 小姐"的经历,她不知为何班级同学会这么叫她,感到很无奈。还有同学分享,他因为做事老是慢半拍,有的同学就叫他"拖拉机"。每次叫的时候还做动作,这让他感觉受到了挑衅。也有同学分享,因为他嗓门大,回答问题时老师经常夸他声音响亮,久而久之,同学们就叫他"大炮"。

起来分享的同学个个真诚且表情凝重,再看看班级同学,也都静静地听着。为了缓解氛围,我请了班级另两位同学也来分享一下自己的外号(我知道班级同学叫他们的外号）。

洪同学说："因为我姓洪，且个子不高，班级同学都叫我'小红帽'，我还挺接受这个称呼的"。郭同学说："我的外号'郭大美'大家都知道，我自己也这么写，我希望自己变得越来越漂亮，所以我很喜欢大家这么叫我。"

3. 外号辨析知善恶

两拨同学，分享外号带给他们的感受不一样。我便问："刚刚同学们分享的'外号'有什么特点"？同学们回答道："一些'外号'是善意、好听、赞美的；而另一些则是恶意、难听甚至是侮辱性的。"

我总结道："善意的、好听的、赞美的外号像一缕春风，滋润我们的心田，使同学之间的友谊更加深厚。难听的、恶意的、侮辱性的外号有时像一阵闪电，会伤害到别人的自尊。"

接着观看视频：受外号困扰的同学得了抑郁症。再出示一个受侮辱性外号困扰的"小敏"同学的案例，让大家小组间讨论：假如你是小敏，面对同学取的难听外号"肥猪"，你会怎么办呢？

在小组讨论汇报中，同学们总结出了几种应对办法：勇敢拒绝、正视自己、换种角度、寻求帮助。

据我所知，很多同学"屡教不改"，面对这样的同学，我们还可以寻求法律的帮助。《中华人民共和国民法典》第一千零二十四条规定：民事主体享有名誉权。任何组织或者个人不得以侮辱、诽谤等方式侵害他人的名誉权。

如果恶意给人起外号，并且该外号具有侮辱性，导致他人社会评价降低，那么就侵犯了他人的名誉权。如果情节较重，可以要求公安机关给予治安处罚。

有了前面的充分讨论，这时，我再出示开课前的那封求助信，请求助当事人起来说一说，面对外号困扰，接下来打算怎么做？

求助的同学能够很好地把刚刚同学们讨论的应对方法用到自己身上。

至此，此环节不仅让同学们认识到了"外号"的善恶，也传达了面对恶意外号应该怎么做，还告知了写求助信的同学应该如何面对自己的困扰。

三、各式"外号"面面观

1. 游戏互动猜"外号"

此环节通过游戏的形式，带领同学们认识文学作品里人物的外号、明星名人的外号以及身边人物的外号。

如"诗仙"——李白，"行者"——武松，"常胜将军"——赵云，"小巨人"——姚明，"小凯"——王俊凯，"发明大王"——爱迪生，城市的"美容师"——环卫工，白衣"天使"——医生、护士，辛勤的"园丁"——教师。

2. 观看视频知意义

为了让同学们更深入明晰好的外号带给同学的意义。我播放了"顽童变州长"的视频，让他们认识到"皮格马利翁效应"，并强调：赋予正向期待，能促人成长。继而再次强调本节班会课的意义：换种称呼，让雅号赋能成长。

四、赠送"雅号"修友谊

1. 我有一双"智慧眼"

此环节，我把主题拉回到我们班，让孩子们关注班级同学。他们有些是"王者"，有些可能是"奇人"，我们不妨根据他们的角色、兴趣、性格或者特长给他们送个雅号。如：

"王者"类："豹子王""阅读大王""吉他王子"等纷纷出来了。

"奇人"类："科学狂人罗""画神洪""麦霸邱"……

2. 创意雅号大比拼

填写外号"变身卡"：让同学结合自己平时的观察，给小组内的同学送一个创意雅号，并附上夸奖词。写完后，读给小组内相应的同学听。

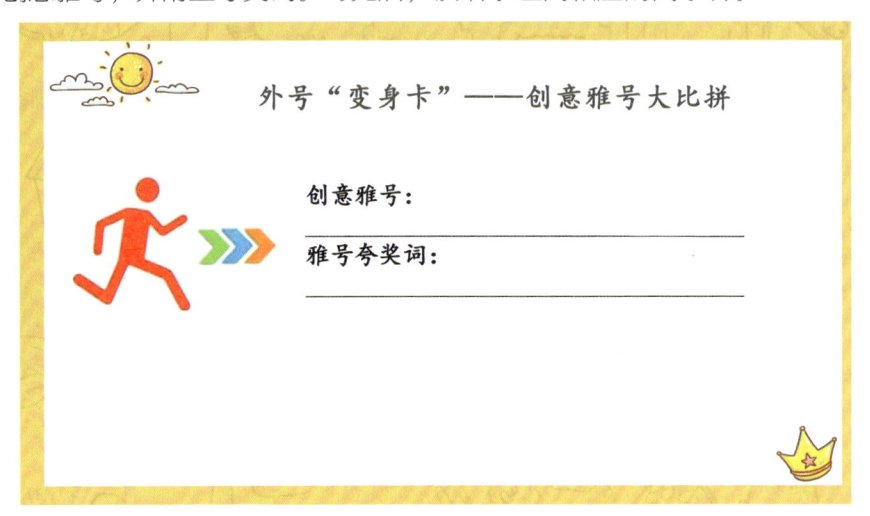

外号"变身卡"——创意雅号大比拼

创意雅号：_____

雅号夸奖词：_____

看着同学们脸上的笑容，此刻，班级友谊的种子悄然种下。

3. 修复友谊在此时

接下来，伴着温情的音乐，我请同学真诚地写下自己的爱心友谊修复卡，并把它送到想修复的同学手上。

友谊修复在此时——送出你的友谊修复卡

我想修复和_____（同学名）的友谊：
之前我一直叫你_____（填外号），给你一定带来不少困扰吧！
_____
_____
_____
（今后打算怎么做，怎么称呼）

果不其然，之前求助的同学手中收到了一大沓友谊修复卡。

在音乐声中我动情地总结："也许，二十年、三十年后同学再相见，大家的名字记不起来了，可是，这些温馨的、有趣的、可爱的、让人难以忘记的雅号，却会一直伴随在我们的记忆深处，温暖着我们！一个好的外号，可能会定格一个美妙的瞬间，勾起一段美好的回忆，成就一个人的未来。多年后，当我们再次相见，请大家开心地说：'请叫我的雅号吧！'"

五、课后反思

1. 从学生中来，到学生中去

从学生中来：本节班会课从学生人际交往中的问题中而来，通过调查和了解，围绕这一问题展开教学设计，以"帮助学生解决班级人际交往中的实际问题"为目的，以"勇敢分享，认真倾听；尊重他人，真诚道歉"为原则，创设和谐、真挚的环境，引导学生懂得外号是可以用来表达我们情感的方式，我们要正确地运用它。

到学生中去：班会效果落实到了学生中，师生共同生成和总结有效的应对方法，课堂上向我求助的同学也知道了如何去解决同学乱取"外号"这件事。课的末尾，通过友谊修复卡也看到了很多孩子发自内心的道歉，效果良好，达成了教学目标。

2. 问题解决逐级递进

为解决乱取"外号"这一问题，本节班会课我本着"情——理——法"三个层次去解决问题。

情即情感。本节课以孩子的成长需求为理念，从发现问题到分析调查，从平行教育到情感共鸣，引领学生从"称呼"这一小切口着眼，走向悦纳自我、尊重他人、真诚道歉等价值取向。

通过创设和谐、真诚、动人的心理氛围，引导学生懂得外号有善意和恶意之分，无恶意的外号亦有"忌讳"。

通过书写外号"变身卡"，学会"正视问题、勇敢拒绝、转变心态"等积极应对外号的方法，并由己及人，将方法运用于与他人关系的修复之上。当看到两个孩子紧紧相拥时，我想爱与尊重的种子已然在学生心中扎根。

理即理性。通过观看视频和案例呈现，让他们理性分析，面对此种情况应该怎样对待？从而得出可勇敢拒绝、正视自身、寻求帮助、换种角度来解决。

法即法律。当面对多次语言侮辱且屡教不改者，必要时我们还可以拿起法律武器保护自己。

3. 为班级和谐筑基

此次课后，我充分感受到了班级孩子宽容真诚、知错就改的美好品质，大大增强了我日后开展班级工作——建设一个和谐友爱、互帮互助的班集体的信心。

4. 结束即开始

一节班会课上完就真的解决问题了吗？我想此节课只是"敲门砖"，关注后续才能让问题真正得到解决。平时强化，二次调查，长期"作战"，让"外号"不歪，才能真正解决问题。

一本青春成长手册应对学生"早熟"

曾经看到这样一则新闻:"我对你的爱很深很深,像无底洞一样……"这是洛阳一名小学五年级的学生写的情书,稚嫩的语言逗乐了老师,情书的背面还画了一幅画。我怎么也没想到,竟然在三年级就遇到班级孩子开始写"情书"的现象。现在的孩子是不是太"早熟"了?

事件回放:

"表白"纸条,从天而降

一天午休后,有学生在班里一个女同学的课桌里发现了一张小纸条,上面写着:"小A,我喜欢你,我想和你生孩子。我爱你!小C。"作为一名有经验的班主任,我一看这落款,就知道是有人冒充的。

拿到纸条那一刻,我既震惊又意外,有点不知所措,不知道应该如何科学、有智慧地处理这个棘手的问题,我知道这件事不能大动干戈。

无奈之下,针对这件事,我写了一封信给四川成都的名班主任陈琼老师。信发出以后,陈琼老师很快通过自己的公众号"22号天空"给我回了信。

经过陈老师的分析,我意识到"早熟"问题其实已经越来越低龄化了,很多时候,我们成人大多都会将这种低年龄段的"早熟"问题"妖魔化"。

比如,在拿到纸条的那一刻,我内心的想法就是:这太可怕了,这么小的孩子知道什么是生孩子吗？

面对低年龄段的"早熟"问题，我们应该怎样用智慧和冷静去破解？

具体行动：

多管齐下，打造健康成长环境。陈老师回复我的锦囊妙计，可操作性非常强，让我看到了曙光。于是我积极行动起来，多管齐下，破解班级孩子的"早熟"问题。

一、冷处理：风险思维，保护孩子

我想在看到纸条那一刻，很多老师本能性的反应是调查清楚，看看纸条到底是谁写的？可陈老师在信中指出："班主任首先要做的，不是立刻去调查清楚是谁干的，而是要保护孩子。"

我非常认同陈老师的建议，我想保护孩子才是重要的。保护对象有两个：首先是收到纸条的女生小 A。小 A 平时在学校里表现不错，长得十分乖巧、可爱。据生活老师说，在纸条被发现的那一刻，很多同学在一边起哄，还争相传阅纸条。小 A 第一次遇到这种事情，当场就羞愧得无地自容，吓得大哭起来。

好几天时间里，我看她上课都没精打采，心事重重，动不动就会走神，无法集中注意力。所以，我特别把她叫到办公室里，心平气和地和她聊天。我温和地对小 A 说："受到同学的欢迎和喜欢这说明你本身是非常优秀的，大家都喜欢你，不要害怕！"小 A 点点头，眼神中有了一丝被肯定的惊喜。

我继续说："给你写纸条的那个男孩子肯定也是那些喜欢你的同学中的一个，他没有恶意，只是表达的话语有些不太合适。班里的同学起哄，也是因为这个话题比较敏感，所以一哄而上，将焦点聚集在了你身上，不过大家只是一时的兴起，过段时间，班级里又发生别的新鲜事，大家都会给忘了的！"

听到这里，小 A 深深地松了一口气。我很明显能看出，她如释重负，表情也轻松下来，眼神又重新变得明亮清晰。

其次，需要保护的第二个人是文末落款的 C 同学。尽管纸条上写得清清楚楚，但是，从字迹可以看出，这张纸条并不是他写的。我私下和他经过详细了解以后，这个判断得到了证实。

可以看出，这个从天而降的"麻烦"也给他带来不少麻烦，我私下安慰他，并找了一个机会对全班同学说明了真实情况，避免其他同学再去嘲笑他，把不必要的压力传递给他。

二、巧借力：明察暗访，摸清情况

安抚好两位学生以后，表面上的问题解决了一大半，我稍稍放下心来。不过，那个写纸条的学生还是没有找到。

于是，接下来的几天，我分别找到各科老师，跟他们进行深度交流，从他们的观察视角看看班里同学的特点，具体分析会是哪位同学写的，最终找到了写纸条的学生。

写纸条的学生叫小 D，父母平时工作比较忙，基本都由爷爷奶奶照顾他，也因为这样，小 D 平时在班级里的表现并不好，经常不交作业，学习成绩也相对落后。

不过，我没有严厉批评这名学生，而是详细了解了他的家庭背景和成长经历，并和他进行了一次深入谈话。我问他："你是不是很喜欢小 A？"小 D 刚开始一直很害怕，低着头不敢说话。后来，看到我心平气和，并没有生气，他也慢慢放松下来，说出了自己的真实想法。

他说："小 A 长得很好看，跳舞跳得特别好，而且自己不会做数学题的时候，小 A 经常帮助我，所以我很喜欢和她待在一起。"

从小 D 的回答来看，其实问题并没有我想象得那么严重，我稍稍松了口气，对他表示肯定："小 A 的确很不错，你很有眼光。"听到我这样说，小 D 很意外，抬起头来看着我说:"老师,你真的这样认为吗?"

我笑着说:"当然,我们每个人都喜欢优秀的人。那你为什么想到要写这张纸条呢?"小 D 说:"我看到电视剧里都是这么演的,男主人公说想和自己喜欢的人生孩子,我也很喜欢小 A,于是就写了这样一张纸条。"原来是这样,其实孩子的想法还是很单纯的。我暗自庆幸,自己没有小题大做,而是采取低调冷处理的方式来解决这个问题。

通过聊天,小 D 认识到了自己的错误,表示以后一定会好好学习,不会再给小 A 写这样的纸条,我也大大松了一口气。通过这次"摸排",我对班里的学生以及相关情况有了更加深入的了解。

三、齐沟通:家校合力,形成联盟

家长是学生的第一任老师,在学生成长过程中起着至关重要的作用。因此,在这个问题上,我也积极和家长深度沟通。

一方面,我特别找到小 A、小 C 和小 D 的家长,跟他们详细说了相关情况,请家长和我们一起,共同关注孩子的状态,做好安抚工作。

同时,和家委会深度沟通,并由家委会牵头组织了一次"家长学校"活动,专门就这个问题进行分享,指导家长正确做好相关工作,正视孩子"早熟"的问题。分享具体包括两个要点:第一,分析"早熟"产生的原因。第二,提供具体可行的指导方法。

比如,建立良好的亲子关系,满足学生在家庭中的情感需求。很多研究表明,孩子之所以产生早恋倾向,跟父母沟通不畅或者亲子关系不和谐有极大的关系。孩子在家庭中得不到足够的情感满足,更有可能向家庭以外的人寻求情感满足。因此,家长应及时梳理自己的家庭教育和亲子关系,满足学生在家庭中的情感需求。

再比如,当家长发现孩子有"早熟"的苗头时,应心平气和地和孩子谈心,及时引导，而不应采取打骂、羞辱等方式。

就这样，通过发动家长的力量，家长和我们成为有力的"同盟军"，也形成一股强大的家校合力，为共同解决这个棘手问题打下了基础，也更好地帮助孩子获得成长。

四、正引导：班队活动，消除神秘

班队活动是学生展现自我、开放自我的有效平台，开展有意义的班队活动对学生的心理健康发展有着重要的促进作用。

所以，我希望通过班队活动的正向引导，帮助学生与异性进行正常交往，并在异性交往中把握分寸，分清友情与爱情，建立正确健康的人际关系。

本着这样的出发点，在班队课上，我们组织了一系列专题活动，增加对异性的了解，消除男女生之间的神秘感，帮助孩子学会正确的异性交往技巧。

比如，我们特别组织了以"青涩的香蕉"为主题的情境体验小游戏。课上，我给每位学生分发两个香蕉，其中一个香蕉的表皮是青的，没有成熟，另一个香蕉表皮是黄的，已经成熟，请大家品尝味道。

等到大家尝完后，我问大家："香蕉味道怎么样？"大家纷纷举手回答，圆圆说："这个青香蕉太难吃了，味道涩涩的。"方方说："黄香蕉软软的，很甜。"

我接着问："大家想一想，为什么青香蕉不好吃呢？"朵朵脱口而出："因为香蕉还没有熟，所以不好吃，要等到表皮变黄了才好吃。"

我抓住机会继续启发大家："没错，青香蕉要等到熟了的时候味道才更甜美，每个年龄段都有每个年龄段该做的事情，我们现在也像这青香蕉一样，还不到成熟的时候，要等到真正成熟了以后，再想着恋爱的事情。"

说完这些话以后，我观察孩子们的反应，很多学生都点着头，若有所思。

除了游戏互动，我们还组织了角色体验、故事分享等丰富多彩的活动，通过这些活动，孩子们认识到男生、女生各自的优势和特点。

五、再回顾：找到原因，呼吁关注

通过这次事件，我也有了极大的成长。认识到面对班级"突发事件"，作为老师，其实不用过分紧张，而是需要沉着、冷静地处理，运用班主任的智慧，从利于他们成长的初心出发，讲究策略，终究都能取得良好的教育效果。

时下，各类社会信息传播迅速，网络极为发达，手机上网成为时尚和主流，电视电影早已成为公众最熟知的传播媒体。在信息时代来临之时，一些成人的、负面的信息也在无孔不入地侵入小学生群体、未成年人群中。

"叔叔阿姨们"的爱情，实际上已经潜移默化地影响了孩子们，让他们在心理和情感上更趋于"早熟"，一些不健康的信息也在时时侵蚀着他们的身心健康。在此，我也希望更多老师和家长关注孩子的"早熟"问题。

第五章

招招出新，做出特色：
"一"字妙招铸品牌

"教育无小事,处处皆学问。"班级管理亦是如此,一招一式皆显智慧。正如苏霍姆林斯基所言:"教育的技巧并不在于能预见到课的所有细节,而在于根据当时的具体情况,巧妙地在学生不知不觉中做出相应的变动。"让我们一同探寻那些班级管理的小妙招,让班级因智慧而闪耀。

一种值日提速法,让打扫效率"快"起来了

一、问题产生

学生每天放学后留下来值日是个老大难的问题。一二年级家长可以进校帮忙,时间尚可控制。可到了三年级,孩子就要学会自己搞卫生了。扫地、拖地、擦窗户、摆桌子……

四个孩子放学留下来打扫全班卫生,配合好的孩子,15分钟完成算快的,稍微拖拉的小组,花费半小时甚至更长也是常事。有时候,有些小组还因值日问题发生打架或者安全事故,或出现个别同学不值日逃跑的现象。

学生值日慢,冬天天黑得早,回家安全问题堪忧!经常有家长在群里问,孩子放学了吗?通常的回答都是在值日。针对以上问题,该怎么办呢?

我曾经做了一张卫生打扫记录评比表格,让四人小组根据分工记录好自己每天完成值日的时间。每周5天,每周一班会课评选出前两名。第一名的小组奖励班币两元,第二名的小组奖励班币一元。

示例如下:

值日时段	值日检查内容 （检查确认后在"□"里打钩）	签字	
晨扫 （7：50到校，8：10前完成）	□1. 走廊地面整洁无垃圾。 □2. 教室内地面干净无垃圾。 □3. 桌椅整齐不歪斜。 □4. 卫生工具整齐摆放在后门。 □5. 黑板干净无污渍。 □6. 窗台、讲台、黑板下无灰尘，饮水机无灰尘。	劳动委员检查后签字	
午检 （12：10前结束检查）	□1. 关电脑空调和电灯。 □2. 检查桌椅下是否有垃圾，有垃圾者：_____ □3. 检查凳子是否推进桌子下，未推进有：_____ □4. 检查垃圾桶，并在12：45后倒垃圾。	劳动委员检查后签字	
大课间扫 （5：10前结束）	□1. 确认椅子是否架在桌面，未架凳子者，凳子搬到讲台。 □2. 教室地面清扫干净，门后无死角。 □3. 拖地，确认教室地面干净无纸屑。 □4. 确认走廊台面、讲台、黑板和黑板槽、饮水机干净无灰尘。 □5. 确认清洁区已扫拖。 □6. 垃圾桶干净无垃圾，垃圾桶盖上无灰尘。 □7. 扫把等劳动工具摆放整齐。 □8. 确认桌椅已摆放整齐。	组长检查后签字	劳动委员检查后签字
随查 （上午第二节课后，下午第一节课后）	□随时提醒同学或小组保持地面、桌面、桌肚整洁，桌椅排放整齐。 ☆今日卫生之星：30、4、31、32、29、8、33、10、22、24、27、5、1、全班。	劳动委员检查后签字	

一开始大家还算积极，可实行不到两周，问题出现了。很多小组忘了拿表格记录，每次值日快的总是那几个小组。这个值日奖励变成了少数人的游戏就不好玩了。慢慢地很多孩子失去了兴趣，评比也就没有太大的意义了。

二、如何破局

值日慢的问题如何破局呢？我摸索出了一套适合我们班的值日方法：变一变。

1. 变值日时间

以前班级值日时间都是每天放学后。现在有了延时课，放学的时间晚了，再加上冬天，天黑得早，于是我们班改变值日时间。值日时间为午饭后和下午最后一节课的课间。每天中午吃完饭后，我们班就开始20分钟的劳动时间。

准备工具：每个人一双拖鞋、一个折叠小桶、一块小抹布、一人一个"港湾"垃圾袋、塑料袋。

劳动流程：

一换。每个人吃完饭后拿着小桶和抹布去厕所打小半桶水。来到教室门口，换拖鞋。为避免拥挤，男生从后门入，女生从前门入。换了干净的拖鞋进教室。

二擦。拿起小桶和抹布开始擦拭自己的一亩三分地。擦拭自己的课桌椅，擦拭课桌地板！

三收。换鞋子出去倒水，把自己的折叠小桶放进塑料袋中再统一放入收纳箱里。

中午的卫生打扫为下午的值日做了很好的铺垫。下午，大家注意保持就可以快速完成值日了。

2. 变值日对象

以前值日，我们班习惯性的是四人小组放学后留下来值日。变一变后，每天全班同学一起值日，大家干得不亦乐乎。

3. 变值日分工

全班值日后，我们班四个大组，每个大组一个任务，且都有自己的口号。口号就是任务，非常简单。如：第一组，擦擦擦。第二组，扫扫扫。第三组，摆摆摆。第四组，拖拖拖。

擦擦擦，就是教室所有需要擦的都是第一组负责，擦玻璃、擦黑板、擦讲台、擦柜子等；扫扫扫，就是扫地、扫教室、扫门口、扫角落等；摆摆摆，就是摆课桌椅、摆图书、摆花草等；拖拖拖，就是拖地。

简单好记的四个字：擦、拖、摆、扫。

4. 变监督工具

我们班的劳动监督工具为一个计时器。每次打扫卫生时，我都会先调好时间。如 30 秒完成书包的整理，8 分钟完成教室的打扫，剩余 1 分 30 秒用来发奖励。有了计时器，无形中给了孩子们目标，他们会争分夺秒完成。

三、几点注意

劳动中出现了以下问题，怎么办？

1. 班级劳动工具不足，怎么办

全班只有两把扫帚，一个拖把，如何分配？擦擦擦小组，除了用抹布擦桌椅外，我们班级的玻璃都是用报纸擦，更干净！扫扫扫小组，只有两把扫把，就轮流用。没轮到的就用纸巾捡垃圾。拖拖拖小组，全班只有一把拖把，还是轮流用。剩余同学用抹布或者消毒大湿纸巾擦地。老师要特别表扬没有拿到工具但是值日依然很认真的孩子。就这样，我们班解决了劳动工具不足的问题。

2. 劳动中出现有人偷懒，怎么办

全班互相监督，劳动完，我们有个简单的总结。请同学互相说出哪些同学在值日中应该得到表扬，哪些同学在值日中偷懒了？特别认真的同学奖励班币一元，偷懒不干活的同学扣除班币一元。

3. 学生在劳动，老师干什么呢

做一个观察者，看看谁在劳动中最认真；做一个记录者，记录劳动中发现的问题以便及时解决，记录劳动中表现较好的同学，等下进行班币奖励；做一个鼓励者，看到哪组值日进度慢了，给他们加油打气；做一个气氛调节者，有时候为了增加点气氛，我还会给他们来点音乐。这时候大张伟的《倍儿爽》就出场了，听着音乐，孩子们劳动的劲头也就更足了。有时候，也会播放他们喜欢的《孤勇者》。劳动中有音乐相伴，何尝不是一件美事呢？整个打扫过程十分钟，刚好是课间休息的时间。就这样，我们班级再也不用放学留下来值日了。这既解放了学生也解放了老师！我们班天天都是大扫除，孩子们天天都像住在"五星"酒店般！见下图：

一个废纸回收箱，使班级垃圾"少"起来了

一个班级的卫生状况关系到一个班级的形象，虽然卫生工作看上去是件小事，但实实在在做好，却并不简单。

班级卫生管理也是一项集体活动，组织得当的话，能培养学生的团结协作能力和荣辱与共的美德。

起因

"老师，咱们班又被扣分了！"卫生委员庄同学一边说着，一边把手里一小把碎纸屑塞到我手里。

"老师，某某同学的位置下一大堆垃圾，刚刚校长过来巡查教室被拍照了。"

"老师，某某同学今天带了零食来学校，把吃完的垃圾随手丢了一地。"……

以上种种场景已经不算什么稀罕事，几乎每天都要上演一遍。作为班主任的我已经尽力了。每周班会课的情感熏陶，每天到班后的亲自督促和示范，仍不见多大改变。

实践一：突发奇想，巧设"回收箱"

一天早读，我跟往常一样走进教室，不过这次我不只是看看地上的垃圾叹气，而是仔细观察了地上垃圾。废纸几乎占了三分之二，每天督促学生捡垃圾

时就不停地往厕所垃圾桶丢，导致每次学校垃圾桶爆满。看着地上的垃圾我在心里想着："一定得想个一举两得的好办法。"

我慢慢地走向讲台，让早读的孩子暂时安静了下来，然后说："同学们，你们看，刚刚老师发现很多同学往地上乱扔作业纸，这些纸还没写过就被撕下来丢在了地下，你们觉得，这算是浪费吗？"

学生们一致答道："浪费！"我突然觉得，要是给孩子们一次环保节约的教育，兴许能让孩子养成节约的习惯，还能减少班里的垃圾呢！

我马上接着说："是啊，孩子们，咱们爸爸妈妈每天辛苦工作，花钱给我们买本子，供我们读书。可我们却不懂得珍惜，随意乱撕本子。所以，我倡议大家，回收班里的废纸，不管大的小的，都放进回收箱里，我们定期卖出我们的废纸，得来的钱作为班费用来买书或者每月生日会的采购怎么样？"

没想到，这个想法得到了全班学生的一致赞成，而且班级几个经常制造垃圾的同学竟然主动提出要做废纸回收箱的管理员。

第二天，黄诺熙同学从家里带来了废纸回收箱。全班同学都在教室里整理自己的废纸，然后交到管理员那里，很快，我们的回收箱就装了一大半。

实践二：语重心长，交流回收意义

下午午休结束后，我跟大家说："同学们，你们觉得我们回收废纸有意义吗？"某同学站起来说，"老师，我觉得我们像是捡垃圾的。"

我请他坐下，然后郑重地说："同学们，我们并不是在单纯地捡垃圾，我们是在做一次有意义的环保活动呀！你们每个人都可以做环保小卫士了。一方面，我们把还能用的纸找出来再次利用呢；另一方面，我们把不能利用的纸卖掉，还可以做些有意义的事。这捡垃圾，有意义吗？"同学们都不住地点头！

接下来的两个星期里，卫生委员庄同学一进教室就高兴地跟我说："老师，咱们班一分没扣！"我们已经连续两周拿了文明班级了！

结果：开心激动，收获"第一桶金"

今天一进教室，收到了来自文博的两元钱。当时的我还不明白！为什么给我两元钱？他有点失落地告诉我："老师，这是我们班卖废纸的钱！"

我这才想起来昨天让他做的事。临近放学，班级同学告诉我，我们班的垃圾回收箱已经满了，可以拿去卖钱了。为了满足孩子们的好奇心和成就感，我在班级问了孩子："谁愿意把这些废纸拿去卖了呢？"没想到一双双小手举得高高的，大家争相想做这件事，这是好事呀！

我又问："你们知道拿去哪卖吗？""我卖过，我家楼下就有收垃圾的地方。"文博大声且坚定地告诉我。"好吧！这个光荣且艰巨的任务就交给你了。"

放学后，只见文博和其他同学一起抬着垃圾箱兴高采烈地走出了校门。

今天看到有点失落的文博，课前5分钟我决定大肆表扬孩子！并让"两元钱"发挥它最大的价值。

上课互相问好后，我带着激动且开心的语气说："同学们看！我手上拿的是什么？""两元钱。"大家异口同声地回答。"知道这两元钱是怎么来的吗？""卖废纸得来的。"文博大声回答道。

"这是我们班级的'第一桶金'，我要感谢文博同学的付出。昨天是他把班级废纸拿去卖掉了。虽然只有两元钱，可这代表着什么呢？这背后的意义是什么？你从中有什么收获呢？孩子们，生活处处皆语文，语文处处皆作文。请把你最真实的感受写出来吧！不限字数。要求一个字'真'，就是真实的感受。"

为了缓解李文博同学的失落感，我给他布置了一个特别的作业！"文博同学参与了卖废纸活动，我想你的感受肯定会更深，更加与众不同！老师很期待你能跟大家分享你是如何卖废纸的。"

就这样，我用了15分钟让同学们写了一篇小练笔。孩子们都写出了自己的感受。

最后我再升华了一句:"虽然两元钱很少,但郭老师希望我们卖的钱能够越来越少,我会更开心!请你细细领悟吧!这句话有很多同学也领悟到了。"

> 附李文博同学感想一篇:
>
> 这一学期由于班级卫生实在太脏了,每天班级就像个垃圾堆。每天管理都没有效果,后面郭老师提议设立垃圾箱吧!专回收废纸,这样还可以卖钱。我们班级同学一听高兴极了!
>
> 第二天,黄诺熙同学就从家里带来了一个纸箱子。一下课,同学们就把废纸放进了回收箱里。渐渐地,我们班级的垃圾越来越少了,卫生也变好了。
>
> 昨天,我们的垃圾回收箱已经装满了,郭老师问:"谁可以把废纸带回家卖呢?"我主动领了任务把垃圾箱带回家。
>
> 回家后,我快速写完作业,吃完饭后带着箱子去卖废纸了。我找了很久终于找到了收废品的地方。
>
> 我问老板:"可以卖多少钱?"老板说:"一元钱。"
>
> 我说:"太少了!三元钱。"老板说:"就一元。"
>
> 我说:"两元吧?"老板说:"两元就两元。"
>
> 可是他要我把班级的废纸回收箱也一起拿给他。当我收到两元钱时,当时别提多开心了,因为这是班级所有人努力得来的两元钱。但班级黄诺熙同学带来的箱子却被卖掉了。
>
> 一想到班级没废纸回收箱了,我又赶紧去找了一个大箱子,好让班级明天能用上。

看着班级的变化,读着孩子们的文字,这都是意外的结果,是这群让我无数次崩溃甚至觉得教育无力的孩子们做到的。通过这件事,也让我认识到,任何时候都不能把孩子固化了,他们是能够成长的,而且成长的速度远远超过我们的想象。我们任何时候都要相信孩子,相信他们能变得更好,我们要不断地观察孩子,不断学习,才能引导他们变成社会需要的人才!

一份"夸夸"秘籍，促学生"乐"起来了

马克·吐温说过："听到一句得体的称赞，能使他陶醉两个月。"在现实生活中，每个人都期待他人的赞美，因为每个人内心都希望自己所付出的努力被别人看到，自己所取得的成绩被别人认可。心理学家、哲学家威廉詹姆斯也表示："人类性情中最强烈的渴望就是受到他人认同。"

在这样的背景下，我们班设立的"夸夸"秘籍，如同一股温暖的春风，悄然吹进了每个孩子的心田，让班级的氛围变得更加温馨和谐，也让孩子们在相互的赞美中找到了成长的力量。

"夸夸"秘籍之一："夸夸"箱——匿名赞美，真诚传递

"夸夸"箱，是我们班级赞美文化的起点，也是孩子们心中那份纯真与善良的缩影。每周一的班会课上，孩子们都会怀揣着对同伴的欣赏与认可，写下一张张匿名的"夸夸"条，然后小心翼翼地投入"夸夸"箱中。这些纸条上，有的记录着对同学学习进步的赞叹，有的表达了对同学乐于助人品质的钦佩，还有的则是对同学勇敢尝试新事物的鼓励。在随后的时间里，我会随机抽取并宣读这些赞美之词，让被赞美的同学感受到来自同伴的温暖与尊重。"夸夸"箱不仅促进了同学间的相互了解与沟通，更在无形中培养了孩子们的同理心与感恩之心，让他们学会了欣赏他人的优点，珍惜身边的每一份美好。

"夸夸"秘籍之二:"夸夸"墙——公开表扬,树立榜样

"夸夸"墙,是我们班级的一道亮丽风景线,它见证了孩子们的成长与蜕变。每当有同学在学习、体育、艺术、品德等方面表现出色时,他们的名字和事迹就会被精心制作成精美的海报,贴在"夸夸"墙上,成为全班学习的榜样。"夸夸"墙上的每一张照片、每一段文字,都蕴含着孩子们的努力与汗水,也寄托着老师与同学们的期望与祝福。这面墙不仅让优秀的同学得到了应有的认可与鼓励,更在全班范围内营造了崇尚优秀、追求卓越的良好风气,激励着每一位同学不断超越自我,向更高的目标迈进。

"夸夸"秘籍之三:"夸夸"日记——记录成长,自我肯定

"夸夸"日记,是我们班级为了培养孩子们自我反思与自我肯定能力而设计的一项活动。每天放学后,孩子们都会拿出自己的"夸夸"日记本,记录下自己当天的一个优点或一个小进步。这些优点可能是按时完成作业、主动帮助同学、勇敢表达自己的想法,也可能是学会了新的知识点、克服了一个小小的困难。在每周的班级分享会上,孩子们会轮流上台朗读自己的"夸夸"日记,分享自己的成长故事。这种自我肯定的方式,不仅让孩子们更加珍惜自己的每一点进步,也让他们学会了欣赏自己的独特之处,培养了自信心与自尊心。

"夸夸"秘籍之四:"夸夸"卡——即时反馈,即时激励

"夸夸"卡,是我们班级为了加强即时反馈而设计的一种小卡片。每当有同学在课堂上表现出色,或是完成了某项任务时,老师或同学就会送上一张"夸夸"卡,上面写有赞美的话语和鼓励的话语。这种即时的赞美与激励,让孩子们感受到了被关注的喜悦,也激发了他们继续前进的动力。"夸夸"卡上的每一句话,都充满了温暖与力量,它们像一盏盏明灯,照亮了孩子们前行的道路。孩子们会将收到的"夸夸"卡珍藏起来,作为自己成长道路上的宝贵财富。

"夸夸"秘籍之五:"夸夸"时刻——定期庆典,共享喜悦

"夸夸"时刻,是我们班级为了庆祝孩子们的成就而设立的一个定期庆典。每当学期结束或重要节日来临之际,我们都会举行一次"夸夸"时刻庆典,邀请全班同学、部分家长和老师共同参与。在庆典上,我们会颁发"最佳进步奖""最佳创意奖""最佳团队奖"等奖项,并邀请获奖同学上台分享自己的成长故事与获奖感言。这种定期的庆典活动,不仅让孩子们感受到了成功的喜悦与自豪,也让整个班级充满了积极向上的氛围与正能量。在庆典上,孩子们会穿上漂亮的衣服,展示自己的才艺与风采,让家长们看到了孩子们的另一面。同时,家长们也会通过参与庆典活动,更加深入地了解孩子们的学习与生活状态,增进亲子之间的沟通与理解。

"夸夸"秘籍之六:"夸夸"故事——讲述成长,传递正能量

"夸夸"故事,是我们班级为了传承班级文化而开展的一项活动。我鼓励同学们将自己的成长故事、学习经验或感人瞬间写成文章或制作成视频,在班级公众号上进行分享。这些"夸夸"故事不仅记录了孩子们的成长足迹与心路历程,也传递了积极向上的正能量与人生智慧。在"夸夸"故事中,孩子们会讲述自己如何克服困难、挑战自我、实现梦想的故事;也会分享自己在学习中的心得体会与成功经验;还会表达对家人、老师、同学的感激之情与祝福之意。这些故事不仅让其他同学从中汲取了力量与勇气,也让班级成为一个充满爱与温暖的地方。通过"夸夸"故事的分享与交流,孩子们学会了如何更好地表达自己、倾听他人、理解世界,培养了同理心与社会责任感。

结语:让赞美成为班级文化的灵魂

"夸夸"秘籍的每一部分都承载着我们对孩子们的深切期望与美好祝愿。我相信,通过多样化的赞美方式与活动形式,可以激发孩子们的内在潜能与创造力,培养他们的自信心与责任感,让他们在未来的道路上更加勇敢、坚定。同时,我也希望这些赞美活动能够成为班级文化的灵魂与精髓,让每一位同学

都能在这里找到属于自己的归属感与成就感。

在赞美的旋律中，愿每个孩子都能绽放出最灿烂的笑容，享受成长带来的每一份快乐与奇迹。

一个微团队，引发学习氛围"浓"起来了

在班主任工作里，创新是驱动班级发展、营造独特氛围的关键引擎。秉持着不断探索、推陈出新的理念，我致力于挖掘新颖且行之有效的班级管理策略，而组建微团队这一举措，为班级注入了全新的活力，让学习氛围越发浓郁，成为班级管理特色中的一抹亮色。

一、微团队建设背景

作为全国第一所5G校园，未来学校。我们学校以"育之以爱，学以成人"为办学理念，以做有根的特区现代社区小公民为培养目标，和全体师生、家长及社会各界结为学习共同体和生命成长共同体。让学生能健康快乐地成长，带着信心和兴趣走进港湾，怀揣爱和梦想，走向更广阔的世界。

二、微团队建设意义

第一，团队意识。俗话说得好："一个人走得很快，一群人走得更远。"第二，培养孩子的分工、合作意识和能力。第三，增强同学之间的情感和人际交往能力。第四，培养孩子的领导力和策划力。

三、微团队的初建之路

我有意识地根据同学们的表现进行记录。根据人数 6-8 人为宜,将班级划分为 5 个微团队。我根据以下三个原则进行划分。

第一,平时表现。每组微团队要平均分配学习能力强、有领导力的同学,同时又要跟能力弱一点的同学进行搭配,这样能力强的同学在学习和活动中都能够在队里起引领作用。

第二,距离远近。微团队作为学习共同体,以后的学习中,经常有一些学习活动是通过微团队完成,各成员之间的距离不宜太远,这样集中起来不方便。

第三,男女比例。每组男女人数尽量均衡。

1. 初次亮相,仪式满满

仪式感,很重要。它让我们对事情产生敬畏之心。童话《小王子》里说:"仪式感就是使某一天与其他日子不同,使某一时刻与其他时刻不同。"有了前期规划,通过班会课,我们正式开启微团队组建之路。

第一环节:仪式满满公布微团队名单。

师:同学们,经过老师长达两个月的观察,今天我们班终于迎来了一个重要的时刻。我们的微团队要成立了!这意味着,从今天开始,我们有了更多学习伙伴和玩耍伙伴,也意味着我们从此就是一条船上的人了!我们必须齐心协力,才能将这条船划走、划快,划向我们的目的地,大家有信心吗?

生:(信心满满且声音响亮地回答)有!

师:接下来考验你们默契的时候到了,老师念到哪个微团队,请哪个微团队一起手拉着手上讲台来,并整齐、响亮地跟大家问好。"大家好!我们是××微团队,很高兴从今天开始我们是队友。"

就这样,大家纷纷上讲台用响亮的声音进行了初次亮相,仪式感满满。

第二环节：学习微团队品质。

俗话说，众人拾柴火焰高。在我们的微团队建设中也是如此。一个微团队如果没有好的氛围，没有团结的力量，后期就很难调动起来。

课堂上，我先让孩子们分组讨论心目中的微团队应该具有什么品质？他们纷纷说道："团结、合作、榜样……"我接着补充道："还应该有责任意识、主动意识、换位意识、协调意识、榜样意识、创造意识和高效意识。"然后，让每个微团队再次上台齐读微团队的品质，看看哪个微团队读得最整齐，这也是考验他们团结的时候。

接着，欣赏优秀微团队实例。让他们对微团队有种欣喜感，原来微团队那么好，大家可以一起学习、一起玩耍。

2. 共商文化，展合作感

团队合作的本质是共同奉献。这种共同奉献需要一个切实可行、具有挑战意义且让成员能够为之信服的目标。只有这样，才能激发团队的合作动力。

第三环节：共商微团队文化。

团队之间在课堂上经过两次磨合后，接下来我则让他们用15分钟时间共商各微团队文化。

队名：每个微团队取一个响亮、上进、正能量，能激励团队向上的队名。如我们班级之前的追梦队、希望队、创新队、雷电队等都是积极向上的。

由于我们班是追光少年班。因此在取队名时，我有意识地让孩子们朝XX少年队或追X少年两个方向取名，这样可以呼应我们的班名。

口号：每个微团队商量一句与队名匹配的口号。

队歌：可以网上找，也可以自行改编创作。

目标：长期目标和短期目标。如在班级微团队里排名第几，各科平均分达多少。短期内帮助哪位同学的成绩提高多少分？或者集体挑战一个项目坚持多少天，如背单词、朗读等。

吉祥物：每个微团队选一个自己喜欢的吉祥物或者自行设计，网上定制。作为一种精神的寄托，也可以作为团队活动时的奖励。

职位：组长和副组长（组长：选学习力强和管理能力强的人担任。副组长：初期建议也选能力强的，一段时间稳定后，副组长可以轮流担任，让每个同学都有参与感！）

15分钟的讨论中，我看到了一个个合作意识强的微团队，他们会分工协作。有的商量队名，有的商量团队吉祥物，还有的想口号。最有意思的是团队组长和副组长的选举。有人来问我，该怎么选呢？我说你们组内自己决定。这样很多队就出现了民主的举手表决制，或是约定俗成的石头剪刀布。

团队的力量是巨大的，短短 15 分钟的商议，各小组纷纷有了自己的微团队名。分别是：团结少年、创新少年、快乐少年、成长少年、热血少年。我细看这些队名，都是充满斗志的，于是大力表扬了他们的智慧。

3. 展示口号，有士气感

士气对一个团队的影响到底有多大？相信每个人都是有目共睹的，一个团队，没了士气，纵使团队中每一个人的能力都是最强的，也很难敌过一个既团结又士气高涨的普通人组成的队伍。

第四环节：展示团队文化。

各微团队有了自己的文化后，接下来我请各微团队再次上台展示他们的微团队名和口号！强调口号要体现团队士气。

4. 拍张合影，显创意感

创新是一个民族的灵魂，也是一个国家兴旺发达的源泉。

第五环节：拍照合影。

在我看来，微团队建设也是班级文化建设的一方面。因此，我们的班级文化后墙特别留了一个板块作为微团队展示板块。所以拍照的目的也是为了完善班级文化，同时考验他们团队的创造力。

在拍照过程中，无论从团队动作还是拍照地点的选取，都让我看到了同学们满满的创意感。有的在国旗下敬礼，有的在科探世界飞翔，有的在我爱港湾的标志那里"比心"……

成长少年队

团结少年队

快乐少年队

创新少年队

热血少年队

5. 奖励机制，激竞争感

竞争的力量会让一个人发挥出巨大的潜能，创造出惊人的成绩。现代社会是一个充满竞争的社会，有竞争才会有进步、有发展，对个人、集体、国家都是如此，一个人如果不具备竞争的意识和竞争的能力，很难在社会上立足。因此，要让孩子能适应明天的竞争，成为生活的强者，就必须从小注重对孩子竞争意识的培养。

微团队的存在，目的是让班级形成竞争意识。一个有着良性竞争的班级才能不断进步！

组队完毕后，我公布了微团队的奖励机制。每周根据各微团队在纪律、卫生、作业、活动等方面进行加减分制度，评出两组优秀微团队。再从两组优秀微团队里各评出两名优秀成员，给予奖状、学习用品、公仔等奖品奖励。

就这样，我们完成了班级微团队的初建工作。来看看各微团队的初建感言吧！

我们的微团队叫"成长少年",我很开心。因为新人有很多特点,我们可以发挥各自的特点,让我们的微团队变得更美好。团结协作,争做最好微团队!

——王雨泽

我们是第四组的微团队,我们是班级最快完成老师任务的团队,我很自豪!

——李炫烈

我很开心,今天我们微团队分工合作,我负责准备拍照时用的队名牌!在拍照时用到了,我很开心。这就是团队分工合作的结果!

——刘奕松

第一次创建微团队我很开心。周末我们可以叫上微团队成员去好多好玩的地方。如:欢乐谷、海上世界、青青世界等。我很期待!

——唐诗婷

三、微团队的运行之路

微团队组建好了,一定要用起来,否则就形同虚设。如各微团队每天在群里打卡学习,一般是朗读、阅读、背单词等。老师在各微团队群,可以及时了解学习情况,有时学生有问题也可以问老师,这就是混合式线上学习。

在家里学习如何调动?

组建初期,来自教师的引领。

- 初期抽空点评每个微团队的作业,多为鼓励性语言和委婉的建议。
- 每天早读课前利用一两分钟总结微团队完成情况,实行积分制度。
- 每周两个微团队 + 每月一个微团队 + 期末一个微团队 = 合作竞争意识

组建中期,可以尝试着让组长和在群里发言比较积极的家长帮忙点评,可以教会他们点评的方法,给其他同学和家长树立榜样。但是依旧要坚持每天统计打卡数据，老师依然要坚持每天通报情况。

组建后期，微团队学习氛围比较浓厚了，可以让学生之间互相提醒和点评，老师对点评积极的同学进行表扬！

在校学习如何调动？

- 每周五利用一节课的时间对微团队本周学习成果集体检测。如举行背书大赛、演讲比赛、百词赛、经典诵默大赛、整本书阅读检测大赛等。（竞争意识）

- 部分不积极或经常不打卡的同学，超过三次，整个微团队留下来，帮助这位同学把作业过关了才能放学回家。（团队意识）

活动上怎样落实？

微团队除了是学习共同体外，还是生命成长共同体。如何调动他们的日常活动呢？见下表：

怎么做？	
时间	一个月至少1次
家长辅导员	两位负责微团队的统筹规划
活动主题	共读交流、生活体验课
地点	家里、小区、公园、图书馆等
任务分工	宣传委员、摄影师、新闻发布员、后勤委员等，每次两位家长轮流主持活动
总结呈现	班级微信公众号

我主要通过微团队探索"行走深圳课程"，即每个月每个微团队利用周末组织一次户外或者深圳景点的参观活动。如游览深圳博物馆、南澳之约、相约人才公园、宝安图书馆、故事会、好书分享会、端午包粽子等。

前期准备：开学初每个微团队上交一份本学期活动计划表。组长负责组织组员讨论，一起商讨，每次活动家长和孩子轮流组织。一个月里，大家商量哪一天周末有空，确保每个家庭和孩子都参加此次活动。

中期推进：活动前一周，负责组织活动的家长把方案发到微团队群里让成员知晓，大家也可以提修改意见。

活动当天：家长负责孩子的安全和饮食，并记录孩子的成长瞬间，拍照和拍视频发到群里供后期微信公众号使用。

后期展示：一周内每位参与活动的孩子写一写活动体会，家长负责统一收齐后发给编辑班级公众号的家长，进行推送。各微团队的推文也是学期末优秀微团队评比的重要依据。因此，学生们会认真对待。

通过组建微团队这一创新管理举措，我深刻认识到，只要善于挖掘学生的潜力，巧妙运用团队协作的力量，就能为班级营造出浓厚且积极向上的学习氛围，助力每一位学生在知识的海洋中茁壮成长。

一套五步写作法，助学生写作"飞"起来了

毫不夸张地说，作文是每个孩子学习语文的"心头痛"。每次碰到写作文，班级总是哀嚎一片。如何帮助孩子克服对作文的恐惧，提高写作速度，是我近几年一直思考的问题。

何捷老师的《百字作文》一书给了我方法——让孩子每天写百字；张祖庆老师的"在游泳中学会游泳，在写作中学会写作"的讲座给了我启发——只有写了才会写。

我开始在班上进行"百字作文"的探索。从2020年至今，我逐渐摸索到"百字作文"的脉门，悟出了让学生爱上写作的五个妙招。

一、开始，要有仪式感

如何让这次写作跟之前有所不同？我鼓励孩子在公众号写作，让其习作能被更多人看见，在写作中建立仪式感。

首先，给自己的公众号取个响亮的名字。

在开启百字作文前，我让每个孩子建立了属于自己的公众号，并根据自己的名字、特长或者对写作的期待等给公众号赋予一个美好的名字。

如奕梵同学喜欢看书，他给自己的公众号取名"张书迷说"；邵文同学爱好足球，希望用文字记录他的生活，公众号命名为"足以成文"；黄铮同学、

小可同学、千惠同学则在自己的名字上做文章，分别取名为"乘风破浪的铮铮""小 Co 就是我""千语惠存"……刻上自己的特色，让写作有仪式感。

其次，规划美好的愿景。

我告诉他们："公众号是为自己的成长留痕的，是我们每个人的小花园，请用心打理。老师希望两年后毕业，我们每个人都能整理出属于自己的小学成长作文集。这里面装着你童年的天真烂漫、酸甜苦辣、喜怒哀乐……"

二、主题，要有规划感

百字作文虽然很随意，但若主题没有规划好，写着写着就变成记流水账了，题材也没新鲜感了。这促使我开始进行主题规划，一段时间集中写书中的小练笔；一段时间集中练习写人、写景、状物等片段作文。

除此之外，我还给他们寻找更多的写作素材。以暑假生活为例，我们可以从这么多主题展开。

生活趣事：露营一次、吃特色小吃、有了新爱好、逛逛夜市、和小伙伴比赛数星星、观赏日出或夕阳、用心听一听虫鸣或鸟叫、与家人晨跑……

情商培养：对家人说"我爱你"、陪家人散步、真诚地赞美一个人、拥抱你的好朋友、给老师写一封信、给家人制造一次惊喜、给家人捶背……

交往连接：为全家人准备一次早餐、和朋友尽情玩一天、和家人一起大扫除、举办一场家庭晚会、拜访幼儿园老师、捐赠你不用的东西、跟家人去菜市场买菜、给很久没见的朋友打电话……

开阔视野：去博物馆、去图书馆、去美术馆、去剧院、去植物园、去动物园、去红色教育基地、去爸爸妈妈工作的地方……

趣味体验：种点什么、跳广场舞、检查视力或牙齿、采摘水果、学会游泳、做一个小手工、去参加夏令营、画一幅自画像……

三、毅力，要有坚持感

成功的路上并不拥挤，因为坚持的人不多。"百字作文"既是对学生毅力的考验，也是对老师毅力的考验。学生得坚持天天写，老师得天天及时反馈，如何让孩子充满动力去坚持写作？

毅力来源于榜样示范。为了让孩子们能坚持写"百字作文"，我跟他们达成了约定：他们写百字，我写千字。就这样，我也开启了我的公众号写作之路。我和同学互相监督，他们会关注老师这周有没有更新千字文，而我也会关注谁的"小花园"还是空空如也。

毅力来源于坚持批改。孩子们交上来的作文总期待老师能够及时点评，哪怕是一句话，他们也很期待。我给自己规定，如无特殊原因，每天必须拿出一节完整的课来看学生的作文，并作简单点评。因此，我的日计划中总有一项任务是一成不变的——改作文。

四、兴趣，要有探索感

作家巴金曾说过："必须有话要说，有感情要吐露，才能顺利下笔。"写作是一种情感性极强的个体活动，学生写不好作文，有技法的问题，也有写作动机和对待写作的态度等问题。为激发学生的写作热情，我试着用创设情境、组织活动等手段，唤醒学生的主体意识，让他们在写作中体验愉悦。

1. 创设情境——激发表达欲望

创设特定的情境是激发兴趣的有效措施，是学生增强生活体验、激发思维、激活愿望和习作动机的源泉。

一次作文课，我一边走进教室，一边还在为怎样教好这节课而犯难。师生互相问好后，我刚准备转身在黑板写板书，却发现黑板没有擦，我连板书的地方都没有。

"嘿！讲解动作描写的例子不就来了吗？"我灵机一动，问道："今天的值日生是谁？"两位值日班长赶紧跑上来擦起了黑板。看着两位值日班长手忙脚乱、手脚并用，时而双手用力，时而双脚离地，我决定马上改变这节课的教学策略，不跟着书来上，就用这现成的作文素材。

我立马开口道："请大家认真观察两位同学擦黑板的动作，并把他们两个擦黑板的情形当作一部微电影来观看，等下我请同学来复述。"

不一会儿，一个真实的微电影就"播放"完了。"谁来复述一下刚刚两位同学是怎么擦黑板的呢？"

话音未落，同学们个个跃跃欲试。还没等我说接下来要写作文，就有同学问我："老师，我们今天的百字作文是写这篇吗？"看着他们迫不及待的样子，我很欣慰。课堂的后15分钟，我见到了一个个奋笔疾书的同学，听到了书写的沙沙声。

我深深感受到教学情境的设置，一旦找准支点，一定能撬动学生丰富的内心世界，原本枯燥的作文课也能风生水起，让学生有话说、想说话、易下笔、乐倾诉。

2. 组织活动——增强写作兴趣

活动是写作的"兴奋剂"。这学期我们班要举行美食节活动。学生心心念念了一学期，如何让他们在活动中一举多得呢？我做了如下策划，把活动还给学生，让他们做活动的主人。由此，学生竟然心甘情愿写了六篇习作。

习作一：写策划方案。 从美食节活动目的、活动时间、活动地点、活动内容、活动前期准备、经费预算等进行策划。

很多孩子在策划方案中写到美食节应该是集娱乐、美食、休闲于一体的。佳桐同学希望有个幸运大转盘，举行现场抽奖活动；语文课代表奕梵同学提出可以玩"飞花令"；维铭同学班币少，提到可以现场玩游戏挣班币；子芸同学期待可以自己动手做美食去现场卖……就这样，因为写作，一个个金点子从同学们的策划中冒出。

习作二：写保证书。设置情境：公园是公共场合，需要我们全班保证安全、卫生、文明等相关问题，才可以给我们举办美食节。于是一份份保证书交上来了——"我会注意公园的卫生，做到不随地乱丢垃圾，垃圾扔到班级准备好的垃圾袋里；我会注意公园的文明秩序，做到不追逐打闹；我会注意户外安全，不到公园的小河边玩耍；我会听从班级微团队安全委员的管理……"

习作三：我的美食节创意说明。我是个爱"折腾"的班主任，喜欢一举多得。"同学们，美食节有同学提出想带自己做的美食去出售，这是一个好办法。咱们到时候比比哪个摊位生意最红火，怎么样？"有了竞争，总会激发创意，有的组设计了美食海报吸引同学们的眼球；有的组设计套圈活动，在玩乐中卖美食；有的组设计幸运大抽奖，利用一些心理知识，赚个盆满钵满……

习作四：推荐美食。剧透一下你们组的美食有何特色？

习作五：欢乐美食节。用文字记录下这难忘的美食节吧！

习作六：写期待信。下一期的班级活动你希望是什么呢？请写下你的期待吧！

就这样，一次美食节孩子们完成了六篇习作，并且还玩出了品位、文化、能力和智慧，让写作自然发生。

美食海报示例如下：

美食节策划我参与

活动背景：让有班币的同学们收获礼物，增加同学们的感情，让同学们学习完后可以放松一下子，也可以提升数学能力，增加同学们的团结能力。

活动名称：前海港湾学校五(6)班美食节活动我参与策划书

活动时间：9月23日4:00~8:00

活动主题：美食节

活动流程：先等全员到齐，以做团队的形式背诵课文古诗，哪个微团队最好就可以优先选择，也可以把班币的数量分成第一批、第二批。

物品准备：可先选几位班币少的同学去帮助布置场地并给5元班币。

经费预算：美食不超70元，场内布置105元，其余500元。

安全预案：如有同学乱跑、乱走，可让家长看守。

附件：无

—— 黄若熙五(6)班

美味乐翻天

春风十里
不如一口 挑中你

团结出售中……
备好零钱！！

Yummy!

五、激励，要有成就感

于永正老师在他的书中写道："'激励'和'影响'是教育的两个别名。"新课标也提出了"教学评一体化"，如何激励他们，让他们拥有成就感？我认为应物质和精神激励并重。

1. 物质激励

美食大诱惑。每次现场作文比赛，我会评出一、二、三等奖。奖品有时是他们心心念念的奶茶、可乐，有时是他们喜欢的薯条、汉堡等，进步特别大的孩子还会得到我的私享外卖餐。平时的习作，特别优秀的和进步大的，也会采取班币奖励。学期末，孩子们可以用班币在班级超市购物。

让"百字作文"变为"铅"字。班级有两位同学的作文在《青少年报》《创意小作家》等杂志和报纸上发表了，可是没有稿费。我自掏腰包给他们分别发了50元和100元稿费以示肯定，拿到稿酬的他们，成为全班羡慕的对象，其他孩子也想凭自己的努力，挣到属于自己的写作"第一桶金"。

2. 精神激励

奖状激励。写作质量高的，会获评"创意小作家"奖；公众号发表后阅读量高的获评"最佳人气"奖；写作进步较快的，获评"写作小达人"奖等。

评语激励。在习作批改中拿着"放大镜"去寻找学生习作的好词、好句、好段、好题等进行勾画，然后配上简单的激励性语言。如："读完你的文章，让人欲罢不能，高手也！""开头简短，将人迅速拉入你的文章，这表达力也太棒了！""有作家潜质呀！有空给老师先签个名哈！""题目有新意，就服你！"我抓住学生作文的闪光点，使劲地夸、幽默地夸、智慧地夸，让他们找到写作的信心。

"看见"激励。让每一个孩子的习作被看见。

其一，坚持班级展示。每天留10分钟时间让优秀的孩子在班级读自己的习作。凡是需要展示的学生，我会在他的"百字作文本"上留下：请上台分享给同学听。每到展示环节，他们会排好队一个个上讲台大声分享自己的习作，其余同学则坐姿端正，眼神盯着分享的同学，然后给予他们热烈的掌声。通过这方小舞台，同学们找到了自信和坚持写作的动力。

其二，坚持推送优秀习作到公众号。特别优秀的学生习作，我会将其作品推送到我的公众号，让更多人看见。很多同学都以上老师的公众号为荣。

渐渐地，同学们对待写作不再像之前"谈虎色变"，反而期待每天百字作文的分享和表彰。大家开始有意识地积累好词好句，开始有同学自主订阅《读者》《意林》等杂志，并利用课间阅读。我在改作文时也发现，很多同学的习作早已超出百字，写到了四五百字甚至千字，优秀作文越来越多。

写作的仪式感、规划感、坚持感、探索感、成就感，让孩子们从当初的"要我写"变成了"我要写"。一股拥抱写作的热情在班级不断发酵、浓烈，一颗"小作家"的种子在每个孩子的心里萌芽开花。

一些评价小妙招,令班级管理"活"起来了

陶行知先生说:"活的教育,就是要想方设法去激活学生的活力。"班级评价是班级管理的重要驱动力,评价机制的有效实施,不仅可以帮助学生全面认识自身情况,还可以激发他们的自我动力和自主学习的积极性。如何利用评价让班级管理"活"起来?

我觉得小学阶段,习惯的养成和兴趣的激发至关重要。因此,我在工作中不断探索,慢慢形成了自己班级的评价体系。下面我将从以下四个方面跟大家分享我的班级评价体系。

一、共同商议,建立基本框架

班级评价体系不仅要结合学校育人方针,还要与各科教师、学生、家长们共同商议,从而建立基本框架。我们班的评价内容有:学习习惯、生活习惯、卫生习惯、劳动习惯、自我管理、文明礼仪、班级责任这七个方面。

班级评价体系示例:

评价内容	评价项目	备注
学习习惯	坐姿端正	
	积极发言	
	声音洪亮	
	书写工整	
	及时订正	
	积极完成作业	
	爱阅读	
生活习惯	每天备齐用具	
	桌面、抽屉整洁	
	做好课前准备	
	规范进食	
	勤喝水	
卫生习惯	衣着整洁	
	座位干净	
	勤剪指甲	
	勤洗手	
劳动习惯	整理课桌椅	
	整理图书角	
	整理种植箱	
	劳动值日	
	完成劳动手册	
自我管理	按时到校	
	佩戴红领巾	
	周一穿校服	
	走路队静、快、齐	
	站姿标准	
	不追逐打闹	
文明礼仪	讲礼貌	
	友善	
	合作	
	乐于助人	
班级责任	值日工作	
	主动承担	

二、结合实际，制定评价方式

如何才能建立一套系统的评价制度，既能客观准确又很有说服力，全面调动学生的积极性与参与性呢？我们班采用定性评价和定量评价相结合。

第一种方式是定性评价。如针对学生学习动力不足，我们班的定性评价小妙招，我总结为：一对、二书、三券。

一对就是师徒结对。 学生学习能力有强弱，如何发挥优秀学生的"帮扶带"？首先，根据学情让学生进行师徒结对。为了让结对有仪式感和责任感，我们会在师徒结对协议书上，写上共识、职责、学期目标等内容，然后签名承诺并加按手印。其次，我们会建立师徒结对档案表。每周师徒一起保管档案表，互相评价，互相监督，互相成长。

二书就是挑战书和应战书。 为了让学习有竞争感，班级形成你追我赶的局面，班级同学可以发起挑战，对方答应即为打擂台。赢的一方会得到相应的加分或者班币奖励。可以是徒弟跟徒弟的挑战，可以是师父跟师父的挑战，也可以是徒弟挑战师父。

三券就是印有各种字样功能的券。 学习进步或者优秀者可以享受抽取奖券的待遇。如可以设置：午餐免排队券、换座位券、万能券、小小助理券、班干部体验券、游戏流量卡券……每张券上都有使用说明等。

这种评价方式能让学生保持学习热情和做到自我管理。

第二种方式是定量评价（量化评价）。这里依然跟大家分享三种：一章、二币、三花。

一章就是港湾章。 小学生需要可视化的表扬和奖励，盖章是班级评价第一步，也是一个需要付出、不断积累的过程。我们会根据学校的 Logo 来定制属于自己班级的特色章。港湾章的实行主要是在中、低年级。

港湾章的奖励维度。 有个人化奖励、小组性奖励、全班性奖励。如个人入座即读、乐于分享、文明守纪等可获静读之星章、文明守纪章等；小组合作读拼音或者挑战背诵等，可获得最佳表现小组，每人一个港湾章；又或者全班 20 秒有序排队、安静午餐、安静听故事 10 分钟，可获得班级性庆祝活动等。

  港湾章的日常运行我们遵循梯级的方法。根据儿童心理学原理，一开始让学生对奖励产生"可得性"，但奖励又要有梯度，于是设置了表扬卡，各科老师表扬 10 次，即可获得港湾章一个。港湾章的积累需要表扬卡的积累，这样就实现了"延迟满足"，使孩子更有动力，既不会有"一步登天"的情况，也不会存在"蜗牛散步"式的漫长过程，根据孩子们的心理特征来设置评价梯度。

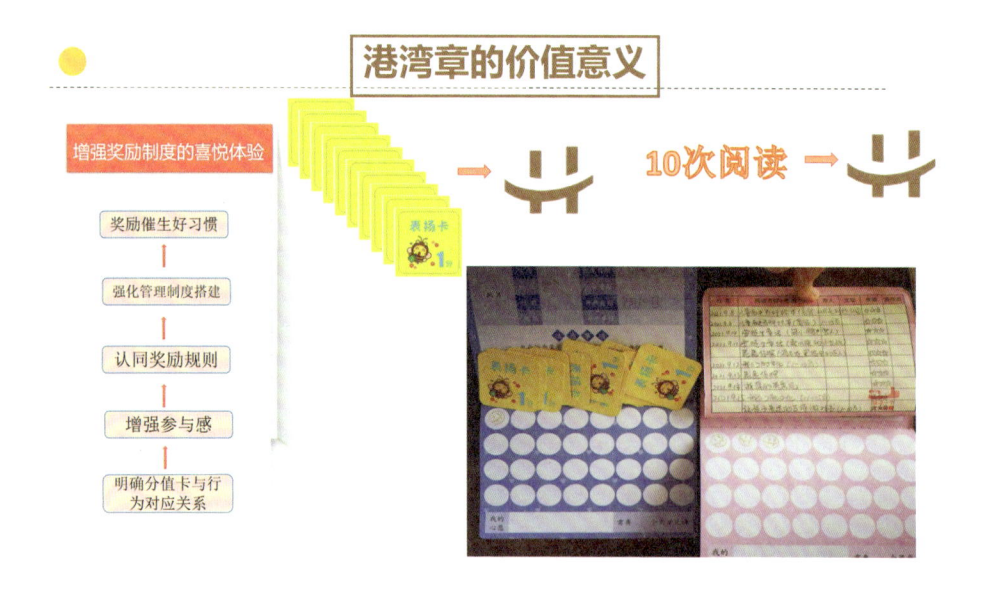

港湾章的价值意义

- 增强奖励制度的喜悦体验
- 奖励催生好习惯
- 强化管理制度搭建
- 认同奖励规则
- 增强参与感
- 明确分值卡与行为对应关系

10次阅读

  又如平时的教学管理也可纳入评比中。通过每天的阅读存折积累港湾章，这样的港湾章奖励增强了参与感，得到了学生的认同，也强化了管理制度，催生了学生的好习惯。

二币就是班币。评价是动态的，要根据学生的年龄特点来实行。到了高年级，我们的评价制度进行了升级，从原来的港湾章变成了班币。

三花就是针对小组评价的小红花。每一周每一小组都有固定的三朵小红花。根据纪律、卫生、学习等进行相应的加减。每周班会课进行统计，得花最多的小组获得"万能奖励卡"。

以上是我们班比较成功的评价方式与大家分享。同时评价还要多元化。

三、多元评价，促进行为内化

评价者多元化，既有自评，也有他评（包括同学评、教师评、家长评）。

1. 自我评价，学会反省

学生犯了错怎么办？请完成自我反思表：写自我反思的原因；这件事的起因和经过；这件事我希望采取以下措施解决；下次遇到这样的问题我会这样做；本次犯错愿意接受的惩罚；我的责任和改进计划。

2. 小组评价，互相监督

怎么凝聚小组力量？每周五进行一次以小组为单位的评价。我们可以根据学生在日常学习生活中的表现，如积极发言、早读表现、作业完成情况、背诵任务、卫生习惯、课前准备、课堂纪律以及其他方面的行为，按照表格中列出的加分项和扣分项细则，每天对学生的表现进行打分记录。每周五汇总每个学生的个人总分，进而计算出各小组的小组总分。这些积分不仅反映了学生个人的综合表现，也体现了小组的整体风貌。通过积分排名，学生还可以在班级的积分商店进行兑换东西。

班级小组积分表和积分兑换商店示例：

班级小组积分表

第 组				组长姓名：						加分项
				星期一						
序号	姓名	积极发言	早读	作业	背诵	卫生	课前	纪律	其他	个人总分	小组总分
1											
2											
3											
4											
5											
6											
7											

积极发言：
1. 主动举手回答问题，且回答正确 +2 分
2. 提出有价值的问题或补充 +1 分
3. 小组合作学习积极，参与讨论 +1 分

早读：
1. 按时到校，认真早读 +1 分
2. 声音洪亮，朗读流利 +1 分

第 组				组长姓名：						
				星期二						
序号	姓名	积极发言	早读	作业	背诵	卫生	课前	纪律	其他	个人总分	小组总分
1											
2											
3											
4											
5											
6											
7											

作业：
1. 按时完成作业，书写工整 +2 分
2. 作业正确率高 +1 分
3. 作业有创意，完成质量高 +1 分

背诵：
1. 按时完成背诵任务 +2 分
2. 背诵流利，声音洪亮 +1 分

卫生：
1. 认真完成值日任务 +2 分
2. 保持个人卫生，桌面及课桌周围卫生 +1 分
3. 主动维护班级卫生 +1 分

课前：
1. 提前准备好学习用品 +1 分
2. 安静等待老师上课 +1 分

第 组				组长姓名：						
				星期三						
序号	姓名	积极发言	早读	作业	背诵	卫生	课前	纪律	其他	个人总分	小组总分
1											
2											
3											
4											
5											
6											
7											

纪律：
1. 遵守课堂纪律，认真听讲 +2 分
2. 课间文明休息，不追逐打闹 +1 分

其他：
1. 积极参加班级活动 +2 分
2. 乐于助人，团结同学 +1 分
3. 获得校级及以上荣誉 +5 分

续表

班级小组积分表

第 组			组长姓名：						扣分项
			星期四						
序号	姓名	积极发言	早读	作业	背诵	卫生	课前	纪律	其他	个人总分	小组总分

（表格包含序号 1-7 空白行）

扣分项内容：

上课：
1. 迟到、早退 -1 分
2. 上课开小差，做小动作 -1 分
3. 随意打断老师讲课或同学发言 -1 分
4. 不按时完成课堂练习 -1 分

早读：
1. 迟到、早退 -1 分
2. 早读不认真，影响他人 -1 分

作业：
1. 未按时完成作业 -2 分
2. 作业书写潦草，错误率高 -1 分
3. 抄袭他人作业 -2 分

背诵：
1. 未按时完成背诵任务 -2 分
2. 背诵不流利，声音小 -1 分

卫生：
1. 未按时完成值日任务 -2 分
2. 个人卫生差，桌面及课桌周围杂乱有垃圾 -1 分
3. 乱扔垃圾，破坏班级卫生 -1 分

课前：
1. 未准备好学习用品 -1 分
2. 上课铃响后仍未安静 -1 分

纪律：
1. 违反课堂纪律，影响他人 -2 分
2. 课间追逐打闹，大声喧哗 -1 分
3. 说脏话，打架斗殴 -5 分

其他：
1. 不积极参加班级活动 -2 分
2. 不尊重老师，顶撞老师 -5 分

第 组　　组长姓名：
星期五

序号	姓名	积极发言	早读	作业	背诵	卫生	课前	纪律	其他	个人总分	小组总分
1											
2											
3											
4											
5											
6											
7											

积分积累 100 分可以兑换万能券一张 + 表扬信一张

积分兑换商店

每周兑换一次奖励，累计 100 分可额外奖励一张万能券

1	本子兑换券	出示此券可兑换一本作业本	10 分 / 张
2	点歌兑换券	出示此券可在课前点歌一首	15 分 / 张
3	课前游戏券	出示此券可在课前游戏 10 分钟，自行提前准备游戏	15 分 / 张
4	积分翻倍券	出示此券可选择当日积分翻倍	20 分 / 张
5	限时同桌券	出示此券可自选同桌，限时一节课	20 分 / 张

续表

积分兑换商店		
每周兑换一次奖励，累计 100 分可额外奖励一张万能券		
6	听写抢先看券	出示此券可提前看一次听写内容	25 分 / 张
7	免背书券	出示此券可免背书一次	25 分 / 张
8	看电影券	全班累计 10 张此券，可兑换一节课看电影	25 分 / 张
9	免值日券	出示此券可免值日一天	25 分 / 张
10	奖状兑换券	出示此券可兑换奖状一张	30 分 / 张
11	作业减半券	出示此券可免当天作业一半	30 分 / 张
12	免作业券	出示此券可免作业一项	30 分 / 张
13	笔记兑换券	出示此券可以兑换 3 名同学优秀笔记进行学习	30 分 / 张
14	公开表扬券	出示此券可以在班上公开给家长电话表扬学生	30 分 / 张
15	合影券	与喜欢的老师合影一张	30 分 / 张
16	视频兑换券	出示此券可在课前播放一段喜欢的视频	30 分 / 张
17	班委兑换券	出示此券可体验一天想当的班委	40 分 / 张
18	游戏兑换券	出示此券可以选择一个集体游戏在班会课上玩	40 分 / 张
19	万能券	出示此券可兑换任意奖励券一张	40 分 / 张

☆ 小贴士：
积分兑换每周五开放一次，学生可提前规划积分使用。
兑换后积分清零，重新开始积累。
老师会根据班级情况不定期更新奖励类目，保持新鲜感！

3. 家校评价，协同育人

学生周末完成作业质量差，怎么办？每周五发放在校反馈表，每周一收在家反馈表，根据评价，了解表现。坚持共同目标，保持共同进步。

追光少年班每周在校反馈表	
具体事项	星级评价
课堂	认真听讲 积极思考并主动回答问题 坐姿端正 认真完成在校期间的学习任务	语文： 数学： 英语： 其他：

续表

追光少年班每周在校反馈表		
	具体事项	星级评价
课间	文明休息，不奔跑、不尖叫、不打闹 自觉完成课堂上未完成的作业 认真做三操（广播操、眼保健操、韵律操） 排队快、静、齐 值日当天认真	
生活	午餐午休安静有序 与人相处友好和谐有礼貌 自己的座位随时保持干净、整洁	
	语文：	
	数学：	
	英语：	
	其他：	

备注：评价星级是1-3颗星，3颗星为最佳。

四、注意评价事项，有效助力成长

及时评价。注重细节评价要注意及时性，而且评价要具体。无论是面对面评价，还是在他人面前评价，都要注重细节，评价到某个点，这样学生才会有方向意识。

言出必行。兑现承诺要做班级管理大师，必须言而有信，说到做到，所以承诺兑换的东西一定要在自己承受范围之内。

关注每一位学生。每周统计，表扬本周新增印章、奖励卡、表扬信最多的同学，不要忘了多鼓励得奖少的学生，适当给予小小奖励。

评价是动态的，我们教师要根据实际情况随时增减、调整评价框架。

现在和大家分享一件有关班级的小案例。

班级小案例：爱整洁，爱生活

发现问题，及时思考。 在一年级时，我每天看到班级图书角的书，乱七八糟。因为刚踏入小学，学生自己整理的效果不佳，经常都是我亲自整理。一个月后，我开始培养小班干，评选"图书管理员"，一周五天，五位管理员轮流管理。这一操作实施后，发现图书角整齐很多，可是又出现新的问题：其他学生随手拿书、放书的现象越来越严重，地上的、架子上的书，东倒西歪。管理员的要求他们全然不听，剩下的整理任务全在管理员身上。

于是，我开始思考：如何让每一位学生养成自己整理的好习惯，如何让班干部在班级有威信，如何让学生树立班集体的意识？结合我们班级现状：学生自理能力较差，不会整理书和书包，家长经常和我反映学生在家不爱看书。经过思考，我萌生了制定班级图书公约的想法。

制订公约，巧用书板。（1）一次只能借一本，当天归还。（2）用"代书板"借书。这样能够让学生合理摆放书籍，为图书管理员省下大量的整理时间。借书的学生也能养成整理书籍的好习惯。（3）爱护书籍，不可以乱涂乱画。若损坏扣一张奖励卡，修补书籍并道歉。（4）安静读书。班级阅读课上阅读，不可交头接耳。若提醒三次无果，没收借阅的书籍，扣一张奖励卡，同时扣小组一朵小红花。

根据本班情况制定班级图书借阅公约，一来是让学生养成爱书、整理书的好习惯，二是培养他们班级责任意识。

借助评价,养好习惯。

班级图书角借阅奖励表				
姓名	一次一本,当天归还	借用代书板	爱护书籍	安静读书

精彩活动,丰富教学班会。 我有一双美丽的手活动:夸一夸(学生互夸、小组夸)。

后期延伸,不断成长。 经过一学期的图书阅读公约的实行,我发现了学生的变化:班级图书角每天都干净整洁,学生自己的课桌整洁干净,家长也和我反映他们在家的变化。

创意作业,助力成长。 2023年的寒假,依据学校育人理念,结合本班学生情况和班级发展目标,自行创编本班的寒假作业。这样的创意作业帮助学生成长。

家校齐心,及时评价学生在学校的表现。 我会及时拍照发班级群,进行表扬。家长也会将孩子在家的改变拍照发给我。这样,无论是在学校还是家里,我们都能了解到孩子的成长情况。因为一个现象激发出一个想法,巧妙结合评价体系,合理调整教育方法,细化评价体系。学生们由自理能力差、不会整理书籍到主动收拾,又从自理到参与家庭、学校劳动,他们在不断学习与成长。

五、总结

多元的评价全方位调动师生主动创建的积极性，班集体充满了活力，同时在"个性和自由"中收获幸福，学生在不断成长。班主任的班级管理工作也越来越得心应手。无论哪种班级评价，目的是让孩子们快乐学习，自信成长，让评价成为孩子成长道路的助推器，成为更好的自己！

所以只要我们教师多用心，站在孩子的角度去考虑，多了解他们的生活，我们一定能让学生重视"评价"，让家长关注"评价"，让班级发展的每个阶段都有所思、有所悟、有所得！伴思悟而行走，就能收获智慧、收获思想、收获未来。

一系列期末复习法,催学生"学"起来了

期末复习阶段,老师们是否陷入疯狂"抓补"中?

我所知道的老师们老早就做好了期末复习计划,每天把自己的课安排得满满当当的,可越复习越怀疑自己的教学能力。

"老牛拉车"——越拉越费力!有时候,"车"任你怎么拉都拉不动。于是乎"老牛"累了,一个星期、两个星期……再厉害的"牛"也体力不支,自言自语道:"我还是放弃吧!"如何让"车"带着轮子自己"跑"呢?用上这些小妙招,让学生自己"学"起来吧!

一、定一份期末奋斗目标,让复习有目标感

目标是必要的力量源泉,也是成功的利器之一。让他们制定切实可行的期末目标,在目标中驱动自己积极参与复习。

小目标 大梦想

期末复习计划表		
姓名:		期末考试时间:
我的期末目标		
科目	期中考试	期末目标
语文		
数学		

续表

我的期末目标		
科目	期中考试	期末目标
英语		
科学		
道法		
排行榜		

成功后的奖励：
失败后的承诺：

定一个各科期末目标分。在开始复习前，先让孩子根据自己平时的成绩制定一个各科期末考试目标分数，以便在期末复习阶段可以对照老师的小测分数，不断激励自己前行。

找一个竞争伙伴。这个伙伴是跟自己成绩相差不大的，浮动在5到10名左右。

找一个学习榜样。复习阶段，学习榜样的学习计划、学习态度、学习方法，询问他各科的小测成绩，以便向他靠拢。

写一句冲刺宣言。在个人期末考试计划上写上一句激励自己的话，建议每天早上到校自己大声朗读五遍。激励的话语能够起到振奋精神的作用。从我收上来的考试宣言来看，孩子们普遍很有斗志。如他们会写：

自己站起来和被别人拉起来是不一样的。

——胡语墨

有目标就有方向，有目标就有动力。

——洪梦菡

这个世界不会接纳一个除了抱怨啥都没有的人，你现在要做的就是不屈不挠。

——杨凯胜

我只能在向着目标的路上周而复始，而不是无所事事。

——汪慧萱

东风吹，战鼓擂，敢拼敢为不后悔！

——王雨泽

争分夺秒，全力以赴，备战期末复习，只为成为最好的自己！

——黄诺熙

送一句暖心寄语。联动家长，请家长给孩子送一句暖心的寄语。大多数家长都会鼓励和支持孩子。

让家长写寄语，有以下目的：

- 让家长关注孩子的学习，清楚现在是期末复习阶段。给孩子营造一个良好的备考氛围。
- 让孩子感受到家长对他们的关心、鼓励和支持。这样，他们有满满的动力前行。

老师也可以写上激励的寄语。在我们班，我给他们送上以下寄语：

你桌面上的书本和小卷，
是将来做选择的意气和拒绝时的底气！
你考的不是试，是前途和暮年的欢喜！
考一回好成绩，可比赢一场游戏酷多了！
成功的路上并不拥挤，
因为坚持下来的人不多！你的最终对手是你自己！

把这份期末目标制定好后，老师可以让孩子贴在桌上或者统一布置在教室一角。这样可方便学生随时查看，起到警醒和激起他们斗志的作用。

二、来一场"大比武",让复习有竞争感

古罗马诗人奥维德说:"一匹马如果没有另一匹马紧紧追赶并要超过它,就永远不会疾驰飞奔。"因此,期末复习,适当的竞争感有利于班级良好学风的建设。

竞争方式可以有以下几种:

1. 个人挑战

在班级发起一场期末复习"擂台大比武"。给每个孩子发放一份挑战书和应战书。激励他们,期末要敢于向他人发起挑战。同时,也要勇于接受别人的挑战。需要注意:营造擂台比武氛围感。每一对比武的孩子,请郑重向对方表达你的决心和勇气。在讲台上大声念出你的挑战词和应战词,老师录视频为证。

挑战书

_____同学:

为充分发扬我班敢与强者比,敢与勇者争,敢与高者攀,敢跟快者赛的优良班风,达到在挑战中双赢的目的。我慎重考虑,鼓足勇气决定向你发起挑战。你的战斗力在于_____,而我决定在接下去的备战中做到_____。如挑战不成功,我愿意_____。东风吹,战鼓擂,敢拼敢为不后悔。是你,给我力量,是你,给我勇气,也请你做好应战准备,开启亦战亦友的期末复习模式,特立此书为证。

挑战人:_____

____年___月___日

应战书

_____同学：

　　三人行必有我师焉，谢谢你的挑战。你的挑战书让我热血沸腾，更加自信坚强，实力才是硬道理。我接受你的挑战，是英雄，是好汉，结果说了算，如被你挑战成功，我愿意_____。

应战人：_____

____年____月____日

　　<u>设计期末复习闯关表</u>。闯关活动，让学生的学习更有动力。如在进行背诵复习时，我设计了背诵闯关表，让孩子对复习内容清晰明了。

姓名：_____ 四年级上课文背诵闯关卡

- 观潮 第三四自然段
- 走月亮 第四自然段
- 语文园地一 日积月累
- 语文园地二 日积月累
- 古诗三首 全文
- 语文园地三 日积月累
- 精卫填海 全文
- 语文园地四 日积月累
- 语文园地六 日积月累
- 古诗三首 全文
- 语文园地七 日积月累
- 王戎不取道旁李 全文
- 语文园地八 日积月累

加油

2. 师徒结对

费曼学习法的核心就是："用转述、教给别人的方法巩固自己的知识。"师徒互助不仅可以让"徒弟"在"小导师"的帮助下加速进步，还可以让"小导师"更深刻地理解所学知识，更可以营造互帮互助的良好班风，让每位班级成员健康成长、全面发展。

追光少年班师徒结对档案表

日期：____年____月____日至____年____月____日

小导师：_____

徒弟：_____

角色	日期	每日总结				
		周一	周二	周三	周四	周五
小导师 （徒弟评）	常规习惯提醒					
	作业上交提醒					
	作业订正提醒					
	学业辅导互助					
徒弟 （小导师评）	作业按时完成					
	作业按时订正					
	虚心改进不足					
	友善三件好事					
一周总结						
小导师	1. 本周我的徒弟在这些方面有所进步： 2. 本周我发现了徒弟有以下优点： 3. 我下周的目标是： 4. 我想对徒弟说：					
徒弟	1. 本周我要谢谢小导师在以下事情上帮助了我： 2. 本周我觉得自己还可以在这些方面做得更好： 3. 我下周的目标是： 4. 我想对小导师说：					
备注	1. 本表由师父保管，每天延时课前进行批注，每周总结在周五延时课前完成 2. 每周评选最佳合作"师徒"组，并予以加分和奖品激励 3. 单元检测后有进步的徒弟，师徒都予以加分和奖励，师父有进步单独加分和奖励 4. 在参与的选项后打卡打钩 5. 如多次学业辅导，可以画"正"字，记录次数 6. 一周进行一次总结					

　　同时对师徒捆绑制进行量化，让学优生的榜样作用对部分学困生起到潜移

默化的效果。

师徒结对，我想做几点小提醒：

第一，师徒结对有方案。为了让小学生明白师徒结对的意义。作为老师，必须要制订好师徒结对的方案。如在师徒结对的共识上、职责上、目标上以及承诺上都做了相应要求，课堂上带领学生一起学习。

师徒结对协议书

一、共识

团结友爱、共同向上是师徒结对的初心。师徒互助不仅可以让"徒弟"在"小导师"的帮助下加速进步，还可以让"小导师"更深刻地理解所学知识，更可以营造互帮互助的良好班风，让每位班级成员健康成长、全面发展。

二、职责

（一）师父

1. 主动关心徒弟的日常表现，友善地进行提醒和帮助。

2. 学业上主动关注、检查徒弟的作业完成情况，帮助、鼓励徒弟按时上交作业。

3. 当徒弟遇到不会的问题，耐心地帮助他。

4. 互相学习彼此的长处，尊重、鼓励徒弟，多发现徒弟的优点。

（二）徒弟

1. 虚心接受师父的帮助，友善地回应来自师父的提醒。

2. 师徒两人有分歧时，心平气和地沟通，自己不对的事情及时改正。

3. 努力进步，互相帮助，用自己的成长或为师父做力所能及的好事表示感谢。

三、学期目标(纪律、学习、卫生)

1._____

2._____

3._____

四、签名承诺

我承诺,友善地关心、用心地帮助徒弟,共同进步!

师父:_____

我承诺,向师父虚心地请教、友善地回应,共同进步!

徒弟:_____

日期:____年____月____日

第二,**师徒结对有仪式**。为了让师徒结对更有仪式感,我给师父们都颁发了聘书。同时让徒弟们对自己所选的师父进行宣誓保证。

第三,**师徒结对有挑战**。为了最大限度激发师父和徒弟的潜能。我们还可以组成师父和师父之间的"PK",徒弟和徒弟之间的"PK"。原则上都坚持学生自愿,不强迫。

追光少年班攻擂赛战书

攻擂者:　　　　守擂者:

因为对手,我们才会更加成熟;因为对手,我们才能更加卓越。身为同窗,我们是互帮互助的战友;同为学子,我们又是人生考场的竞争对手。

在过去的学习中,你的实力让我敬佩,你的执着让我惊叹,我看在眼里,也默默记在心中。在此,我以攻擂者的身份向你提出挑战!我会向你看齐,争分夺秒,全力以赴,备战期末复习,只为成为更好的我们!

十回合比赛项目记录	成功印章

到达此格
祝贺你!!! 攻擂成功

3. 微团队比拼

如何激励全班积极复习呢？我采用微团队比拼的方式。

全班五个微团队，老师布置相同的任务，看看哪个微团队先完成任务或者完成质量好。这就考验微团队组员的团结和互帮互助的品质。

首先，组长要负责；其次，组员要团结，互帮互助有集体荣誉感，在小组内被大家"带"着学习。同时，组与组之间又有比拼。就这样，全班形成一种"你追我赶"的学习状态。

如在复习语文时，为了激励大家都认真背书，我们班会举行微团队背书大赛。微团队组员采用抽签的形式背诵课文，每个人轮着来，抽到的背诵内容不同，背诵过关一人加1分，一节课可以进行几轮背诵。最后评出最佳微团队给予奖励。

除此之外，我们还可以采用微团队小测算平均分的方式比拼，如举行看拼音写词语百词赛、经典诵默大赛、阅读大赛、习作大赛等。每次小测试根据组员得分算平均分，平均分高的给予奖励，同时也会设置最佳进步奖。

三、来一个幸运大抽奖，让复习有期待感

多巴胺预期效应表明：人们哪怕只是预期能得到某些东西，获得某种成就，大脑也会分泌出多巴胺，产生愉悦感。从而增强追求这些东西的动机，促进人们采取行动。

为了让他们更快乐地复习，我加入了形式多样的奖励机制，让复习从此多了一份期待。

1. 幸运大转盘

班级可以买一个转盘，用于平时的班级量化管理也可用于期末复习的抽奖，满足孩子爱玩且渴望中奖的心。

使用规则。

抽奖条件：

根据课堂表现抽奖。每节课根据同学们的表现，选出表现优秀的同学或者进步特别大的同学，下课后有抽奖的机会。

根据作业完成情况抽奖。每天作业完成得又快又好的同学也可参与抽奖。

根据复习小测抽奖。复习小测达到老师规定的分数可抽奖。

根据平时常规抽奖。常规常抓不懈，如在打扫卫生时认真，在眼保健操或出操时表现优秀的也可参与抽奖。

抽奖原则：

每人每天抽奖不超过 5 次，注意中奖率适中，这样才能引发他们的期待，让他们感觉自己抽到奖品很幸运。

抽奖奖品：

奖品的设置很重要，一定是学生喜欢和渴望得到的。这样的奖品才有吸引力，才会激发

他们的内驱力。如我们可以设置学生喜欢的小玩具：公仔、手办、减压捏捏乐等。喜欢的文具用品：可伸缩橡皮擦、拉丝橡皮擦、漂亮的可擦笔、自动铅笔等。超有诱惑力的零食：如奶茶一杯、汉堡一个、美味小薯条一包、棒棒糖等。

丰富的奖品设置，让学生幸福感爆棚，内驱力倍增，师生关系也更加和谐了。学生靠自己的努力拿到老师的大奖也很有成就感。

注意事项：

奖品要有新鲜感。每几天更换一下抽奖的品种，给学生新鲜感。奖品要提前采购。学生最想得到哪些礼物，叫家委提前采购。抽奖要注重时效性。每节课下课后或者每天放学前及时抽奖，及时兑奖。

2. 奖券抽抽乐

除了上面集游戏于一身的"幸运大转盘"外，我们班还设置了盲盒奖券抽抽乐。

如果说"幸运大转盘"的奖品注重物质奖励的话，那奖券抽抽乐就注重精神奖励。打印无数张抽奖券，放置到抽奖箱里，孩子集齐擂台赛十个印章可找我抽奖一次。

奖券抽抽乐主要设置的奖有：心愿券、当班长一天券、和老师合照券、免作业卡、小小助手券、任选座位一次券、万能券、自由券、游戏流量券等。

免作业卡示例：

免作业卡

出示此卡，可免语文作业一次。

获得及使用条件

1. 语文作业连续 5 次 A^{+}。

2. 单元随堂测连续三次 A^{+}。

3. 单元随堂测退步禁用

最终决定权归郭老师所有。

3. 欢乐砸金蛋

为了激励大多数孩子认真学习，且在期末不偏科学习，我会联动科任老师一起进行激励。分发给各科任老师一些点赞卡，如果课堂上班级表现优秀请科任老师在下课后放置一张点赞卡在讲台。一个星期我收到 5 张点赞卡后，全班学生都有一次抽奖的机会。

为了增加抽奖的仪式感，我会做欢乐砸金蛋的 PPT 并配上喜庆的音乐，让孩子们一个个排着队上来砸。

全班奖励奖品主要设置：班币、棒棒糖、水笔等一些价格比较低的东西。

总之，在繁忙的期末复习中，作为教师，我们要手中有桨，眼中有路，心中有意，方能途中有景。

期末复习，我提倡不要枯燥地刷题，要注重激励制度，寓教于乐，巧用一些"小妙招"，让学生自己"学"起来，而不是老师强逼学习。内驱力是最好的学习力，让学生从"要我学到我要学"！

第六章

用心用情,打造"星"班:
"一"字妙招育"星"班

"教育根植于爱。"这是鲁迅先生的名言，亦是我们打造"星"班的基石。在班级管理时，以"情"为舟，以"心"为帆，用"诚"铺路，借"趣"导航，方能书写出动人的班级篇章。每一滴心血，每一份真诚，都将成为点亮"星"班的璀璨星光。

转变一种思维——以"理"为先

缺憾是一种常态,我带过很多届学生,但无论哪一届,总有那么几个人是我心头难解的"痛":他们经常迟到、不做作业、课堂跑神、迷恋网游、顶撞家长,甚至离家出走……有时付出了大量的精力却收效甚微,常感茫然。

直到读了王晓春老师的《问题学生诊疗手册》,我深受启发。书里说道:遇见问题,要全力破案、评估影响、弄清问题种类(品德问题、心理问题),再进行个案诊疗。甚至当我们确实束手无策时,还必须承认教育的无力感,给自己心灵救赎。我们要具备科学思维,做科学家型班主任。

所谓科学家型班主任,角色上,首先是学习者和研究者,其次才是学生的领导者和组织者;学生管理上,不仅要把学生当朋友,还要将其作为研究对象,遇到问题积极研究、诊断,并给出解决方案。

具体而言,如何做科学家型班主任?我有以下几点思考。

一、用科学思维树立工作的边界意识

班主任时常听到"没有教不好的学生,只有教不好的老师"这句话,当遇到极特殊班级时,习惯把所有责任都往自己身上揽,认为自己无能,长此以往,挫败感油然而生。

这时,请读一读王晓春老师书中的话:"有时家庭教育的作用大于学校,

遗传作用也不可忽视，教师的工作是有边界的。"面对某些人和事，不夸大，不缩小，正确认识自我，在力所能及的范围做力能胜任的工作。这是做教育的科学态度。

曾不止一个老师问我："小凤姐，为何遇到这么难管的班级，这么顽皮的学生，你还能如此淡定、优雅？"那是因为我认识到，对于某些人和事，作为老师，只要全力以赴，也就不留遗憾了。

如果在工作中具有边界意识，我们就会更清醒、更镇静。比如设定明确的工作边界，明确自己的职责范围和任务；制定工作重点，根据学生的实际情况和教学计划合理安排工作；学会拒绝和委托，不要把所有事情都揽在自己身上；保持冷静和镇定，不要陷入情绪化的状态；集中精力做有意义的事情；定期反思和调整工作方式和方法，不断提升自己的班主任能力。

树立边界意识，不与死角问题内耗，做一个心不累、情绪稳定的班主任。

二、用科学思维区分工作的重点内容

我们也常常把"校园无小事"挂在嘴边，把每件事都当作大事来对待，件件都处理，精力耗尽，却没时间抓教学，忘了"抓大放小"的工作原则。

如在以下几个方面，我们必须清醒认识到谁为大事，谁为小事？谁是重点？

1. 教育与管理，教育是重点

教育姓"教"，不姓"管"。课堂上，我们发现学生说话，简单的制止即是管理。生活中，我们看到孩子无节制玩手机，强行夺过来也是管理。教育，千万不要浮在"管理"的表层，不要只抓显性问题。教育必须深入孩子的灵魂。"学生在课堂说话"的原因有哪些，我们可以采取哪些措施，什么措施最有利于学生的成长？"玩手机"背后有何动机和需求，我们需要做些什么，该如何引导？

教育的本质不是管理，而是帮助和交流。教育的根本目的不是为了管住学生，而是帮助他们学会自己管住自己。

2. 学生精神境界的提升与完成教育教学任务，前者是重点

对于厌学的孩子，精神境界的提升更重要。试想，一个连生活都不热爱的人能热爱学习吗？面对这类学生，要先搞清楚他的精神状态，想办法找到合适的突破口，扭转他的心态，才可能解决他的厌学问题。这个突破口一般不在学习上，更可能是在亲子关系、同学关系、自我形象问题或职业理想问题上。我们要着眼于他的精神境界的提升，生存状态的改变，让他换个活法，才能使之换个学法。

3. 素质与学习成绩，素质是重点

在芬兰教育系统中，注重培养学生的综合素质和个性发展，而非单纯追求学习成绩。这种教育理念使得芬兰学生有强大的创造力和解决问题的能力，为未来的职业和生活奠定了坚实基础。可以说素质关乎孩子的一生，关乎孩子的成长，而应试教育其实只是关心班主任的应试任务完成得如何。

三、用科学手段影响学生

"科学思维"还体现在日常管理手段中。千万不要把表扬、榜样、师爱等影响学生的手段看成万能的，任何手段都有其需要注意的地方。

1. 表扬

我们要警惕学生"表扬中毒"。如果随时都夸奖，什么都赏识，学生"嘴里吃的是蜜糖，耳朵里听的是颂歌"，久而久之，他们就只能听赞扬，听不得一点批评。这样的表扬会导致学生"骄傲""老虎屁股摸不得""抗挫折能力差"。

表扬不是随便夸奖，应夸得真诚、夸得具体，比如某同学在排座位时把好座位让给了一个爱计较的同学，在他本人看来，可能觉得无所谓，教师却可以表扬他顾大局、能谦让。

增加表扬的教育色彩，减少表扬的管理色彩，使学生提高自我认识水平，增强自信心。

2. 榜样

"榜样的力量是无穷的"也有陷阱，榜样必须从学生的实际情况出发，因势引导，不能只从教师的善良愿望或个人好恶出发。什么情况下更容易被学生接受，达成正向结果呢？

价值观共鸣：了解学生的价值观，选择与他们观念相契合的榜样。

与社会风气融合：在选择榜样时，考虑当前的社会风气和学生的兴趣爱好。例如，利用学生追星的热情，引导他们理解明星背后的努力和付出，从而学习其积极品质。

与"重要他人"的看法一致：小学生的"重要他人"常常是长辈或老师，而中学生的"重要他人"则多是朋友。老师应对学生的"重要他人"多观察、多了解，从中寻找教育契机。

推荐榜样，而非命令学习：切忌把榜样放在学生的对立面来宣传，避免"压迫型"榜样。最理想的状况是，教师自然地展现出优秀的品质，成为学生的无形榜样。

3. 师爱

很多班主任认为，通过倾注无尽的爱与关怀，学生定能如他们所愿地成长。事实上，学生面临的问题多种多样，包括品德型、认知型、心理型和习惯型等。其中，唯有情感型问题，师爱能发挥一定的作用，其他都难有效果。

比如品德有问题的学生，其价值观可能已扭曲。师爱虽能让他们更愿意听取班主任的建议，但并不能确保他们改变价值观。例如，对偷窃行为的学生，单纯的爱与关怀并不能使他们停止这种行为。

认知型问题更是师爱解决不了的。因为师爱是情感，情感不能解决认知问题。当学生在某些事情上感到困惑时，班主任再爱也不能把他"爱"明白，认知问题需要认知手段解决。

至于不良习惯，需要运用多种手段，结合耐心的行为矫治来纠正。师爱虽能为学生创造一个愿意改变的环境，但并不能直接改变他们的习惯。

准确地领会师爱，恰当地表达师爱，相信师爱的力量而不迷信它。

四、用科学手段诊疗问题学生

许多班主任在对待问题学生时，常因片面了解而误诊，就像医生没有弄清楚病人的病因就开始"配药"，效果自然是不佳的。要真正了解一个孩子，需从多方面深入探究。

行为观察上：学生在课堂表现如何？是否有异常行为或情绪反应？是否有社交问题或沟通困难？

从个性特点上：学生的性格特点是什么？是否有特殊的兴趣爱好？是否有自我意识或自尊问题？

从成长环境上：学生家庭背景如何？家庭环境对学生的影响如何？是否有其他重要的成长环境因素？

从心理咨询上：学生接受过心理咨询吗？咨询内容和效果如何？是否有其他需求或问题未解决？

从辅导途径上：采取了哪些具体的辅导策略？是否有针对性的心理辅导或行为干预？是否有个性化的支持和帮助。

从辅导效果上：学生在辅导过程中的变化如何？辅导对学生的影响和成效如何？是否需要进一步地跟进或调整辅导方案？

……

全面、深入地了解学生是有效教育的前提。但切记：没有一种方法适用于一切孩子或班级，千万不要教条地把某种方法、某种治疗手段确定为唯一正确的路径，那是行不通的。

不要终日被动招架、焦头烂额，请用科学思维来对待自己的工作。即使在夹缝中，也尽可能保持着自己的独立性；即使在一片盲从中，也保持着一份清醒。

修炼一项"武功"——以"心"育人

师者,传道授业解惑也。在教育之路上,每位老师都在探索着如何成为孩子们心中那颗璀璨的星,以独特的魅力照亮他们的成长之路。我,亦在其中,致力于修炼一套独特的"武功"——以"心"育人,通过几种独门绝技,让课堂焕发无限生机,让孩子们在欢笑与探索中爱上学习、爱上班级、爱上生活。

一、葵花点穴——幽默之心,点亮课堂

在教学的江湖中,我首先修炼的是"葵花点穴手",以幽默之心,为课堂注入欢声笑语。

德国海因·曼麦说:"用幽默的方式说出严肃的真理比直截了当地提出来更能为之接受。"

记得于永正老师在他的《教海漫记》一书中讲了大概这样一个故事。学习《翠鸟》第三段时,于老师发现学生小庆打了个呵欠,又与同桌嘀咕起来,没有批评他,而是语调平缓却十分认真地说:"小庆,请你去逮一只翠鸟。"小庆慢腾腾地站起来,很茫然的样子。于老师又重复了一遍刚才的话,并加了一句:"请你不要推辞。""到哪儿去逮呢?"小庆可怜巴巴地说。其他同学也面面相觑、神情迷惘。于永正老师说:"你看看书嘛,大家都读第三段,看看去哪儿逮,看出来以后告诉小庆。"还没等别人发言,小庆自己说:"翠鸟不好逮,它

住在陡峭的石壁上,洞口小,里面又深,谁上得去呀?"于老师哈哈大笑,小庆说的正是第三段的主要内容,他读懂了。当于老师问小庆为什么老师请他去逮翠鸟时,小庆不好意思地笑了,说:"刚才我和同学说话了。""你有点疲劳了,是不?不过逮翠鸟这个光荣而艰巨的任务你虽然没有完成,却帮助同学们读懂了第三段,功不可没!"同学们听了,都发出了会心的笑声。

看完这个故事后,我想到了自己在上四年级语文上册《蟋蟀的住宅》一课时,课堂上,我用幽默风趣的语言把学生逗得哈哈大笑,以至于下课了,同学们直呼:"怎么就下课了?我们还想上课呢!"

风趣幽默是人生的一大智慧,是令人喜爱的一项艺术。让我们拥有一种幽默心态,在课堂上用自己扎实的语言巧妙表现,把握幽默的尺度,相信它能于笑声中给人以智慧的启迪,产生意味深长的美感效应,提高我们的课堂教学效果,让学生对你的课堂着迷。

二、神行百变——创新之心,激发潜能

接着,我还修炼"神行百变"之法,以创新之心,为课堂带来无限可能。

于漪老师说过:"以新奇的知识吸引学生,是一种行之有效的途径。"这就要求教师要站在全局的高度,钻研、洞悉、发现与众不同的"点",让学生获得前所未有的新鲜感。

如在教学《找春天》一课时,我让学生以"春天的美景"为主题,带他们去校园寻找春天,写下自己心中的春天。

以下是学生写的句子:

> 假如我是个志愿者,我就要在冬天播种春的种子;
> 假如我是个裁缝,我就要把油菜花剪裁在衣服上;
> 假如我是个画家,我就要在画板上描绘出柳叶的多姿;

> 假如我是个雕刻家,我就要在翡翠上刻上梨花的艳丽。

这样的语文课堂,从不同角度、不同侧面、不同主题引导学生琢磨、体会、领会语言文字的运用之妙,在润物无声中帮助学生养成了良好的语文素养。

除此之外,我们不妨做个百变老师。如百变造型:衣服经常换样式,一段时间换个发型等,通过视觉冲击给学生新鲜感。又如百变奖励:在班级管理上,换着花样给学生发不重样的奖励,让他们内心充满期待感⋯

总之,保持新鲜感尤为重要,这会让学生们从枯燥乏味的意识圈层里脱离出来,充分让大脑皮层接收良性刺激,产生全新的记忆点,从而引导发生一系列活跃和积极的正面行为。

三、返老还童——融入之心,共筑梦想

最后,我修炼的是"返老还童"之术,以一颗童心,融入学生的世界。

拥有一颗不变的童心,才能真正走进学生们的心。想要拉近和孩子们的距离,最好的方法就是让自己也变成"孩子",试图站在孩子的角度考虑问题,试图用孩子的视角看待世界,试图用不同的心态交流对话,以"心"换"心",收获学生们的认可和信赖。

在课堂之余,我很喜欢和学生们聊天对话,了解他们爱听的音乐、爱看的电影、爱玩的游戏等。于是,课间,我给他们放他们喜欢的《逆战》《孤勇者》等歌曲,点燃他们的学习激情。活动课上,我跟他们玩"钻隧道""挑兵点将"等游戏。

在相处的过程中,我渐渐发现:孩子们拥有着不一样的世界,他们满怀活力、真诚、热忱与勇敢,跟他们相处在一起,仿佛我的生活也变得愈发快乐。他们也更愿意跟我分享他们的快乐,不仅把我当作老师,更当作"知心"姐姐。

唯有从"心"出发、用"心"陪伴,默默耕耘,无私奉献,持续积累,掌

握一本又一本"武功秘籍",才能让学生们爱上你,爱上这个美好的世界,才能让这一个个生命茁壮成长在一片片沃土上,在不远的未来绘就出更美好的新篇。

以"心"育人,共筑教育的美好未来。

明晰一份责任，以"责"立身

作为班主任，我们不仅是学生知识的引路人，更是他们心灵的导师和班级文化的塑造者。在接手新班或中途接班时，我深感责任重大，必须明晰自身的三重角色，以"责"立身，为班级的全面发展、人际关系的和谐、凝聚力的增强以及学生领导能力的培养贡献自己的力量。

一、班级氛围的营造者：责任在于引领

班级风气是班级成员共同营造的集体氛围，反映了班级的整体精神风貌。作为班主任，我深知自己的责任在于引领班级氛围，使之成为学生成长的沃土。因此，我与学生共同确立了"自信、有爱、感恩"的班级核心理念，希望他们成为眼里有光、心中有爱、向阳生长的新时代好少年。

为了营造积极向上的班风，我采取了多种措施。

1. 用活动拉近距离

如何激发学生的斗志，增强班级的凝聚力和协作力？我们通常会举行校内拔河赛、校外研学活动、微团队每月组织的"先锋小队走深圳"等活动。

校内最简单易操作的活动——拔河。我们可以联动班级体育老师，提前策划一场热火朝天的拔河比赛。可以男女生之间比、微团队之间比，也可以小组之间比。

在校外，我们可以跟班级家委联系，用心策划一场研学活动，增强班级凝聚力。在活动策划时，我们要确定主题，准备活动所需用品。如班旗、标语横幅、班服、小礼物等，在研学中增进亲子关系，增进同学之间的情感。

2. 用优点弘扬正气

怎样让班级充满正气？我的做法是无所不用其极的"夸夸"系列。如"夸夸"条、"夸夸"箱、"夸夸"信等。同学之间互相夸；老师和同学之间互相夸；家长和孩子、家长和老师之间互相夸，让每个人的优点能够被大家所看见。

3. 用制度保驾护航

良好的班风也需要制度加持。我们可以和学生根据班情共同制定班级公约、班规等。

如，关于教会班级孩子懂礼貌，我们一起制订了几条班规。内容如下。

第一条：说话先要讲礼貌。回答大人的问话时，要用"是的，阿姨"或"不，老师"这样的尊称。如果只是点头或用其他的方式表达"是"或"不是"那是不可取的。

第二条：不良姿态惹人厌。不要撇嘴，并同时发出"嗤"的声音，不要翻白眼，也不要表现出任何不尊重别人的态度。

第三条：眼神沟通很重要。有人对你说话时，眼睛要注视着他；有人发表意见时，你的身体和脸要正对着他。

第四条：人在窘境莫旁观。在学校里，如果你看见某位学生处于窘境，不要围观。

无论是班规还是班级公约，"我的文化我做主"，让学生参与到班级文化建设中来。班主任要做班级氛围的营造者，为他们建立积极的学习环境，培养良好的班级凝聚力和积极向上的班风班纪。

二、学习潜能的激发者：责任在于启迪

班主任不仅是班级的管理者，更是学生学习潜能的激发者。面对学生学习动力不足的问题，我深感责任重大，必须想方设法激发他们的学习热情。

1. 明确目标，让学习有方向

目标是方向，它会告诉你要到哪里去；目标是前进的动力，在你无力的时候给你带来希望；目标是导航的灯，为你燃起生命的火焰。人生如果没有目标就如航船没有航线，永远无法靠岸，规划目标并实现目标是体现人生价值最直接的方式。这里说的目标既有班级目标也有个人目标。

班级目标

班级目标可以让大家拥有共同的追求，能凝聚整个班集体的力量。当然，制定班级目标，要发扬民主，群策群力，相互商讨，体现积极进取、健康向上、民主活泼的班集体氛围，让班级目标成为大家共同的心愿，一致的信念。我在班级文化建设时，专门利用一节课的时间，一起商讨，一起制定。

通过设立班集体的探索目标，激励学生确立明确的奋斗目标，唤起学生为实现目标而不断奋斗的欲望，使学生在完成目标后获得探索和学习的快乐，也唤醒他们心里的自豪感、自尊感和自信感。

个人目标

个人目标是自己不断前行的动力，也是成功的利器之一。没有它，天才也会在矛盾无定的迷径中徒劳无功。开学初，老师们不妨带着孩子制定一个新学期目标。

总体目标

培养"四心"认真学习。成为有"信心、专心、细心、恒心"的少年；相信自己，藐视困难，专心致志，严谨细致，以"三好生"的标准严格要求自己；日常练习力争都是 100/100 ☆，或 A/A+。

语文：每天早读；每周写周记；读书10本并写读书笔记。

数学：疑难每日解决；错题本每周做。

英语：多听多读多背；提升发音；增加词汇量；英语阅读50本。

体育锻炼：每天坚持跳绳、仰卧起坐；继续练习乒乓球。

劳动：做力所能及的家务，洗碗、拖地等。

综合表现：上课积极发言；做好老师的小助手；和同学团结协作；积极参加课外实践活动。

2. 浓厚学风，让学习有动力

良好学风有助于学生提高学习效果、塑造良好的行为习惯、培养良好的人际关系和培养终身学习的意识。如何营造浓厚学风？

（1）设计正能量的班级口号

正能量的口号能够给予学生精神上的激励。如：今日寒窗苦读，必定有我；明朝独占鳌头，舍我其谁？这样的口号，鼓励学生既要注重眼前的一切，但是还要有长远的眼光，想到自己的将来，把现在的苦作为将来的甜的重要基础。

又如：习惯决定成绩，细节决定命运。这个口号可以帮助学生树立学习的信心，努力养成好的学习习惯，习惯决定着学生学习成绩和未来的发展，而细节与习惯并重，可以使学生的成绩和生活都取得长足的进步。

再如：失败的尽头是成功，努力的终点是辉煌。这个口号让学生明白失败和成功是辩证的，我们应该正确处理遇到失败时的低落情绪，并且能够增加努力的程度，造就辉煌。

（2）组建线上学习微团队

各微团队每天在群里打卡学习，一般是朗读、阅读等，老师在各微团队群，可以及时了解学生学习情况。根据学生的打卡情况，每周评出两个优秀微团队进行加分，每个月选出一个最佳微团队进行奖励！

（3）发挥优秀学生的"传""帮""带"作用

注重分层次教育引导，在班级各层次间建立广泛的横向、纵向联系，让全班学生都动起来。我在班级利用师徒结对和擂台挑战赛，充分激发学生的学习潜能。

3. 制定量化制度，让学习可视化

班级管理还要有一套可行的量化制度，让其可视化、可操作，为全班同学认可。在我们班，我制定过加分减分制度，但时间一长，孩子们兴趣就没有了。如何让班级管理制度可视化、可操作？经过一段时间的探索，我发现班币是学生喜欢的量化制度。

开学初，每人发放20元班币作为基础班币，根据班级纪律、课堂表现、作业完成、考试成绩及活动参与等来发放班币。当然表现不好，也可能扣除班币。因为班币的发放是学生自己保管的，可视性非常强。孩子们每天放学都会数数自己今天挣了多少班币，也有同学因为表现不好，班币被扣没了！当班级出现贫富差距了又该怎么办呢？

我设立了银行存款和贷款两项业务。班币多的孩子可以存取一定数量班币在班级银行，老师给出相应利息；班币负数的同学可以向班级银行贷款，但会产生一定的利息，通过设置贷款业务，给表现较差的同学机会，让他们可以"东山再起"。

班币量化制度实行快两年了，为何还如此"吃香"呢？主要源于班币的作用。一个学期下来，孩子们手里的班币可以做啥用呢？我们必须给这种竞争模式设置足够多、有诱惑力的"糖果"——以某种方式让孩子得到奖励。如：

（1）班集体活动需要"门票"。如蔬菜超市进校园、美食节、淘宝节、研学、春游等。

（2）学期结束前，根据全体学生的剩余"资产"设置"明码标价"的商品。有意义的书籍、班主任手写明信片、各种奖励券、家委会赞助的奖品（学生最

想要的)、我的个人民谣"音乐会"入场券。

(3)与家委会及全体家长达成协议。一定的财富值可获得一次亲子旅游的机会或一定的零花钱。

大家可"脑洞大开",给学生"花钱"找出足够的理由,但前提是这些"商品"有助于亲子沟通、师生关系建构和学生成长。

通过班级量化制度,让孩子明白:越努力越幸福。这是一个体验和收获幸福的过程。

班主任是学生心灵之琴的调音师,要善于调出学生心灵琴弦的最强音。我们要健全和完善班级激励机制,让班级学生有幸福感,让学生学会自我管理和自我教育。

三、麦田的守望者:责任在于守望

好班风、好学风,如化雨春风,护着班级每一位学生。在构建了良好的班级氛围和学习环境后,我深感自己的责任在于守望学生的成长。有了前面两项动力系统的建构,我们不妨做一个静静的观望者。就像南京市优秀班主任陈宇老师所说的十六字观点:脚踏实地、仰望星空、守望成长、面向未来。

班级很多东西交给孩子去做,让他们去体验成功的喜悦;让他们去参与班级的建设;让他们去策划有意思的活动,从而营造一个民主和谐的班集体,而我作为班主任,只需要在适当的时机给予一点指导即可,做一个"麦田的守望者"。

1. 班级文化——自主增加

在班级文化建设上,慢慢地孩子们会关注更多的"隐性文化"建设,他们会主动参与到班级中来,给我提出许多新建议:

(1)增加各类"硬件",如卫生工具摆放提示语、文明行为提示语、班级荣誉栏、班级公约张贴。

（2）增设点赞箱，学生利用每周一的班会课时间通过匿名或者实名的方式为班级一些做得好的榜样点赞。

（3）增设生日会，利用班级公众号为班级同学庆祝生日。公众号推出每个月过生日的同学，全班同学和家长在下面留言、祝福。

2. 班级活动——自主策划

在我们班级，学生利用周末时间，微团队自主策划"先锋小队走深圳"活动。微团队选定一些有代表性的地点：如何香凝美术馆、宝安科技馆、大鹏地质博物馆、深圳市博物馆……

设计小队活动细则，每个同学承担一次活动的倡导者，招募班级4-5名同学组成先锋小队，家长作为校外辅导员进行小队实践活动。每一个月组长在班级进行活动汇报，每一个学期根据同学参与次数和反馈效果评选深圳魅力（科技、人文、创新……）小主人。

学生自主策划的活动，深受家长和学生的欢迎。通过活动，家长之间建立了"亲子教育"联盟，每次活动家长微信群里都有一次热烈的交流，这样的活动增进了同学之间的友谊，增强了家长之间的联系。

3. 班级激励——自主研发

班级除了有班币量化评价体系外，同学们还根据自身需要，自主研发出了具有人文关怀的各种奖券。

如随机奖励卡、游戏流量卡、自由卡、免作业卡等。

随机奖励卡：当你想购买心仪之物的时候，出示此卡爸爸妈妈可以为你买单，总金额不得超过10元。

游戏流量卡：你想玩PAD的时候，出示此卡，可以玩20分钟。只能在休息时间使用。

自由卡：当妈妈叫你做作业或者其他你当时并不想做的事时，可以用此卡换取30分钟自由时间。自由时间结束后，必须完成之前妈妈安排的任务。

总之，作为班主任，我们必须明晰自身的三重角色——班级氛围的营造者、学习潜能的激发者和麦田的守望者。只有以"责"立身，我们才能更好地履行自己的职责和使命，为学生的全面发展和班级的和谐进步贡献自己的力量。

写好每一份"评语"——以"情"相待

教育是唤醒灵魂的艺术,而评语正是教师与学生心灵对话的微缩诗篇。

在打造"星"班的过程中,每一句评语都如同星轨的坐标点,既标记着学生的成长轨迹,更承载着师生间独特的情感密码。当文字被赋予温度与智慧,评语便不再是单向评判,而是成为照亮班级生态的星辰,见证着"以情育情、以心换心"的教育共振。

如何写好"评语"?我们可以遵循"三原色"原则,让评语充满温度、记录成长、彰显艺术。

一、评语撰写的"三原色"原则

1. 温度色:情感浸润

评语是师生情感交流的纽带,需要以温度浸润文字。我们可以建立包含"温暖""坚韧""聪慧"等正面情感词汇库,按"基础情感词—进阶描述词—高阶比喻词"三级分类管理。每学期结合学生流行语更新词库,如用"孤勇者"形容坚韧品质,用"破防"描述共情时刻,使评语更具时代感。如:

(1)成长突破型

这学期你像《孤勇者》歌词里说的"致那黑夜中的呜咽与怒吼",面对数学难题时眼中有光的样子让我感动。记得那次奥数挑战,你从"破防"到"燃起来了"的转变，最终解题思路如破土春笋般迸发，这就是少年独有的锐气。愿保持这份"倔强生长"的力量，你的光芒终会照亮星辰大海。

（2）情感共鸣型

当班级话剧排练陷入僵局时，你默默为每个角色手写人物小传的样子，像极了《铃芽之旅》里修补缺口的使者。那些藏在笔记本里的"emo 小剧场"，最终化作舞台上让人"泪目"的精彩演出。这份细腻如四月微雨，润物无声却滋养了整个集体。

（3）品格闪光型

你对待值日工作的认真劲头，让我想到《中国奇谭》里执着的小猪妖——平凡中透着不凡。那天暴雨突至，你把自己的伞让给低年级同学后，在走廊蹦跳着唱"我是淋雨小狗"的乐观模样，比任何英雄故事都动人。愿这份温暖永远在你的生命里"单曲循环"。

如何让我们的评语有温度呢？我们可以采用三维撰写法。

特质捕捉器：观察学生特定场景下的微表情/小动作（如解题时咬笔帽的专注、安慰同学时轻拍肩膀的温柔）

情景弹幕法：用"这画面让我想起……"创设电影镜头感（例：你帮同学系鞋带的样子，瞬间穿越到《千与千寻》锅炉爷爷递木炭的温暖时刻）

比喻连续技：从具体行为延伸到人生隐喻（迟到改正→校准了成长时钟；举手发言→打开了思维麦克风）

2. 成长色：动态记录

动态记录是评语真实性的基石。我们可以根据学生的在校表现，用一些真实的数据记录孩子的成长，让孩子感受到进步，让家长看了欣慰。如：

（1）学科进步型

你的算术本就像《超级飞侠》的航行日志：20 以内加减法正确率从 68% 飙升到 97%，乘法口诀通关速度比乐迪送快递还快！特别是第 12 周战胜的"混合运算关卡",像解开《汪汪队立大功》的救援密码一样精彩。现在你已经是咱们班的"口算小队长"啦!

(2)行为习惯型

班级小管家平台显示:你连续12周积分排名第一,值日生工作完成率100%。更难得的是,第8周你主动承担了生病同学的保洁任务,就像《动物森友会》里帮邻居浇花的暖心玩家。

(3)社交成长型

微团队评价表记录:你在本学期带领小组组织活动5次,成功调解4次组内分歧,领导力指数较上学期增长68%。就像《哈利波特》里从羞涩新生成长为DA军领袖的赫敏,你正在书写自己的《团队协作进阶指南》。

如何让学生或者家长通过评语看到成长呢?我们可以从以下三维展开。

数据锚点术:将抽象的进步转化为具象参数(例,作文字数从最初的256字到顶峰的1024字,堪比手机内存升级)

时空对照法:建立学期初末对比(例,从《疯狂动物城》树懒速度进化为《速度与激情》引擎轰鸣)

趋势预言力:基于数据预测未来(例,照这个斜率发展,下学期的你将是学科竞赛的"黑马选手")

3. 艺术色:文学表达

文学化表达是评语从功能性文本升华为教育艺术品的关键。如我们可以用"藏头诗""年度关键字""生肖"等来给学生写评语。如:

【藏头诗:王思远】

　　王者非铠甲,书香作盾牌

　　思绪骑白鹤,飞向古诗海

　　远方藏宝盒,打开是词牌

【年度关键字：静】

老师最想送你的汉字：静

XX，老师喜欢你踢足球时那自信的样子，喜欢你跟朋友谈天论地时眉飞色舞的样子。学习路上除了要激情澎湃，还要"静"。希望你在学习路上，心能够"平静"，下学期不声不响地超越别人吧！

【生肖评语：善良兔】

老师送你一只"善良兔"。

你有一颗善良敏感的心，周围的人都能感受到你的温暖；你有一支善于表达的笔，笔端流淌你的迷惑与哀乐。与你接触得越多就越喜欢你，喜欢你的性格，沉着冷静、宽容豁达。学习上坚韧不拔、耐挫力强，遇到困难能及时调整自己，因为你是一个志向远大的人。在今后的学习中，你还需稳定情绪，明确奋斗目标，努力保持优异的成绩，你的未来就在你的脚下，祝愿你越来越好！

如何将评语写出艺术色？几个关键送给你：

（1）融合文学修辞

运用修辞手法：像藏头诗那样，利用押韵、对仗、比喻等修辞手法，使评语富有韵律美和意象感。

（2）发挥创意表达

用生动的比喻和象征来描绘学生的特点或进步，如"善良兔"的评语，将学生比作具有特定品质的动物，既形象又富有想象力。

（3）选定核心主题

围绕学生的一个核心特质、兴趣或成长点，构建评语的主题，使评语具有连贯性和深度。例如，选择"静"作为年度关键字，围绕"静"展开对学生的描述和期望。

当然，我们也可以"打组合拳"，融合三原色。如：

本学期你的"社交勇气值"提升60%（成长色），像《哪吒》里挣脱偏见枷锁的少年（艺术色）。记得辩论赛前你反复修改立论的样子，睫毛上跳动着《星际穿越》里永不熄灭的星辰（温度色）。新学期，希望你成为自己宇宙的执剑人。

二、评语撰写的"三步法"实操

如何让自己的评语既有内容、有温度，又充满创意呢？这并非一蹴而就，而是需要精心准备和细致打磨。评语的撰写是一个系统性的过程，我们可以将其分为以下三个阶段来逐步实施。

1. 素材积累阶段

素材是评语的基础，没有丰富的素材，评语就会显得空洞无物。因此，建立一个有效的即时记录系统至关重要。

捕捉：我平时喜欢随身携带一个便携式记录本或者用手机备忘录，随时记录下学生们的闪光时刻、成长突破和温馨瞬间。这些时刻就像一颗颗璀璨的珍珠，散落在日常的教学生活中，需要我用心去捕捉。我会用三色标签来即时标注这些素材：红色代表闪光时刻，蓝色代表成长突破，绿色代表温馨瞬间。

分类：每周五，我会利用"班级小管家"小程序，将这一周记录下的文字、图片、语音素材导入对应的学生档案中。这样，每个学生的成长轨迹就清晰可见，评语撰写时也能信手拈来。

2. 初稿撰写阶段

有了丰富的素材，接下来就可以开始撰写评语的初稿了。在这个阶段，我会根据学生的年级特点，动态调整评语的框架模板。

低年级：对于低年级的学生，我会采用"卡通形象＋成长故事＋魔法咒语"

的框架。比如，"小超人能战胜粗心小怪兽"，这样的评语既符合低年级学生的心理特点，又能激发他们的兴趣和动力。

中年级：对于中年级的学生，我会采用"成长密码＋进步地图＋挑战任务"的框架。这样的评语既能让学生明确自己的成长方向，又能激励他们不断挑战自我，追求卓越。比如："聪明的小探险家，你找到了开启知识大门的成长密码——主动思考。这学期，你在数学课堂上积极回答问题，从原来的一周回答3次，增加到了一周7次，就像在进步地图上成功点亮了许多新的区域。接下来，老师给你布置一个挑战任务，尝试在小组讨论中担任组长，带领大家一起解决难题，相信你一定能出色完成！"通过这种方式，鼓励中年级学生不断探索知识，挑战自我。

高年级：对于高年级的学生，我会采用"时光信件＋成长解码＋未来契约"的框架。例如："亲爱的××，当老师坐下来给你写这封时光信件时，不禁回想起这一学期你的成长历程。你通过努力，在语文阅读方面取得了很大的进步，从原来只能理解简单的故事，到现在能深入分析文章的内涵，这就是你的成长解码。为了让你在未来的学习道路上走得更远，老师和你签订一份未来契约：在接下来的两个月里，每周阅读一本经典名著，并写一篇读后感，老师相信你一定能做到，让自己变得更加优秀！"这样的评语既充满了温情和期待，又能引导学生思考自己的未来规划和人生目标。

3. 润色提升阶段

初稿完成后，需要进一步润色提升，确保评语在文学性、准确性、安全性和差异性等方面都达到较高水平。为此，我们要建立四维校对流程，增强评语效果。

文学性：检查评语中的比喻是否贴切，文体是否合适。例如，将学生的进步比喻成"像火箭一样飞速上升"，如果学生在这个阶段的进步是稳步的，这样的比喻就不太贴切。

准确性：确保评语中的数据可追溯。比如提到学生"这学期数学作业的正确率从 70% 提升到了 85%"，这个数据必须能在学生的成长档案中找到依据，保证评语内容真实可靠，让学生和家长信服。

安全性：排查评语中有无隐性伤害语言。我们在写评语时，要避免使用可能会伤害学生自尊心的词汇或表述。例如，避免使用"笨""差"等词汇，确保评语在鼓励学生的同时，不会对学生造成心理伤害。

差异性：控制评语重复率 ≤ 10%。给学生的评语，还应防止千篇一律，保证每个学生的评语都能突出其个性特点，体现教师对每个学生的独特关注。

在"星"班的打造中，评语不是学期的休止符，而是成长的进行曲。它像《星际穿越》里的五维空间，让每个孩子都能看见被爱包裹的成长轨迹；它如《千与千寻》里的发光纸鹤，指引着生命独特的飞翔方向。当我们把评语的撰写变成一场持续的教育修行，用"三原色"调和出教育的本真色彩，用"三步法"搭建起心与心的桥梁时，每个灵魂都会在评语的星轨里找到属于自己的星座。

这，便是教育最美的模样——以情为舟，摆渡每个生命穿越成长的浩瀚星海。

办好每一次班级活动,以"趣"引航

在快节奏的学习生活中,班级活动不仅是学生放松身心的重要途径,更是培养学生综合素质、增强班级凝聚力的有效手段。作为班主任,我深知每一次活动的精心策划与实施,都能成为学生成长道路上的一抹亮色。因此,我始终秉持"以趣引航"的理念,将趣味性、教育性、实践性融入每一次活动中,让学生在参与中感受快乐、在体验中收获成长。力求让每一次活动都成为学生难忘的回忆,让班级成为学生心中的温馨港湾。

本文将从研学实践、班币换购、生活体验三个维度,结合我班实际开展的活动案例,具体跟大家分享如何通过精心设计的活动打造"星班"。

一、研学类活动:寓教于乐,播种团结的种子

1. 活动背景与目的

研学活动是学生走出校园、接触社会、增长见识的重要途径。在"双减"政策的背景下,我更加注重通过研学活动来拓宽学生的视野,培养他们的实践能力和团队合作精神。因此,我班策划了"追光少年班"的研学之旅,旨在让学生在轻松愉快的氛围中学习知识、增长见识、凝聚力量、增进亲子关系。

2. 活动筹备与实施

前期筹备:我和家委会共同策划,确定活动主题为"趣味田野,农耕小寨"。

通过问卷调查收集家长和学生的意见，确定活动地点为周边的农耕体验园，并设计班旗、班服等，增强活动的仪式感。

活动策划：在家委们的共同努力下，我们确定了活动的具体内容和流程。包括拔河比赛、珠行万里、真人打地鼠、生日会、拓印画、磨豆浆、花海漂流、越野车、射击与射箭、彩虹滑道、皮划艇等多个环节，既考验了学生的体能和智力，又培养了他们的团队合作精神和创新能力。

活动实施：在活动当天，学生们带着满满的期待和兴奋，与家长一起踏上了研学之旅。在农耕小寨，他们参与了丰富多彩的活动，收获了欢笑和成长。特别是拔河比赛和真人打地鼠等团队活动，更是让学生们深刻体会到了团结就是力量的道理。

3. 活动效果

此次研学活动不仅让学生们感受到了大自然的魅力，还培养了他们的动手能力和团队合作精神。更重要的是，通过活动后的感想分享，我看到了学生们对这次活动的深刻理解和感悟。

学生反馈：活动结束后，学生们纷纷写下研学日记，分享自己的感受和收获。黄铮同学在日记中写道："原来拔河不是靠蛮力，而是靠团队节奏！这次活动让我学会了如何在团队中找到自己的位置，为团队的胜利贡献自己的力量。"

家长感悟：家长们也对这次活动给予了高度评价。一位家长表示："亲子共同完成任务的过程中，我看到了孩子独立、勇敢的一面。这次活动不仅增进了我们之间的亲子关系，还让我更加了解了孩子的成长和变化。"

特别提醒：在研学活动中，要设置"安全员""环保监督员"等，让学生们在活动中承担更多的责任和义务，培养他们的责任意识和环保意识。

二、班币换购类活动：以"财商"为媒，收获成长

1. 活动背景与目的

班币换购活动是我班级管理的一大特色。（见本书第三章第三篇《确立一个评价体系》）通过设立班币奖励制度，我鼓励学生们在学习和生活中积极表现，用自己的努力换取班币，再用班币兑换心仪的物品。这种活动不仅激发了学生的内在动力，还培养了他们的财商能力和感恩意识。

2. 活动筹备与实施

班币发行与管理：我制定了详细的班币发行和管理制度，明确了班币的获取途径和兑换规则。学生们可以通过完成作业、参与课堂讨论、帮助同学等方式获得班币，而班币则可以在班级活动中兑换各种奖品。

活动筹备：每学期，我会组织家委们共同筹备"购物嘉年华"和"商品拍卖会"等活动。家委们分工明确，有条不紊地完成了选品（蔬菜、水果、文具、零食）、采购、定价、贴价标等工作，为活动的顺利开展打下了坚实的基础。

活动实施：在活动当天，教室里摆满了琳琅满目的商品，学生们手持班币，兴高采烈地挑选着自己喜欢的奖品。竞拍环节更是将活动推向了高潮，学生们纷纷举手喊价，竞争异常激烈。最终，每个学生都用自己的努力换来了心仪的奖品，脸上洋溢着幸福的笑容。

活动延伸：换购活动结束后，我还进行"厨艺秀"延伸活动。学生们将班币兑换的食材，回家后为家人烹饪晚餐。这个活动不仅让学生们学习了烹饪技能，还增强了他们的劳动意识和家庭责任感。

3. 活动效果

班币换购活动不仅让学生们体验到了用劳动成果换取回报的喜悦，还培养了他们的财商能力和感恩意识。通过活动后的分享和讨论，我看到了学生们对班币制度的认同和喜爱。他们表示会更加珍惜每一次获得班币的机会，用自己

的努力换取更多的收获。

学生成长：班币制度的实施让学生们学会了自律和理财。小郝同学分享道："为了存班币，我改掉了拖拉作业的习惯。现在我每天都会按时完成作业，争取挣到更多的班币。"

家长反馈：家长们对班币制度也给予了高度评价。一位家长表示："孩子第一次用自己挣的班币给我买了礼物，我感动又欣慰。这次活动不仅培养了孩子的财商思维，还让我感受到了孩子的成长和进步。"

特别提醒：为了进一步完善班币制度，让每个孩子都有钱购买东西。我们班还设立"班币借贷银行"，模拟真实金融场景。学生们可以向班级"银行"借贷班币，用于购买心仪的商品或服务。通过这个过程，他们可以学会风险评估和管理，培养风险意识。

三、生活类活动：用美食传递温情，感恩成长

1. 活动背景与目的

美食是生活中不可或缺的一部分，也是增进人与人之间情感交流的重要方式。为了让学生们在忙碌的学习之余，能够感受到生活的美好和温暖，我们班级还策划了美食类活动，如"美食节"和"厨艺大比拼"等，旨在让学生们在品尝美食的同时，学会感恩和分享。

劳动教育：学生参与食材准备、摊位布置等工作，体验劳动的乐趣和意义。通过亲自动手制作美食，学生们能够学会珍惜食物、尊重劳动。

社交实践：通过"砍价""合作采购"等活动，提升学生们的沟通能力和团队协作能力。在与其他同学和家长的交流中，他们能够学会倾听和表达自己的想法。

情感联结：家长手写"告白信"给孩子，用文字传递爱与期待。这个活动不仅让学生们感受到了家长的关爱和支持，还增强了他们之间的情感联结。

2. 活动筹备与实施

活动筹备：在美食节筹备过程中，我组织家委们共同制定活动方案和菜单。家长们积极参与，纷纷拿出自己的拿手好菜，为美食节增添了浓厚的家庭氛围。同时，我们班级还邀请了专业的烘焙师和厨师来现场指导，让学生们亲身体验制作美食的乐趣。

活动实施：在美食节当天，我们在公园的草坪上摆满各式各样的美食，有香喷喷的烤鸡、色彩艳丽的糖葫芦、可口的糕点等，让人垂涎欲滴。学生们手持班币，兴高采烈地品尝着各种美食，享受着味蕾的盛宴。此外，我们还设置了"厨艺大比拼"环节，鼓励学生们展示自己的烹饪技能，评选出"最佳小厨神"。

3. 活动效果

美食类活动不仅让学生们品尝到了美味的食物，还让他们学会了感恩和分享。通过活动后的分享和讨论，我看到了学生们对美食的热爱和对生活的向往。他们表示会更加珍惜每一次品尝美食的机会，用自己的行动去感恩和回报身边的人。

学生感悟：活动结束后，学生们纷纷写下作文分享自己的感悟和收获。一位学生写道："原来妈妈做的饭比班币换的零食更香！这次活动让我学会了珍惜家人的付出和爱。"

教育意义：通过"挣班币——换美食"的闭环，学生们学会了"付出才有收获"的道理。他们懂得了只有通过自己的努力和付出，才能获得真正的幸福和满足。

特别提醒：为进一步完善美食节活动，我们可以提前增设"健康饮食小课堂"。在这个环节中，我们邀请营养师或医生来为学生们讲解健康饮食的知识和技巧，引导他们养成均衡饮食的好习惯。

四、以"趣"引航，驶向星辰大海

在用心用情打造"星"班的过程中，我深刻体会到每一次活动的精心策划与实施都对学生们的成长有着深远的影响。班级活动不应是"为做而做"的任务，而应是师生、家校共育的桥梁。通过多种形式的班级活动，我班逐渐形成了"团结、自律、温情"的星班文化。这不仅激发了学生们的内在动力，还培养了他们的综合素养。更重要的是，这些活动让学生们感受到了班级的温暖和力量，增强了他们的归属感和集体荣誉感。

教育不是灌输，而是点燃火焰。当活动充满趣味与温度时，教育便已悄然发生。

后记

班级蓬勃生长的密码：把期待投射到行动上

2012年，大学毕业的我踏上了三尺讲台。初来深圳，感受到这座城市的创新与活力，我深受鼓舞，许下愿望，要将第斯多惠所说的"教学艺术的本质不在于传授本领，而在于激励、唤醒和鼓舞"带到教育事业与班级管理中。

1. 把弱势转为兴趣，让学生的成长拔节

我喜欢阅读和写作。接手小星星班时，我发现班级孩子阅读量很少，刚接触作文时，普遍畏难。如何培养孩子的阅读和写作能力，激发他们的内驱力呢？

我开始有意识地在班级营造阅读氛围。每天早读前十分钟，手捧一本书坐在讲台上津津有味地读，看到兴奋处还大声地朗读给全班学生听。有一个学期，我坚持每天给班级孩子读书十分钟，我们一起读梅子涵老师的《戴小桥和他的哥们儿》，读《罗伯特的三次冒险行动》，读安房直子的月光童话系列……读着读着，我发现每天早到教室的孩子更多了，大家都期盼着今天的故事。

班级场景之外，我还设计了很多阅读活动。每周一节课外阅读课，我准会带他们去图书馆一起看书。不定期在班里举行班级故事会、好书分享会、"我是朗读者"、晒晒自己的书架等系列活动。我想，这么多平台和展示机会，孩

子们总会找到自己擅长和感兴趣的点，用兴趣作牵引，更容易产生行动力。

假期是学生读书的好时机，我列出班级共读书目后，还会给大家提供一些问题链，帮助他们理解书中的内容。同时，请有兴趣的孩子上传他们的读书心得。每一篇读书心得我都认真看、耐心点评，然后将其分享在班级群中，请同学之间相互品鉴。一段时间之后，我发现班级相互学习、相互促进的氛围越来越浓。

信息时代，为了给写作留痕，我请家长帮学生开通了微信公众号。为了激励孩子们写作，我和同学们约定，自己也会坚持公众号更新，同学们写百字，我写千字。每次文章写好之后，我都主动发到班级群里，请孩子们当我的"小参谋"，看看有没有表述不恰当或者还需要调整润色的地方。

一听可以帮老师修改"作文"，孩子们可来劲啦，一个个都认真读文章，争先恐后地告诉我各自的想法。我将孩子们的想法搜集归类，一一回应，用这样的方式言传身教，鼓励他们坚持练笔，领悟作文的写作技巧，因为写作不是一蹴而就的，慢慢打磨，就会炉火纯青。

不知从什么时候起，班级群里总是热闹非凡，我和孩子一起"晒"自己的文章，互相学习，互相点赞，一起求关注、求鼓励。这也让我发现，原来教育如此美好，一个爱读乐写的老师带着一群愿读勤写的孩子在汉语文字里遨游，好不快意。

奥斯卡·王尔德说："教育是点燃一个火焰，而不是灌输一个容器。"我从心底深信，激发内驱力是培养学生阅读和写作能力的关键。

就这样，我让孩子们在阅读和写作的道路上感受到努力后的成就和快乐。他们逐渐意识到，阅读和写作不仅是学习的任务，更是一种自我表达和成长的方式，自然而然地便开始了自我拔节的成长之路。

2．激活智慧，带领学生在创意中寻宝

或许是性格使然，我不喜欢一成不变、循规蹈矩的生活，任何事情都想着能变着花样做。做了老师，这"毛病"不但没改，反而愈发突出了。当了班主任之后，自然也希望能为学生植入创意的种子，让他们能更多地生发出学习和生活的灵感。

新学期，我会给学生准备一份创意大礼包：一个橡皮擦寓意他们新学期要有归零心态；一支荧光笔祝福他们有多彩人生；一个文件夹，告诉他们要学会整理；一个棒棒糖，寓意你是最棒的。

跟学生的第一次见面，我给每个孩子写了一句藏头诗，然后全班同学一起在"藏头诗"里寻找班级同学的名字，大家玩得不亦乐乎，大呼过瘾。

开学第一课，我别出心裁地设计了"校园寻宝"活动。

师生第一次见面，我用这项活动让同学之间实现真正意义上的"破冰"，让孩子们彼此打开，最大限度调动自己的潜能，合作取胜。

就这样，班级同学在我充满创意的活动中熏陶着、浸染着。不知不觉中，孩子们的创意也自然生发出来。

当班级地上经常一堆废纸，卫生状况迟迟得不到改善时，有孩子跟我倡议在班级设立废纸回收箱，每周五把废纸拿出去卖钱当班费。

当班级出现各种不良行为时，学生自创打油诗作为班级公约。

当宣传委员抱怨每天抄课表麻烦时，有同学跟我提出：能否给予他一个创造的空间，让宣传委员"画"课表。"每天画不一样的课表"，宣传委员的工作就变样了，黑板一隅成了他们的创意生发地。因为"每天不重样"的挑战，担任宣传工作的孩子们常常聚在一起出谋划策，讨论画怎样的图案才更应景，而看的同学也对课表有了更多的期待和关注。

我用创意的花朵点缀班级的园地，在我们班，这样的创造案例还有很多，孩子们也用行动为自己带来了更多的创造机会。现在，我这个爱"折腾"的老师，更多的时候是放手让孩子们自己想、自己干，让那些从这群鲜活孩子小脑瓜里诞生的奇思妙想，真正派上班级管理的用场，调动、激发孩子们的潜能，让他们恣意生长。

10年，一届又一届的学生教过去，遗憾总是有的，但是教育的信念一年更比一年坚定：永远相信每一个孩子，在他们成长的路上，做榜样示范者、创意挖掘者以及思想引领者，让他们向上、向善、向阳而生，这样，每个孩子都能遇见光，且动力满满地去遇见更好的自己。